L'ho fatto "a Suo Modo"

Testimonianza personale scritta da
Elizabeth Das

© 2024 by Elizabeth Das

ISBN: 978-1-961625-15-0 L'ho fatto "a Suo Modo" paperback Italian

ISBN: 978-1-961625-16-7 L'ho fatto "a Suo Modo Ebook Italian

ISBN: 978-1-961625-17-4 L'ho fatto "a Suo Modo Audiobook Italian

Library of Congress Control Number: 2023946023

Tutti i diritti riservati per audiolibri, ebook e libri stampati. Nessuna parte di questo libro può essere utilizzata o riprodotta con qualsiasi mezzo, grafico, elettronico o meccanico, comprese fotocopie, registrazioni, registrazioni o sistemi di archiviazione delle informazioni senza l'autorizzazione scritta dell'editore, tranne nel caso di brevi citazioni contenute in articoli critici e recensioni. A causa della natura dinamica di Internet, gli indirizzi web o i link contenuti in questo libro potrebbero essere cambiati dopo la pubblicazione e potrebbero non essere più validi. Le persone raffigurate nelle immagini di stock fornite da Think-stock sono modelli e tali immagini sono utilizzate solo a scopo illustrativo. Alcune immagini stock © Think-stock.

Estratto da: ELIZABETH DAS. L'ho fatto "a Suo modo".

"Questo libro è classificato come "A" nel mondo cristiano e religioso".
Contact:nimmidas@gmail.com nimmidas1952@gmail.com
Canale YouTube "Daily Spiritual Diet Elizabeth Das"
https://waytoheavenministry.org
1. youtube.com/@dailyspiritualdietelizabet7777/videos
2. youtube.com/@newtestamentkjv9666/videos
Questo libro è disponibile in cinque lingue in brossura, ebook e audio.

PREMESSA

"Perché i miei pensieri non sono i vostri pensieri e le vostre vie non sono le mie vie, ha detto il Signore. Perché come i cieli sono più alti della terra, così le mie vie sono più alte delle vostre vie e i miei pensieri dei vostri pensieri." (Isaia 55:8-9)

Questo libro è una composizione di ricordi e brevi testimonianze della signora Elizabeth Das, che si è dedicata al ministero dell'evangelizzazione e dell'insegnamento della Parola del Signore. Cercando "la Sua via" attraverso la determinazione e la forza della preghiera, la signora Das vi condurrà in un viaggio personale attraverso le sue esperienze di cambiamento di vita. Nata e cresciuta in India, la signora Das adorava regolarmente l'altare di famiglia. Non era soddisfatta della religione, perché il suo cuore le diceva che Dio doveva essere qualcosa di più. Ha visitato spesso chiese e si è unita a organizzazioni religiose, ma non è mai stata pienamente soddisfatta.

Un giorno si è messa alla ricerca della verità in un paese lontano dalla sua patria, l'India. Il suo viaggio ha inizio ad Ahmadabad, in India, dove ha un profondo desiderio di trovare l'Unico Vero Dio. Grazie alle libertà dell'America dell'epoca e alla lontananza dalle culture e dalle tradizioni religiose del suo Paese, la signora Das si recò in America con lo scopo di trovare la verità di questo Dio Vivente. Non che non si possa trovare Dio in nessun altro posto che non sia l'America, perché Dio è onnipresente e onnipotente. Tuttavia, è qui che il Signore ha portato la signora Das, e questo libro spiegherà la strada della sua salvezza e del suo profondo amore per l'amante della sua anima.

"Chiedete e vi sarà dato; cercate e troverete; bussate e vi sarà aperto. Perché chi chiede riceve, chi cerca trova e a chi bussa sarà aperto". (Matteo 7:7-8)

Conosco personalmente la signora Das da quasi 30 anni, quando entrò per la prima volta in una piccola chiesa che frequentavo nella California meridionale. L'amore per la sua patria e per il popolo indiano è un ministero urgente per la signora Das, che ha un profondo desiderio di convertire al Signore anime di ogni cultura e provenienza.

"Il frutto del giusto è un albero di vita; e chi conquista le anime è saggio." (Proverbi 11:30)

La signora Das lavora attivamente alla diffusione della Parola di Dio dal suo ufficio di Wylie, in Texas. Potete visitare il suo sito web all'indirizzo **www.gujubible.org o waytoheavenministry.org** dove è possibile ottenere studi biblici tradotti dall'inglese al gujarati. È inoltre possibile trovare le sedi delle chiese in India. I pastori di queste chiese condividono lo stesso amore per la verità della signora Das, la quale è in contatto con ministri di fede apostolica negli Stati Uniti e all'estero, allo scopo di ottenere oratori ospiti per le conferenze annuali che si tengono in India. Il ministero e il lavoro della signora Das in India sono ben noti. Tra questi, la realizzazione di un collegio biblico apostolico in India, di un orfanotrofio e di centri di assistenza diurna. Dall'America, la signora Das ha assistito alla fondazione di chiese in India, dove molti hanno conosciuto il Signore Gesù Cristo. È una donna di grande fede, costante e instancabile nella preghiera. Questi risultati sono stati raggiunti pur dipendendo totalmente da Dio per ogni cosa e vivendo in condizioni di disabilità. Il suo scarso sostegno finanziario è una testimonianza della sua forte volontà e della sua determinazione, superiore ai suoi mezzi. La signora Das afferma con sicurezza: "Dio provvede sempre e si prende cura di me". Sì, in qualche modo lo fa e supera abbondantemente i suoi bisogni!

Impegnata a svolgere l'opera del Signore dall'alba al tramonto, la signora Das è sempre pronta a pregare con me o con chiunque abbia bisogno di aiuto. Dio è sempre la risposta. Lei si trova in mezzo a quel divario, istantaneamente in preghiera profonda, con autorità e intercessione. Dio si prende cura della signora Das perché ha un amore per l'evangelizzazione. Ascolta la Sua voce e non va contro le "Sue vie". L'obbedienza è più grande del sacrificio, l'obbedienza con la passione di compiacere Dio.

Questo è il tempo stabilito per scrivere questo libro. Dio è il "Grande Stratega". Le Sue vie sono perfette e meticolose. Le cose e le situazioni non accadono prima del tempo stabilito. Pregate per essere guidati ad ascoltare la mente e a sentire il cuore di Dio attraverso lo Spirito Santo. Questo libro continuerà a essere scritto nel cuore degli uomini e delle donne che la signora Das ha influenzato attraverso le Sue vie.

Rose Reyes

Il nome inglese è I did it His Way.

Il nome francese del libro è: Je l'ai fait à "sa manière".

Il nome del libro in spagnolo è "Lo hice a "a Su manera"".

Il nome gujarati è me te temni rite karyu.... મેં તે તેમની રીતે કર્યું

Il nome in hindi è Maine uske tarike se kiya...मैंने उसके तरीके से किया

Questi libri sono disponibili anche nelle piattaforme audio ed ebook.

Daily Spiritual Diet è una lettura annuale di Elizabeth Das disponibile in Inglese, Gujarati e Hindi. Ebook e libro cartaceo.

RICONOSCIMENTI

Esprimo il mio più profondo apprezzamento: alla mia famiglia e ai miei amici, in particolare a mia madre Esther Das. È il più grande esempio di donna cristiana che mi ha aiutato a portare avanti il mio ministero e mi ha sempre sostenuto in ogni direzione.

Ringrazio la mia amica Rose per avermi sostenuto e aiutato a mettere insieme alcune parti di questo libro.

Vorrei anche ringraziare la mia compagna di preghiera, suor Veneda Ing, per essersi resa disponibile in ogni momento; ma soprattutto la ringrazio per le sue ferventi preghiere.

Ringrazio Dio per tutti coloro che mi sono stati di grande aiuto nella traduzione e nell'editing. Ringrazio Dio per molti altri che hanno dato il loro tempo per aiutarmi a mettere insieme questo libro.

Indice dei contenuti

Capitolo n.	Pagina n.
1. L'inizio: alla ricerca dello spirito di verità.	2
2. IL poderoso medico	18
3. Le Potenti Armi Di Dio: "Preghiera E Digiuno"	29
4. Dio, Il Grande Stratega	32
5. Esprimere La Propria Fede	41
6. Il Potere Di Guarigione Di Dio E Del Suo Servo	43
7. Non Cedere Il Passo Al Diavolo O Alle Cose Del Diavolo	48
8. Sogno E Visione - L' "Avvertimento"	53
9. L'incontro Di Preghiera Notturno	56
10. Il Messaggio Profetico	59
11. Un Atto Di Fede	63
12. La Liberazione Demoniaca E Il Potere Di Guarigione Di Dio	71
13. La Confessione E La Coscienza Pulita	73
14. Ai Confini Della Morte	75
15. Pace Alla Presenza Di Dio	79
16. Uno Stile Di Vita Dedicato Al Sacrificio	81
17. Ministero Dei Viaggi: Chiamati A Insegnare E A Diffondere Il Vangelo	97
18. Ministero Di Mumbai, India, "Un Uomo Di Grande Fede"	109
19. Ministero In Gujarat!	115
20. Pastore Della Nostra Anima: Il Suono Della Tromba	123
21. Ministero Al Lavoro	127

22. Imparare Le Sue Vie Obbedendo Alla Sua Voce   132

23. Muoversi Sui Media   137

24. Studio Che Esplora   140

25. Testimonianze Personali Che Cambiano La Vita   147

TESTIMONIANZE DEL POPOLO   149

Sezione II   173
A. Le Lingue Usate Da Dio   175
B. Come Ha Conservato Dio La Sua Parola?   178
C. Traduzioni Della Bibbia Del Nostro Tempo: 185
D. Bibbia KJV Vs Bibbia Moderna: Modifiche Che Sono State Aggiunte O Tolte.   201

L'ho fatto "a Suo modo"

LE VIE DEL SIGNORE

• *Quanto a Dio, la sua via è perfetta; la parola del Signore è provata; egli è un sostegno per tutti quelli che confidano in lui. (Salmi 18:30)*

• *Ma egli conosce la via che percorro; se mi provasse, ne uscirei come l'oro. Il mio piede ha seguito fedelmente le sue orme, mi sono tenuto sulla sua via senza deviare. Non mi sono allontanato dal comandamento delle sue labbra; ho fatto tesoro delle parole della sua bocca più della mia porzione di cibo. (Giobbe 23:10-12).*

• *Aspetta l'Eterno, osserva la sua via, ed egli ti esalterà per ereditare il paese; quando gli empi saranno eliminati, tu lo vedrai. (Salmi 37:34)*

• *Il Signore è giusto in tutte le sue vie e santo in tutte le sue opere. (Salmi 145:17)*

• *L'Eterno ti stabilirà come un popolo santo, come ti ha giurato, se osserverai i comandamenti dell'Eterno, il tuo Dio, e camminerai nelle sue vie. (Deuteronomio 28:9)*

• *E molti andranno a dire: "Venite e saliamo sul monte dell'Eterno, alla casa dell'Iddio di Giacobbe". Ci insegnerà le sue vie e noi cammineremo nei suoi sentieri, perché da Sion uscirà la legge e la parola del Signore da Gerusalemme. (Isaia 2:3)*

• *Il mite lo guiderà nel giudizio, e il mite gli insegnerà la sua strada. (Salmi 25:9)*

Riferimento al libro: SANTA BIBBIA, versione di Re Giacomo

Capitolo 1
L'INIZIO: ALLA RICERCA DELLO SPIRITO DI VERITÀ.

Nel giugno del 1980 sono arrivata negli Stati Uniti d'America con il forte desiderio di trovare la verità su Dio, il creatore di tutte le cose. Non è che non potessi trovare Dio in India, perché Dio è ovunque e riempie l'universo con la Sua presenza e la Sua gloria; ma questo non mi bastava. Volevo conoscerLo personalmente, se fosse stato possibile.

"E udii come la voce di una grande moltitudine, come la voce di molte acque e come la voce di potenti tuoni, che dicevano: Alleluia, perché il Signore Dio onnipotente regna". (Apocalisse 19:6)

Stavo compiendo un viaggio straordinario quando Dio mi ha condotto negli Stati Uniti d'America. Pensavo di aver scelto di andare lì, ma il tempo mi ha dimostrato che mi sbagliavo. Ho capito che Dio aveva a che fare con questa decisione più di quanto pensassi. Era il "Suo modo" di cambiare i miei pensieri e la mia vita.

L'America è un Paese che offre libertà di religione, una fusione di persone multiculturali, con libertà e protezione per coloro che desiderano esercitare i diritti religiosi senza il timore di persecuzioni. In questo Paese ho cominciato a fare balzi su acque incerte, mentre Dio iniziava a guidarmi. Era come se stesse ponendo delle pietre per guidarmi. Queste "pietre" furono le fondamenta di un viaggio lungo e tumultuoso che mi portò alla rivelazione, da cui non sarebbe stato possibile tornare indietro. La ricompensa sarebbe stata degna di essere vissuta secondo le Sue vie, a ogni svolta e a ogni prova della mia fede.

> *"Corro verso la meta, al premio che Dio ci chiama a ricevere lassù, in Cristo Gesù. Tutti noi, che siamo perfetti, dobbiamo avere questi sentimenti; se in qualche cosa pensate diversamente, Dio vi illuminerà anche su questo. Intanto, dal punto a cui siamo arrivati, insieme procediamo.".* (Filippesi 3:14-16)

Quando arrivai in California, non vidi molti indiani d'Oriente in quel periodo. Mi sono adattata alla vita in America e mi sono concentrata sul motivo per cui ero qui. Cercavo il Dio vivente della Bibbia, il Dio degli apostoli Giovanni, Pietro e Paolo e degli altri che portarono la croce e seguirono Gesù.

Mi sono avventurata alla ricerca del Dio del Nuovo Testamento che ha fatto molti miracoli meravigliosi, segni e prodigi secondo la Sacra Bibbia, la Parola del Dio vivente. Potevo essere così presuntuosa da pensare che mi conoscesse davvero? Doveva esserci qualcosa di più in Dio. Iniziai a visitare molte chiese di varie denominazioni nell'area di Los Angeles, una metropoli situata nella California meridionale. In seguito mi trasferii in una città a est di Los Angeles, West Covina, e iniziai a visitare delle chiese anche in quella zona. Vengo da un Paese molto religioso, con probabilmente più divinità conosciute dall'uomo di qualsiasi altro Paese al mondo. Ho sempre creduto in un unico Dio, il Creatore. Il mio cuore cercava di conoscerLo personalmente. Ho pensato: "Sicuramente esiste e sarà in grado di trovarmi grazie al mio appassionato desiderio di conoscerlo personalmente". Ho cercato senza sosta e ho letto la Bibbia con costanza, ma mancava sempre qualcosa. Nell'agosto del 1981 ho ottenuto un impiego presso l'Ufficio Postale degli Stati Uniti, dove ho iniziato a porre domande su Dio ai miei colleghi. Iniziai anche ad ascoltare la radio cristiana, dove sentivo diversi predicatori che discutevano di argomenti biblici senza mai essere d'accordo nemmeno tra di loro. Pensai: "Questo non può essere un Dio della confusione!" Doveva esserci una risposta veritiera a questo dilemma religioso. Sapevo che dovevo cercare nelle Sacre Scritture e continuare a pregare. Anche molti colleghi cristiani mi parlarono e condivisero la loro testimonianza. Ero sorpresa che conoscessero così bene il Signore. Allora non sapevo che Dio aveva già stabilito un tempo per me per ricevere la rivelazione della Sua meravigliosa verità.

Mio fratello era affetto da possessione demoniaca e aveva bisogno di un miracolo. Sono stata costretta a cercare cristiani credenti nella Bibbia che credessero nei miracoli e nella liberazione da queste forze demoniache. Senza pietà, questi spiriti demoniaci tormentavano la mente di mio fratello. La mia famiglia era estremamente preoccupata per lui e non avevamo altra alternativa che portarlo da uno psichiatra. Sapevo che era un piacere del diavolo tormentare e distruggere mio fratello. Questa era la guerra spirituale di cui parla la Bibbia. Nella disperazione portammo mio fratello dalla psichiatra. Dopo averlo valutato, ci chiese se credevamo in Gesù. Rispondemmo di sì e lei iniziò a scrivere gli indirizzi di due chiese con i relativi numeri di telefono e me li consegnò. Una volta a casa, misi entrambi i fogli con le informazioni sul mio comò con l'intenzione di chiamare entrambi i pastori. Pregai che Dio mi guidasse verso la chiesa e il pastore giusti. Avevo sentito parlare di cose molto negative riguardo alle chiese in America, quindi questo mi rendeva molto cauta. Il Signore usa profeti, insegnanti e predicatori per condurre coloro che lo amano alla verità. Il Signore è diventato la mia lampada e la luce che ha illuminato le mie tenebre. Dio avrebbe sicuramente condotto anche mio fratello fuori dalle sue tenebre. Credevo davvero che Dio mi avrebbe trovato in quello che sembrava un mare infinito di oscurità, dato che questo era un periodo molto buio e difficile per la mia famiglia.

"La tua parola è una lampada per i miei piedi e una luce per il mio cammino". (Salmi 119:105)

"Preghiera e digiuno".
Misi entrambi gli indirizzi sul mio comò. Chiamai i pastori ed ebbi una conversazione con entrambi. Contemporaneamente, pregavo affinché il Signore mi indicasse il pastore con cui continuare il dialogo. Durante questo periodo, mi accorsi che uno dei due numeri era scomparso dalla cassettiera. Lo cercai con attenzione, ma non riuscii a trovarlo. Ora avevo solo un numero a disposizione. Lo chiamai e parlai con il pastore della chiesa situata in California, a soli dieci minuti da casa mia. Portai mio fratello in questa chiesa pensando che quel giorno sarebbe stato liberato,

L'ho fatto "a Suo modo"

ma non fu così. Quel giorno mio fratello non fu reso completamente libero. Allora il pastore ci offrì uno studio biblico. Accettammo la sua offerta e iniziammo a frequentare la sua chiesa senza l'intenzione di diventare membri, ma solo visitatori. Non sapevo che questo sarebbe stato il punto di svolta della mia vita. A quel tempo, ero contraria alla via pentecostale e alla credenza di parlare in lingue.

I santi della chiesa erano molto sinceri nelle loro convinzioni. Adoravano liberamente e obbedivano al pastore quando chiedeva un digiuno, perché le forze spirituali che controllavano mio fratello sarebbero uscite, come dice la Parola di Dio, solo "con la preghiera e il digiuno". Una volta i discepoli di Gesù non riuscirono a scacciare un demone. Gesù disse loro che era a causa della loro incredulità e disse che nulla sarebbe stato loro impossibile.

"Ma questa specie non esce se non con la preghiera e il digiuno".
(Matteo 17:21)

Digiunammo tutti per alcuni giorni alla volta in diverse occasioni e potei constatare che mio fratello stava migliorando molto. Continuammo a fare studi biblici a casa mia con il pastore, comprendendo tutto ciò che ci insegnava; tuttavia, quando iniziò a spiegare il Battesimo in acqua, fui infastidita dalla sua interpretazione. Non avevo mai sentito parlare del battesimo nel nome di "Gesù", anche se lui ci mostrò chiaramente le Scritture. Era scritto lì, ma io non lo vedevo. Forse la mia comprensione era stata accecata.

Dopo che il pastore se ne fu andato, mi rivolsi a mio fratello dicendo: "Hai notato che tutti i predicatori che usano la stessa Bibbia hanno idee diverse? Non credo più a quello che dicono questi pastori". Mio fratello si rivolse a me dicendo: "Ha ragione!". Mi arrabbiai molto con lui e gli chiesi: "Quindi crederai all'insegnamento di questo pastore? Io non ci credo". Mi guardò di nuovo e disse: "Sta dicendo la verità". Risposi di nuovo: "Tu credi a tutti i predicatori, ma non a me!". Di nuovo mio fratello insistette: "Ha ragione". Questa volta potei vedere che il volto di mio fratello era molto serio. In seguito presi la Bibbia e iniziai a studiare il libro degli Atti, dove c'era la storia della Chiesa primitiva. Studiai e studiai; non riuscivo ancora a capire perché, ma Dio aveva il SUO MODO. Credete che Dio tratti ogni persona in modo diverso? Ero alla ricerca di Dio attraverso ogni fonte e mezzo di comunicazione. Durante questo periodo, Lo sentii che parlava al mio cuore: "Devi essere battezzata". Sentii il Suo comando e nascosi queste parole nel mio cuore, nascoste a chiunque altro.

Arrivò il giorno in cui il pastore si avvicinò a me e mi fece una domanda: "Allora, sei pronta per essere battezzata?". Lo guardai con sorpresa, non mi era mai capitato che qualcuno mi facesse questa domanda. Mi disse che il Signore Gesù gli aveva parlato del mio battesimo, così risposi: "Sì". Ero stupita che Dio avesse parlato al pastore di questa faccenda. Lasciai la chiesa pensando: "Spero che Dio non gli stia dicendo tutto, perché i nostri pensieri non sono sempre giusti o appropriati".

Battesimo per la remissione del peccato.

Arrivò il giorno del mio battesimo. Chiesi al pastore di assicurarsi che mi battezzasse nel nome del Padre, del Figlio e dello Spirito Santo. Il pastore continuava a dirmi: "Sì, questo è il nome di Gesù". Ero preoccupata e turbata; pensavo che quest'uomo mi avrebbe mandato all'inferno se non mi avesse battezzato nel nome del Padre, del Figlio e dello Spirito Santo. Così gli ripetei di nuovo di assicurarsi che invocasse nel nome del Padre, del Figlio e dello Spirito Santo, ma anche il pastore continuava a ripetersi. "Sì, il suo nome è Gesù". Cominciai a pensare che questo pastore non avesse davvero capito cosa intendessi. Poiché Dio mi aveva parlato di battezzarmi, non potevo disobbedirGli. In quel momento non lo capivo, ma stavo obbedendo a Dio senza avere la piena rivelazione del Suo nome, né comprendevo appieno che la salvezza non è per altro nome che nel Nome di Gesù.

"E non c'è salvezza in nessun altro; perché non c'è altro nome sotto il cielo dato tra gli uomini per cui dobbiamo essere salvati."
(Atti 4:12)

*"Voi siete i miei testimoni, dice il Signore, e il mio **servo** che ho scelto, affinché sappiate e crediate e comprendiate che io sono lui: prima di me non c'era alcun Dio e non ci sarà dopo di me. Io, proprio io, sono il Signore; e all'infuori di me **non c'è salvatore**".*
(Isaia 43:10-11)

Prima, dopo e per sempre, c'era, c'è e ci sarà un solo Dio e Salvatore. Qui un uomo avrà il ruolo di <u>servo</u>, Geova Dio dice che **io sono lui**.

Egli, pur essendo nella condizione di Dio, non ritenne un privilegio l'essere come Dio, ma svuotò se stesso assumendo una condizione di servo, diventando simile agli uomini. Dall'aspetto riconosciuto come uomo, umiliò se stesso facendosi obbediente fino alla morte e a una morte di croce. (Filippesi 2:6-8)

Gesù era il Dio, in corpo umano.

E senza controversia grande è il mistero della pietà: **Dio si è manifestato nella carne** *(1 Timoteo 3:16).*

Perché questo Dio, che era spirito, è venuto nella carne? Come sapete, lo spirito non ha carne e sangue. Se avesse avuto bisogno di versare sangue, avrebbe avuto bisogno di un corpo umano.

La Bibbia dice:

Badate dunque a voi stessi e a tutto il gregge, di cui lo Spirito Santo vi ha costituiti sorveglianti, per pascere la **<u>Chiesa di Dio</u>**, *che* <u>egli si è acquistata con il</u> **<u>proprio sangue</u>**. *(Atti 20:28)*

La maggior parte delle chiese non insegna l'unicità di Dio e la potenza del nome di Gesù. Dio, uno Spirito in carne e ossa come l'uomo Cristo Gesù, ha dato il grande incarico ai suoi discepoli:

*"Andate dunque e ammaestrate tutte le nazioni battezzandole nel **nome** (singolare) del Padre e del Figlio e dello Spirito Santo".*
(Matteo 28:19)

I discepoli sapevano chiaramente cosa intendeva Gesù, perché andavano a battezzare nel Suo Nome, come è scritto nelle Scritture. Mi ha stupito il fatto che pronunciassero "Nel nome di **Gesù**" ogni volta che eseguivano un battesimo. Le Scritture lo confermano nel Libro degli Atti.

Quel giorno fui battezzata in acqua in immersione totale nel nome di Gesù, e uscii dall'acqua sentendomi così leggera da poter camminare sull'acqua. Una pesante montagna di peccato era stata rimossa. Non sapevo di portare questa pesantezza su di me. Che esperienza meravigliosa! Mi resi conto per la prima volta nella mia vita che mi ero definita una "cristiana con piccoli peccati", perché non mi ero mai sentita una grande peccatrice. A prescindere da ciò che credevo, il peccato era sempre peccato. Facevo e pensavo il peccato. Non credevo più solo nell'esistenza di Dio, ma sperimentavo la gioia e il vero cristianesimo partecipando a ciò che diceva la Parola di Dio.

Tornai di nuovo alla Bibbia e iniziai a cercare le stesse Scritture. Indovinate un po'? Una volta aperta la mia comprensione fui in grado di vedere chiaramente per la prima volta che il Battesimo è solo nel NOME DI GESÙ.

Allora aprì loro la mente, affinché comprendessero le Scritture (Luca 24:45).

Iniziai a vedere le Scritture in modo molto chiaro e pensai a quanto Satana sia connivente per cancellare il piano del Dio Altissimo, che è venuto in carne e ossa per versare sangue. Il sangue è nascosto sotto il nome di **GESÙ**. Scoprii subito che l'attacco di Satana era al Nome.

*"Pentitevi e fatevi battezzare ciascuno di voi nel **nome di Gesù Cristo** per la remissione (PERDONO) dei peccati e riceverete il dono dello Spirito Santo." (Atti 2:38)*

Queste parole furono pronunciate dall'apostolo Pietro il giorno di Pentecoste, all'inizio della Chiesa primitiva nel Nuovo Testamento. Dopo il mio battesimo, ricevetti il dono dello Spirito Santo nella chiesa di un mio amico a Los Angeles.

Questo si manifestò con il mio parlare in una lingua o in lingue sconosciute e secondo le Scritture sul tema del battesimo dello Spirito Santo:

"Mentre Pietro pronunciava queste parole, lo Spirito Santo scese su tutti quelli che ascoltavano la parola. E i fedeli circoncisi, che erano venuti con Pietro, si stupirono che anche sui pagani si fosse effuso il

*dono dello Spirito Santo; li sentivano infatti **parlare in altre lingue** e glorificare Dio.". (Atti 10, 44-46)*

Capii chiaramente che gli uomini avevano cambiato la cerimonia del battesimo. Ecco perché oggi abbiamo così tante religioni. I primi credenti furono battezzati secondo le Scritture che furono scritte in seguito. Pietro lo predicò e gli apostoli lo eseguirono!

*"Può forse qualcuno proibire l'acqua perché non siano battezzati quelli che hanno ricevuto lo Spirito Santo come noi? E ordinò loro di essere **battezzati nel nome del Signore**. Poi lo pregò di fermarsi alcuni giorni". (Atti 10:47-48)*

Ancora una volta, una prova del Battesimo nel Nome di Gesù.

*"Ma quando credettero a Filippo che predicava le cose riguardanti il regno di Dio **e il nome di Gesù Cristo, furono battezzati, sia uomini che donne** (perché ancora non era caduto su nessuno di loro; **solo loro furono battezzati nel nome del Signore Gesù**)."(At 8:12,16)*

Atti 19

*"E avvenne che, mentre Apollo si trovava a Corinto, Paolo, dopo aver attraversato le coste superiori, giunse a Efeso; e trovando alcuni discepoli, disse loro: "Avete ricevuto lo Spirito Santo da quando avete creduto?" Ed essi gli risposero: "Non abbiamo nemmeno sentito dire se c'è uno Spirito Santo". Ed egli disse loro: "In che cosa siete stati battezzati?". Ed essi risposero: "Nel battesimo di Giovanni". Allora Paolo disse: "Giovanni ha veramente battezzato con il battesimo di ravvedimento, dicendo al popolo di credere in colui che sarebbe venuto dopo di lui, cioè in Cristo Gesù." Quando udirono questo, furono **battezzati nel nome del Signore Gesù**. E quando Paolo ebbe imposto loro le mani, **lo Spirito Santo venne su di loro; ed essi parlarono in lingue** e profetizzarono." (Atti 19:1-6)*

*"Atti 19 mi è stato di grande aiuto, perché la Bibbia dice che c'è **un solo battesimo**." (Efesini 4:5)*

Sono stata battezzata in India e devo dire, qui, che ero stata aspersa e non battezzata.

La vera dottrina è stata stabilita dagli **apostoli e dai profeti.** Gesù è venuto a versare il sangue e a dare l'esempio. (1 Pietro 2:21)

*Atti 2:42 E continuarono a seguire con costanza la **dottrina degli apostoli** e la comunione, a spezzare il pane e a **Efesini-2**:20 e sono **edificati sul fondamento degli apostoli e dei profeti**, essendo Gesù Cristo stesso la pietra angolare principale;*

Galati. 1:8, 9 Ma se noi, o un angelo dal cielo, vi predicassimo un vangelo diverso da quello che vi abbiamo predicato, siamo maledetti. Come abbiamo detto prima, lo ripeto ora: se qualcuno vi predica un vangelo diverso da quello che avete ricevuto, sia maledetto.

(Questo è profondo; nessuno può cambiare la dottrina, nemmeno gli Apostoli che erano già stabiliti).

Queste Scritture mi aprirono gli occhi, e a quel punto capii Matteo 28:19. La Chiesa è la Sposa di Gesù, quando siamo battezzati nel nome di Gesù assumiamo il Suo Nome. Il Cantico di Salomone è un'allegoria della Chiesa e dello sposo, in cui la sposa ha assunto il Nome.

*Per il sapore dei tuoi buoni unguenti il **tuo nome è come un unguento** versato, perciò le vergini ti amano (Cantico di Salomone 1:3)*

Ora avevo il battesimo di cui si parla nella Bibbia e lo stesso Spirito Santo. Non si trattava di qualcosa di immaginario, ma di qualcosa di reale! Potevo sentirlo e udirlo e altri erano testimoni della manifestazione della nuova nascita. Le parole che pronunciai non le sapevo e non le potevo capire. Era impressionante.

*"Perché chi parla in una **lingua sconosciuta** non parla agli uomini, ma a Dio; perché nessuno lo capisce, anche se nello spirito parla di misteri." (I Corinzi 14:2)*

*"Se infatti prego in una lingua sconosciuta, il mio spirito prega, ma il mio **intelletto è infruttuoso**". (I Corinzi 14:14)*

Mia madre testimoniò che un tempo, prima che io nascessi, un missionario dell'India del Sud la battezzò in un fiume e, risalendo, fu completamente guarita. Non sapendo come questo predicatore l'avesse battezzata, mi chiesi come fosse successo. Anni dopo mio padre mi confermò che questo pastore l'aveva battezzata nel Nome di Gesù, il che è proprio della Bibbia.

La Bibbia dice:

"che perdona tutte le tue iniquità e guarisce tutte le tue malattie".
(Salmi 103:3)

Dopo la mia rinascita, iniziai a tenere delle lezioni sulla Bibbia agli amici al lavoro e alla mia famiglia. Mio nipote ricevette il dono dello Spirito Santo. Mio fratello, mio cugino e mia zia furono battezzati insieme a molti membri della mia famiglia. Non sapevo che in questo viaggio c'era molto di più del solo desiderio di conoscere Dio in modo più intimo. Non mi rendevo conto che questa esperienza era possibile. Dio abita nel credente attraverso lo Spirito.

Rivelazione e comprensione.

Mi dedicai allo studio delle Sacre Scritture, e leggendo ripetutamente la Bibbia, Dio continuò ad ampliare la mia comprensione.

"Allora aprì loro la mente perché comprendessero le Scritture".
(Luca 24:45)

Dopo aver ricevuto lo Spirito Santo, la mia comprensione divenne più chiara e iniziai a imparare e a vedere molte cose che non avevo mai visto prima.

*"Ma Dio **ce li ha rivelati per mezzo del suo Spirito**; perché lo Spirito scruta tutte le cose, sì, le cose profonde di Dio." (1 Corinzi 2:10)*

Ho imparato che dobbiamo avere la comprensione della Sua volontà per noi, la saggezza di vivere secondo la Sua Parola, conoscere le **"Sue vie"** e accettare che l'obbedienza è un requisito e non un'opzione.

L'ho fatto "a Suo modo"

Un giorno chiesi a Dio: "Come mi stai usando?". Mi rispose: "**Nella** preghiera".

"Perciò, fratelli, datevi da fare per rendere sicura la vostra chiamata e la vostra elezione; perché se fate queste cose, non cadrete mai"
(2 Pietro 1:10)

Ho imparato che andare in chiesa può dare un senso di falsa sicurezza. La religione non è la salvezza. La religione di per sé può solo farvi sentire bene con la vostra auto-giustizia. La sola conoscenza delle Scritture non porta alla salvezza. È necessario comprendere le Sacre Scritture attraverso lo studio, ricevere la rivelazione attraverso la preghiera e avere il desiderio di conoscere la verità. Anche il diavolo conosce le Scritture ed è condannato a un'eternità nel lago che brucia con il fuoco. Non lasciatevi ingannare dai lupi travestiti **da** pecore che hanno una **forma di pietà** ma **negano** la *potenza di Dio*. Nessuno mi ha mai detto che avevo bisogno dello Spirito Santo con la prova di parlare in lingue, come si dice nella Bibbia. Quando i credenti ricevono lo Spirito Santo, accade qualcosa di miracoloso. I discepoli furono riempiti di Spirito Santo e di fuoco.

*"Ma voi riceverete **la forza**, dopo che lo Spirito Santo sarà sceso su di voi; e mi sarete testimoni a Gerusalemme, in tutta la Giudea, in Samaria e fino all'estremità della terra." (Atti 1:8)*

Erano così ardenti nel diffondere il Vangelo che molti cristiani di allora, come alcuni anche oggi, persero la vita per il Vangelo della verità. Ho imparato che si tratta di una fede profonda e di una dottrina solida, a differenza di quella che viene insegnata oggi in alcune chiese.

Dopo la resurrezione, Gesù dice nella sua parola che questo sarà il segno che uno è il suo discepolo.

"....parlerà in lingue nuove" (Marco 16:17).

Lingua nella lingua greca significa glossa, in italiano, dono Soprannaturale del linguaggio dato da Dio. Non si va a scuola per imparare questo modo di parlare. Ecco perché si parla di una **nuova lingua.**

Questo è uno dei segni per riconoscere il discepolo del Dio Altissimo.

Dio non è così meraviglioso? Ha fatto in modo che i suoi discepoli fossero riconosciuti in un modo molto speciale.

Il potere dell'adorazione.

Imparai a conoscere il potere dell'adorazione e a capire che in essa si può davvero sentire la presenza del Santo. Quando ero arrivata in America nel 1980, avevo visto gli indiani dell'Est vergognarsi di adorare liberamente Dio. Nell'Antico Testamento, il re Davide danzava, saltava, batteva le mani e le alzava in alto davanti al Signore. La gloria di Dio arriva quando il popolo di Dio adora con la massima lode ed esaltazione. Il popolo di Dio crea l'atmosfera affinché la presenza del Signore dimori in mezzo a lui. La nostra adorazione invia al Signore un profumo che non può resistere. Egli verrà a dimorare nelle lodi del suo popolo. Dopo la preghiera, prendetevi del tempo per lodarlo e adorarlo con tutto il cuore, senza chiedergli cose o favori. Nella Bibbia, Egli è paragonato a uno Sposo che viene a prendere la Sua sposa (la Chiesa). Egli cerca una sposa appassionata che non si vergogni di ADORARLO. Ho imparato che possiamo offrire un'adorazione che raggiungerà la Sala del Trono se lasciamo andare il nostro orgoglio. Ringrazio Dio per i pastori che predicano la Parola e non si tirano indietro su quanto sia importante l'adorazione per Dio.

> *"Ma viene l'ora - ed è questa - in cui i veri adoratori adoreranno il Padre in spirito e verità: così infatti il Padre vuole che siano quelli che lo adorano.". (Giovanni 4:23)*

Quando la presenza di Dio scende sui Suoi figli, cominciano ad accadere miracoli: guarigioni, liberazioni, lingue e interpretazioni, profezie, manifestazioni dei doni dello Spirito. Quanta potenza di Dio possiamo racchiudere in un servizio di chiesa, se ci riuniamo tutti insieme offrendo adorazione, esaltazione e la più alta delle lodi. Quando non avete più parole per pregare, adorate e offrite il sacrificio di lode! Il diavolo odia quando si adora il suo Creatore, l'Unico Vero Dio. Quando vi sentite soli o la paura vi attanaglia, adorate e collegatevi a Dio!

All'inizio questo tipo di adorazione e di lode fu molto difficile per me, ma poi diventò semplice. Cominciai a sentire la Sua voce che mi parlava. Voleva che fossi obbediente al Suo Spirito. Le mie conoscenze religiose mi avevano impedito di adorare Dio liberamente. Presto fui benedetta nello Spirito, arrivò la guarigione e fui liberata da cose che non avevo visto come peccato. Tutto questo era nuovo per me; ogni volta che sentivo la presenza di Dio nella mia vita iniziavo a cambiare interiormente. Stavo crescendo e sperimentando un cammino personale con Dio incentrato su Cristo.

Spirito di verità.

L'amore per la verità è essenziale, perché la religione può essere ingannevole e peggiore di una dipendenza da alcol o droghe.

> *"Dio è uno Spirito; e quelli che lo adorano devono adorarlo in spirito e verità". (Giovanni 4:24)*

Le catene della schiavitù dalla religione mi caddero quando lo Spirito Santo mi liberò. Quando parliamo in lingue o lingue sconosciute nello Spirito Santo, il nostro spirito parla con Dio. L'amore di Dio è travolgente e l'esperienza è soprannaturale. Non potei fare a meno di pensare a tutti quegli anni precedenti, quando avevo ricevuto una dottrina biblica contraria alla Parola di Dio.

Nel mio rapporto con Dio, Egli mi rivelava più verità man mano che crescevo nella Sua Parola e imparavo le "**Sue vie**". Fu come il passero che nutre i suoi uccelletti con piccole porzioni, così che crescono ogni giorno più forti e in modo costante, fino a quando non hanno imparato a solcare i cieli. Cercate lo Spirito di Verità ed Egli vi guiderà a conoscere ogni cosa. Un giorno, anche noi ci libreremo nei cieli con il Signore.

> *"Quando verrà lo Spirito di verità, egli vi guiderà in tutta la verità". (Giovanni 16:13a)*

La Santa Unzione:

Attraverso il grande dolore causato dalla condizione di mio fratello con gli spiriti maligni, trovammo questa meravigliosa verità. Abbracciai questa verità e lo Spirito Santo mi diede la forza di superare gli ostacoli che interferivano con la mia nuova vita in Cristo Gesù, dandomi la santa unzione per operare e ministrare insegnando alle persone. Imparai che attraverso questa unzione, Dio si muove attraverso il fervore e l'espressione spirituale. Essa proviene dal Santo, che è Dio stesso, e non da un rito religioso o da un'ordinazione formale che conferisce questo privilegio.

L'unzione:

Iniziai a sentire l'unzione di Dio sulla mia vita e a testimoniare a chi mi ascoltava. Mi trovai a diventare un'insegnante della Parola grazie alla potenza dell'unzione di Dio. C'era stato un periodo in India in cui volevo esercitare la professione di avvocato, ma il Signore mi aveva trasformata in un'insegnante della Sua Parola.

"Ma l'unzione che avete ricevuto da lui rimane in voi e non avete bisogno che alcuno vi insegni; ma come la stessa unzione vi insegna ogni cosa, ed è verità, e non è menzogna, così come essa vi ha insegnato, così voi vi adoprerete in lui." (1 Giovanni 2:27)

"Ma voi avete l'unzione del Santo e conoscete ogni cosa".
(1 Giovanni 2:20)

Mi sono resa disponibile a Dio ed Egli ha fatto il resto attraverso la Sua potenza di unzione. Che Dio fantastico! Non vi lascerà impotenti nel compiere la Sua opera. Iniziai a pregare di più quando il mio corpo si indebolì a causa di malattie e disturbi, ma lo Spirito di Dio in me si rafforzava ogni giorno di più, perché dedicavo tempo e impegno al mio cammino spirituale pregando, digiunando e leggendo costantemente la Sua Parola.

Cambiamento di vita:

Guardando indietro per un momento, vidi da dove Dio mi aveva portato e come la mia vita fosse stata priva delle Sue vie. Avevo una natura carnale senza alcun potere di cambiarla. Avevo altri spiriti, ma non lo

Spirito Santo. Imparai che la preghiera cambia le cose, ma il vero miracolo fu che anch'io ero cambiata. Volevo che le mie vie fossero più simili alle **Sue vie**, così digiunai per cambiare la mia natura carnale. La mia vita era cambiata in modo significativo percorrendo questa strada, ma era appena cominciata, perché il mio desiderio appassionato di Dio aumentava. Altri che mi conoscevano bene potevano testimoniare che ero cambiata.

Guerra spirituale:

Fui attenta a insegnare solo la verità e non la religione. Insegnavo che il battesimo nel Nome di Gesù Cristo e lo Spirito Santo di Dio (Spirito Santo) sono una necessità. È il Consolatore e la vostra forza per superare gli ostacoli e le forze del male che si oppongono ai credenti.

Siate sempre pronti a combattere in ginocchio per ottenere ciò che volete da Dio. Il diavolo vuole schiacciare voi e la vostra famiglia. Siamo in guerra con le potenze delle tenebre. Dobbiamo lottare per le anime da salvare e pregare affinché il cuore del peccatore sia toccato da Dio e si allontani dalle potenze che lo governano.

> *"Perché non lottiamo contro la carne e il sangue, ma contro i principati, contro le potenze, contro i dominatori delle tenebre di questo mondo, contro la malvagità spirituale nelle alte sfere".*
> *(Efesini 6:12)*

Un'anima vivente.

Ognuno di noi ha un'anima vivente; non è sua, appartiene a Dio. Un giorno, quando moriremo, l'anima tornerà a Dio o a Satana. L'uomo può uccidere il corpo, ma solo Dio può uccidere l'anima.

> *"Ecco, tutte le anime sono mie; come l'anima del padre, così anche l'anima del figlio è mia; l'anima che pecca, **morirà**".*
> *(Ezechiele 18:4)*

"E non temete quelli che uccidono il corpo, ma non sono in grado di uccidere l'anima; temete piuttosto colui che è in grado di distruggere l'anima e il corpo nell'inferno." (Matteo 10:28)

Spirito d'amore.

Una vita significa tanto per Dio, perché Egli si preoccupa e ama tanto ognuno di noi. I credenti che hanno questo Vangelo di verità sono tenuti a raccontare agli altri l'amore di Gesù nello Spirito d'**Amore**.

*"Vi do un nuovo comandamento: che vi **amiate** gli uni gli altri; come io ho **amato** voi, che anche voi vi **amiate gli** uni gli altri. Da questo tutti sapranno che siete miei discepoli, se avrete **amore** gli uni per gli altri". (Giovanni 13:34-35)*

Il diavolo si scaglia contro di noi quando diventiamo una minaccia per lui. Il suo compito è quello di scoraggiarci; tuttavia, abbiamo la promessa della vittoria su di lui.

"Ma grazie a Dio, che ci dà la vittoria per mezzo del nostro Signore Gesù Cristo". (1 Corinzi 15:57)

Vorrei sottolineare che ciò che Satana intendeva come male, Dio lo ha trasformato in benedizione.

La Bibbia dice:

"E sappiamo che tutte le cose concorrono al bene di coloro che amano Dio, di coloro che sono chiamati secondo il suo proposito". (Romani 8:28)

Sia lodato il Signore Gesù Cristo!

Capitolo 2
IL PODEROSO MEDICO

La scienza medica riferisce che esistono in totale trentanove categorie di malattie. Prendiamo ad esempio il cancro: ne esistono moltissimi tipi. Ci sono anche molti tipi di febbre, ma tutti rientrano nella categoria della febbre. Secondo l'antica legge romana e la legge di Mosè, non si potevano infliggere più di quaranta colpi (frustate) come punizione. Per non violare questa legge romana e giudaica, somministravano solo trentanove colpi. È una coincidenza che Gesù abbia preso trentanove colpi sulla schiena? Credo, come molti, che ci sia una correlazione tra questo numero e Gesù.

"Può dargli quaranta colpi e non eccedere; per evitare che, se eccede e lo percuote più di questi con molti colpi, il tuo fratello ti sembri vile". (Deuteronomio 25:3)

"Il quale, sul suo stesso corpo, ha portato i nostri peccati sull'albero, affinché noi, morti al peccato, vivessimo alla giustizia; dalle cui lacrime siete stati guariti". (1 Pietro 2:24)

"Ma egli è stato ferito per le nostre trasgressioni, è stato contuso per le nostre iniquità; il castigo della nostra pace è stato su di lui; e con le sue ferite siamo stati guariti." (Isaia 53:5)

In questo libro leggerete testimonianze sul potere di guarigione di Dio e sul potere di liberazione dalla droga, dall'alcol e dalla possessione demoniaca. Inizio con le mie malattie personali, in cui Dio mi ha mostrato presto che nulla è troppo difficile o troppo grande per Lui. Egli è il Poderoso Medico. La gravità delle mie condizioni fisiche è cambiata di male in peggio attraverso dolorose malattie. Sono state e sono la Parola di Dio e le sue promesse a sostenermi oggi.

Sinusite cronica.

Avevo un problema di sinusite così grave da impedirmi di dormire. Durante il giorno chiamavo e chiedevo alle persone di pregare per me. Sul momento stavo bene, ma di notte il problema si ripresentava e non riuscivo a dormire.

Una domenica andai in chiesa e chiesi al pastore di pregare per me. Mi pose la mano sulla testa e pregò su di me.

"C'è tra voi qualcuno che è malato? Che chiami gli anziani della chiesa e preghino su di lui, ungendolo con olio nel nome del Signore"
(Giacomo 5:14).

Quando iniziò il servizio di culto, cominciai a lodare e ad adorare Dio mentre lo Spirito veniva su di me così liberamente. Il Signore mi disse di danzare davanti a Lui. Nello Spirito iniziai a danzare davanti a Lui in obbedienza, quando all'improvviso il mio naso chiuso si allentò e ciò che ostruiva le vie nasali fuoriuscì. Immediatamente cominciai a respirare e questa condizione non si ripresentò mai più. Avevo accettato questa sinusite con le mie parole e i miei pensieri. Tuttavia, alla fine imparai che dobbiamo sempre esprimere la nostra fede e non esprimere o pensare mai al dubbio.

Tonsillite.

Soffrivo di tonsillite cronica e non riuscivo a dormire a causa dell'orribile e persistente dolore. Avevo sofferto di questa condizione per molti anni. Dopo aver consultato un medico, venni indirizzata da un ematologo. Eseguire quella che era una tonsillectomia relativamente semplice, per me sarebbe stato un intervento pericoloso e lungo, a causa di una malattia del sangue che rendeva difficile al mio corpo la coagulazione. In altre parole, avrei potuto morire dissanguata! Il medico disse che non avrei potuto sopportare l'operazione né tollerare il dolore. Pregai per la mia guarigione e chiesi anche alla Chiesa di pregare per me. Un giorno venne nella mia chiesa un predicatore in visita. Salutò la congregazione e chiese se qualcuno avesse bisogno di guarigione.

Incerta sul fatto che sarei guarita, mi diressi comunque verso l'ingresso, confidando in Dio. Quando tornai al mio posto, sentii una voce che mi diceva."Non sarai guarita". Ero arrabbiata con questa voce. Come poteva essa esprimere con audacia questo dubbio e questa incredulità? Sapevo che era un trucco del diavolo per fermare la mia guarigione. Risposi opponendomi a questa voce: "Otterrò la mia guarigione!".

La mia risposta fu ferma e forte perché sapevo che quella voce proveniva dal padre di tutte le menzogne, il diavolo. Lo Spirito Santo ci dà autorità sul diavolo e sui suoi angeli. Non gli avrei permesso di privarmi della mia guarigione e della mia pace. È un bugiardo e non c'è verità in lui! Reagii con la Parola e le promesse di Dio.

> *"Voi siete di vostro padre, il diavolo, e farete i desideri di vostro padre. Egli è stato omicida fin dal principio e non ha dimorato nella verità, perché in lui non c'è verità. Quando dice una menzogna, la dice di suo pugno, perché è bugiardo e ne è il padre". (Giovanni 8:44)*

Immediatamente il mio dolore scomparve e guarii! A volte dobbiamo andare nel campo del nemico per combattere per ciò che vogliamo e per riprenderci ciò che il nemico, il diavolo, vuole portarci via. Mentre il dolore mi lasciava, il diavolo mi disse: "Non eri malata". Il nemico cercava di convincermi con una "nuvola di dubbio" che non ero davvero malata. Il motivo di questa menzogna del diavolo era che in questo modo non avrei dato a Dio la gloria. Con una risposta ferma a Satana, dissi: "Sì, ero malata!". Immediatamente Gesù riportò il dolore su ogni lato delle mie tonsille. Risposi: "Signore Gesù, so che ero malata e tu mi hai guarita". Il dolore mi lasciò per sempre! Non ne ho mai più sofferto. Immediatamente alzai le mani, lodai il Signore e diedi a Dio la gloria. Gesù si è fatto frustare sulla schiena perché io potessi essere guarita quel giorno. La Sua Parola dice anche che i miei peccati sarebbero stati perdonati. Quel giorno stesso mi alzai e testimoniai alla chiesa come il Signore mi avesse guarita. Avevo preso la mia guarigione con la forza.

"E dai giorni di Giovanni Battista fino ad oggi il regno dei cieli subisce violenza e i violenti lo prendono con la forza".
(Matteo 11:12)

"E la preghiera della fede salverà il malato e il Signore lo risusciterà; e se ha commesso peccati, gli saranno perdonati".
(Giacomo 5:15)

"Che perdona tutte le tue iniquità, che guarisce tutte le tue malattie".
(Salmi 103:3)

Quando ci alziamo e testimoniamo ciò che il Signore ha fatto, non solo diamo a Dio la gloria, ma solleviamo la fede di altri che hanno bisogno di sentirla. Inoltre, è sangue fresco contro il diavolo.

"E lo vinsero per mezzo del sangue dell'Agnello e della parola della loro testimonianza; e non amarono la propria vita fino alla morte".
(Apocalisse 12:11)

Dio compie miracoli grandi e piccoli. Sconfiggete il diavolo quando raccontate agli altri ciò che Dio ha fatto per voi. Il diavolo viene messo in fuga quando si inizia ad adorare Dio con tutto il cuore! Avete a disposizione le armi della fede e la potenza dello Spirito Santo per sconfiggere il padre di tutte le menzogne. Dobbiamo imparare a usarle.

Difetto della vista.

Avevo avuto un problema di vista nel 1974, prima di venire in America. Non riuscivo a valutare la distanza tra me e un altro oggetto davanti a me. Questo mi causava forti mal di testa e nausea. Il medico mi disse che avevo un problema alla retina che poteva essere corretto con degli esercizi, ma non funzionò e i miei mal di testa continuarono.

Frequentavo una chiesa in California che credeva nel potere di guarigione. Chiesi alla chiesa di pregare per me. Continuai a sentire testimonianze di guarigione che mi aiutarono a credere in essa. Sono così grata che le chiese permettano le testimonianze, così che altri possano ascoltare i resoconti di lode dei miracoli che Dio ha compiuto nella vita di persone comuni. La mia fede è sempre stata innalzata dall'ascolto delle testimonianze. Ho imparato molto grazie a queste.

In seguito andai da un oculista, dato che Dio mi aveva chiesto di vederne uno.

Il medico mi visitò gli occhi e riscontrò lo stesso problema, ma mi chiese di avere un secondo parere. Una settimana dopo pregai perché avevo un forte mal di testa e un dolore insopportabile agli occhi.

Chiesi un secondo parere, e l'oculista che mi visitò disse che non c'era nulla di sbagliato nei miei occhi. Ne fui molto felice.

Sei mesi dopo, mentre andavo al lavoro in macchina, pensai a ciò che aveva detto il medico e cominciai a credere che non ci fosse nulla di sbagliato e che l'altro medico che aveva diagnosticato l'imperfezione degli occhi si fosse sbagliato. Per tutti quei mesi ero guarita e mi ero dimenticata di quanto fossi malata.

Dio iniziò a parlarmi: "Ti ricordi che avevi un dolore insopportabile, mal di testa e la nausea?".

Risposi: "Sì". Allora Dio disse: "Ti ricordi quando eri in India e il medico disse che avevi un problema agli occhi e ti insegnò degli esercizi di coordinazione oculare? Ti ricordi che negli ultimi sei mesi non sei mai tornata a casa malato a causa di questo problema?".

Risposi: "Sì".

Dio mi disse: "Ho guarito i tuoi occhi!".

Grazie a Dio, questo spiegava perché il terzo medico non aveva trovato nulla di sbagliato in me. Dio mi permise di vivere questa esperienza per mostrarmi che era in grado di andare in profondità nei miei occhi e di guarirli. La Parola di Dio dice: "Io conosco il cuore, non chi possiede il cuore". Cominciai a riflettere con attenzione su queste parole nella mia mente. Posso possedere il mio cuore, ma non conosco il mio cuore né so cosa ho nel cuore. Per questo motivo prego, digiuno e leggo continuamente la Parola, affinché Dio possa trovare nel mio cuore solo bontà, amore e fede. Dobbiamo stare attenti a ciò che pensiamo e a ciò che esce dalla nostra bocca. Meditate sulla bontà perché Dio conosce il nostro pensiero.

> *"Le parole della mia bocca e la meditazione del mio cuore siano gradite al tuo cospetto, o Eterno, mia forza e mio redentore". (Salmi 19:14)*

> *"Il cuore è ingannevole sopra ogni cosa e disperatamente malvagio: chi può conoscerlo? Io, il Signore, scruto il cuore, provo le redini, per dare a ciascuno secondo le sue vie e secondo il frutto delle sue azioni" (Geremia 17:9-10).*

Prego il Salmo 51 per me:

> *"Crea in me un cuore pulito, o Dio, e rinnova in me uno spirito retto" (Salmi 51:10).*

Ansia.

Stavo attraversando un periodo in cui stavo sperimentando qualcosa che non riuscivo a esprimere a parole. Ricordo di aver detto a Dio che non sapevo perché mi sentivo così nella mia mente. Pregai e chiesi aiuto a Dio per comprendere questo sentimento opprimente, dato che non mi sembrava di avere alcuna preoccupazione in quel momento. Questa sensazione durò per qualche tempo e il modo migliore per descriverla è affermare che mi ha faceva sentire "spenta" mentalmente ma non fisicamente. Più tardi, al lavoro, avevo in mano questo piccolo libro di ispirazione.

Il Signore disse: "Apri questo libro e leggi".

Cercai e trovai l'argomento "ansia", dato che Dio disse che questo era ciò che avevo. Non conoscevo questa parola. Poiché non avevo una chiara comprensione di questo termine, Gesù mi disse di guardare nel dizionario. Trovai i sintomi esatti che avevo. La definizione era preoccupazione o sollecitudine per qualche cosa o evento, futuro o incerto, che turba la mente e la mantiene in uno stato di dolorosa inquietudine.

Dissi: "Sì, Signore, mi sento esattamente così!".

Facevo il turno di notte e nel mio giorno libero andavo a dormire presto. Durante questo periodo mi svegliavo presto al mattino per pregare e un giorno Dio mi disse di andare a dormire. Ho pensato: "Perché Dio avrebbe detto questo?". In quella fase iniziale del mio cammino con Dio, stavo imparando a discernere e ad ascoltare la Sua voce. Ancora una volta mi dissi: "Perché Dio mi dice di andare a dormire? Penso che sia il diavolo".

Poi mi ricordai che a volte Dio ci dice cose che possono non avere alcun senso, ma ci sta dando un messaggio importante. In breve, il Suo messaggio era che non avevo bisogno di essere più santo di Lui.

"Poiché i miei pensieri non sono i vostri pensieri e le vostre vie non sono le mie vie, dice il Signore. Perché come i cieli sono superiori alla terra, così le mie vie sono superiori alle vostre vie e i miei pensieri ai vostri pensieri". (Isaia 55:8-9)

In altre parole, di solito la preghiera è la strada giusta, ma in quel momento non lo era. Egli aveva già inviato il Suo angelo a ministrarmi e io avevo bisogno di stare a letto. C'è un tempo per riposare e un tempo in cui Dio riempie le nostre lampade con olio fresco attraverso la preghiera che rinnova lo Spirito Santo. In natura, abbiamo bisogno di dormire e di riposare per rinfrescare il nostro corpo e la nostra mente, come previsto da Dio. Siamo il Tempio di Dio e dobbiamo prenderci cura di noi stessi.

*Ma a quale **angelo** ha mai detto: "Siediti alla mia destra, finché non avrò fatto dei tuoi nemici lo sgabello dei tuoi piedi"? Non sono forse tutti **spiriti ministranti, inviati per servire coloro che saranno eredi della salvezza**?(Ebrei 1:13,14)*

Quando mi riaddormentai, sognai un uomo senza testa che mi toccava il capo. Più tardi, mi svegliai sentendomi rinfrescata e del tutto normale, sapendo che Dio aveva mandato un Angelo guaritore a toccarmi la testa e a liberarmi dall'ansia. Ero così grata a Dio che lo dissi a tutti quelli che mi ascoltavano. Avevo sperimentato gli orribili sintomi debilitanti dell'ansia che avevano colpito la mia mente: ci si sveglia ogni giorno con un'apprensione che non vuole andarsene, che non dà mai pace perché la mente non è completamente riposata per rilassarsi. L'ansia è anche uno strumento del diavolo per farvi sentire sopraffatti dalla paura o dal panico. Si presenta in molte forme e forse non sapete nemmeno di averla. La cosa migliore da fare è cambiare il modo in cui reagite allo stress e chiedervi se state dando al vostro corpo ciò di cui ha bisogno per rinnovarsi ogni giorno. Dio farà il resto quando vi prenderete cura del "Suo Tempio".

"Se qualcuno profana il tempio di Dio, Dio lo distruggerà, perché il tempio di Dio è santo, e voi siete il tempio". (1 Corinzi 3:17)

La Sua voce.

Quando si ha Dio, si è pieni perché si è immersi nel suo amore. Più lo si conosce, più lo si ama! Più si parla con Lui, più si impara a sentire la sua voce. Lo Spirito Santo vi aiuta a discernere la voce di Dio. Noi siamo le pecore del Suo pascolo che conoscono la Sua voce.

"Allora Gesù rispose loro: "Ve l'ho detto e non avete creduto: le opere che io faccio nel nome del Padre mio, testimoniano di me". Ma voi non credete
perché non siete delle mie pecore, come vi ho detto. Le mie pecore ascoltano la mia voce, io le conosco ed esse mi seguono: E io do loro la vita eterna; e non periranno mai, né alcuno le strapperà dalla mia mano. Il Padre mio, che me li ha dati, è più grande di tutti e nessuno può strapparli dalla mano del Padre mio. Io e il Padre mio siamo una cosa sola". (Giovanni 10:25-30)

Ci sono quelli di noi che si definiscono le Sue "pecore" e quelli che non credono. Le Sue pecore ascoltano la voce di Dio. I demoni religiosi sono ingannevoli. Ci fanno credere di avere Dio. La Sacra Bibbia ci mette in guardia dalle false dottrine.

"avendo una forma di pietà, ma negandone la potenza".
(2 Timoteo 3:5)

Dio dice: "Cercami con tutto il tuo cuore e mi troverai". Non si tratta di trovare uno stile di vita che ci vada bene. Seguite la verità, non la tradizione religiosa. Se avete sete della verità di Dio, la troverete. Dovete leggere e amare la Parola di Dio, nasconderla nel vostro cuore e mostrarla nel vostro stile di vita. La Parola vi cambia interiormente ed esteriormente.

Gesù è venuto a spezzare il potere della tradizione e della religione con il prezzo del suo sangue. Ha dato la sua vita perché potessimo avere il perdono dei peccati e la comunione diretta con Dio. La Legge si è compiuta in Gesù, ma essi non lo hanno professato come Signore e Salvatore, il Messia.

"Tuttavia, anche tra i capi credettero in lui; ma a causa dei farisei non lo professarono , per non essere cacciati dalla sinagoga: Perché amavano più la lode degli uomini che la lode di Dio".
(Giovanni 12:42, 43)

Influenza:

Avevo la febbre alta e dolori al corpo. Anche gli occhi e il viso erano molto gonfi. Riuscivo a malapena a parlare e chiamai l'anziano della mia chiesa perché pregasse per la mia guarigione. I tratti del mio viso tornarono immediatamente normali e guarii. Ringrazio Dio per gli uomini di fede e per la sicurezza che dà a chi si affida a Lui.

"Il nostro vangelo, infatti, non vi è giunto solo in parole, ma anche in potenza e nello Spirito Santo e in molte certezze."
(1 Tessalonicesi 1:5a)

Allergia agli occhi.

Nella California meridionale abbiamo un grave problema di smog. Avevo un'irritazione agli occhi che andò peggiorando con l'inquinamento dell'aria. Il prurito, l'arrossamento e il dolore costante erano insopportabili; mi veniva voglia di togliere gli occhi dalla loro cavità. Una sensazione terribile. Stavo ancora crescendo e imparando a fidarmi di Dio. Pensavo che fosse impossibile che Egli potesse curarmi, anche se mi aveva già guarita in passato. Avevo difficoltà a confidare in

Lui per la mia guarigione. Pensavo che, poiché Dio conosceva già ogni mio pensiero, non poteva guarire i miei occhi a causa della mia miscredenza, così usai un collirio per alleviare il prurito. Il Signore cominciò a dirmi di sospendere il collirio. Ma il fastidio era molto forte e così non lo feci. Il tutto si ripeté per tre volte, finché finalmente misi via il collirio.

*Ma Gesù, vedendoli, disse loro: "Con gli uomini questo è impossibile, ma con **Dio tutto è possibile"**. (Matteo 19:26)*

Qualche ora dopo, mentre ero al lavoro, il prurito mi abbandonò. Ero così felice che cominciai a raccontare a tutti i colleghi della mia guarigione. Non dovetti più preoccuparmi dei miei occhi. Sappiamo così poco di Dio e di come pensa. Non potremo mai conoscerlo perché le **Sue vie** non sono le nostre vie. La nostra conoscenza di Lui è estremamente limitata. Per questo è fondamentale che i veri credenti camminino nello Spirito. Non possiamo affidarci alla nostra comprensione umana. Quel giorno Gesù fu gentile, paziente e misericordioso con me. Gesù mi stava insegnando una grande lezione. Avevo dubbi sulla guarigione, ma quel giorno obbedii ed Egli mi guarì! Non ha mai rinunciato a me e non rinuncerà mai a voi!

Dopo questa lezione sull'obbedienza, misi da parte ogni tipo di medicina. Iniziai a credere nel mio cuore e a confidare che Dio mi guarisse da tutte le mie malattie e infermità. Imparai a credergli con il passare del tempo e crebbi nel Signore, tanto che Egli continua a essere il mio medico anche oggi.

Lesione al collo:

Un pomeriggio stavo andando in chiesa quando fui investita da un veicolo e riportai una lesione al collo che richiese un congedo medico dal lavoro. Volevo tornare a lavorare immediatamente, ma il medico si rifiutò. Iniziai a pregare: "Gesù, mi sto annoiando, ti prego, lasciami andare". Gesù mi disse: "Torna al lavoro e nessuno potrà dire che sei stata ferita".

"Perché io ti restituirò la salute e ti guarirò dalle tue ferite, dice il Signore" (Geremia 30:17a).

A quel punto tornai dal medico e lui mi autorizzò a tornare al lavoro, visto che avevo insistito. Ricominciai a sentire dolore e venni rimproverata per aver ripreso a lavorare troppo presto. Mi ricordai di ciò che Gesù mi aveva detto e promesso. Cominciai a ripetermi di aggrapparmi alla promessa di Dio e cominciai a migliorare giorno dopo giorno. Prima che me ne accorgessi, il dolore se n'era andato. Quella sera il mio supervisore mi chiese di fermarmi oltre l'orario di lavoro. Io risi scherzando e gli dissi che non stavo abbastanza bene per lavorare oltre l'orario di chiusura perché avevo dolore. Avevo dichiarato di avere qualcosa che non avevo. Il dolore tornò immediatamente e il mio viso impallidì, così il mio supervisore mi ordinò di andare a casa. Ricordavo che prima Dio mi aveva detto che sarei stata bene ed ero decisa a non mollare. Dissi al mio sovrintendente che non potevo andare a casa a causa della promessa fatta da Dio. Un altro supervisore era una donna cristiana, così le chiesi di pregare per me. Lei insistette perché tornassi a casa. Cominciai a reprimere il dolore e a pronunciare la parola della fede. Chiamai il diavolo bugiardo con l'autorità dello Spirito Santo. Immediatamente il dolore scomparve.

"Allora toccò loro gli occhi, dicendo: "Secondo la vostra fede, sia fatto a voi"". (Matteo 9:29)

Tornai dalla mia supervisora e le raccontai l'accaduto. Lei concordò con me sul fatto che il diavolo è un bugiardo e il padre di tutte le bugie. È importante non chiamare mai in causa la malattia o il dolore. Quel giorno Dio mi insegnò una lezione molto importante sullo scherzare con la falsità.

"Ma la vostra comunicazione sia: Sì, sì; No, no; perché tutto ciò che è più di questi viene dal male". (Matteo 5:37).

Capitolo 3

LE POTENTI ARMI DI DIO: "PREGHIERA E DIGIUNO"

Una domenica mattina, durante la funzione, ero sdraiata sull'ultimo banco in preda a dolori lancinanti e riuscivo a malapena a camminare. Improvvisamente Dio mi disse di andare davanti e di ricevere la preghiera. In qualche modo sapevo nel mio cuore e nello Spirito che non sarei stata guarita, ma poiché sentivo la voce di Dio **obbedii**. Come leggiamo in

1 Samuele 15:22b. Obbedire è meglio del sacrificio.

Mi feci lentamente strada verso la parte anteriore della chiesa e, mentre iniziavo a camminare lungo la navata laterale, notai che le persone avevano iniziato ad alzarsi in piedi quando le superavo. Vidi lo Spirito di Dio cadere su ogni persona e mi chiesi quale fosse lo scopo di Dio nel mandarmi davanti.

"E avverrà che, se ascolterai diligentemente la voce del Signore tuo Dio, osservando e mettendo in pratica tutti i suoi comandamenti che oggi tiordino , il Signore tuo Dio ti porrà in alto sopra tutte le nazioni della terra: E tutte queste benedizioni verranno su di te e ti sovrasteranno, se darai ascolto alla voce del Signore tuo Dio."
(Deuteronomio 28:1-2)

L'ho fatto "a Suo modo"

Stavo frequentando la mia chiesa locale quando successe, ma pensai a questo giorno particolare per un po' di tempo. In seguito andai a visitare una chiesa nella città di Upland. Anche una sorella della nostra precedente chiesa frequentava questa. Vide l'annuncio sulla mia auto in cui offrivo ripetizioni di matematica e volle assumermi. Un giorno, mentre le insegnavo a casa mia, mi disse: "Sorella, ricordo il giorno in cui eri malata nella nostra vecchia chiesa e stavi camminando verso l'ingresso per ricevere la preghiera. Non ho mai sperimentato la presenza di Dio in quel modo, anche se sono stata battezzata nel Nome di Gesù e sono venuta in chiesa per 2 anni. Il giorno in cui sei passata, ho sentito lo Spirito di Dio per la prima volta, ed era così forte. Ti ricordi che tutta la chiesa si stava alzando mentre lo Spirito cadeva su di loro al tuo passaggio?". Ricordavo bene quel giorno perché mi chiedevo ancora perché Dio mi avesse mandata nella parte frontale della chiesa quando riuscivo a malapena a camminare. Sentivo che Dio le aveva permesso di incrociare di nuovo il mio cammino per un motivo. Attraverso di lei, Dio rispose alla mia domanda su quel giorno.

Ero felice di aver ascoltato Dio e di aver obbedito alla sua voce.

"Perché noi camminiamo per fede, non per la vista". (2 Corinzi 5:7)

Dopo l'infortunio del settembre 1999, non potendo più camminare, rimasi a letto a pregare e a digiunare giorno e notte, visto che non dormii per 48 ore. Pregavo giorno e notte pensando che avrei preferito tenere Dio nella mia mente piuttosto che sentire il dolore. Parlavo costantemente con Lui. Siamo vasi di onore o di disonore. Quando preghiamo, riempiamo il nostro vaso con l'olio fresco di Dio pregando nello Spirito Santo.

Dobbiamo usare il nostro tempo con saggezza e non permettere che le preoccupazioni della vita ci impediscano di avere un rapporto spiritualmente intimo con il nostro Creatore. Le armi più potenti contro il diavolo e il suo esercito sono la preghiera e il digiuno.

"Ma voi, amati, edificandovi sulla vostra santissima fede, pregando nello Spirito Santo". (Giuda Vs. 20)

Il male si sconfigge quando si prega e si ha una vita di preghiera coerente. La coerenza è onnipotente. Il digiuno aumenta la potenza dello Spirito Santo e vi conferisce autorità sui demoni. Il Nome di Gesù è così potente quando pronunciate le parole "Nel Nome di Gesù". Ricordate anche che il prezioso "Sangue di Gesù" è la vostra arma. Chiedete a Dio di coprirvi con il Suo Sangue. La Parola di Dio afferma che:

*"E da Gesù Cristo, che è il testimone fedele, il primogenito dei morti e il principe dei re della terra. A colui che ci ha amati e ci ha **lavati dai nostri peccati nel suo sangue**". (Apocalisse 1:5)*

*"Al punto che portavano i malati per le strade e li deponevano su letti e giacigli, affinché almeno l'**ombra** di Pietro che passava di lì facesse ombra ad alcuni di loro". (Atti 5:15)*

Capitolo 4

DIO, IL GRANDE STRATEGA

Chi può conoscere la mente di Dio? Nel 1999, stavo facendo il turno di notte all'ufficio postale quando, chinandomi per prendere un oggetto, sentii un forte dolore alla schiena. Cercai il mio supervisore, ma non riuscii a trovare né lei né nessun altro. Andai a casa pensando che il dolore sarebbe passato dopo aver pregato prima di andare a dormire. Quando mi svegliai la mattina dopo con il dolore ancora presente, chiamai l'anziano della chiesa, che pregò per la mia guarigione. Mentre pregavo, sentii il Signore che mi diceva di chiamare il mio datore di lavoro all'ufficio postale per informarlo del mio infortunio. Mi fu poi detto di avvisare il mio sovrintendente una volta tornata al lavoro. Quando rientrai al lavoro, fui convocata in ufficio per compilare il rapporto di infortunio. Mi rifiutai di andare dal loro medico perché non credevo di dover andare dal dottore. Confidavo in Dio. Purtroppo il dolore alla schiena non fece che peggiorare. Il mio datore di lavoro aveva bisogno di un certificato medico che attestasse che avevo subito un infortunio, così da giustificare un lavoro più leggero. A quel punto, feci diverse richieste per essere visitata dal loro medico, ma allora non erano più così propensi a farmi vedere. Solo dopo aver notato un certo miglioramento quando camminavo, pensarono che mi fossi ripresa. Successivamente mi mandarono dal loro medico per gli infortuni sul lavoro, che in seguito mi indirizzò da uno specialista ortopedico. Quest'ultimo confermò che avevo subito una lesione permanente alla schiena.

Il mio datore di lavoro si arrabbiò molto. Ero così felice di aver accettato di vedere il loro medico questa volta. Non sapevo cosa mi riservava il futuro, ma Dio sì. Non solo mi venne concesso un lavoro leggero, ma a quel punto furono consapevoli che avevo una grave disabilità. Man mano che le mie condizioni peggioravano, mi vennero concesse solo sei ore di lavoro, poi quattro e infine due. Il dolore era diventato così insopportabile che il tragitto verso il lavoro rendeva difficile fare la pendolare avanti e indietro. Sapevo di dover dipendere da Dio per la mia guarigione. Pregai e chiesi a Dio qual era il suo piano per me. Mi rispose: "Andrai a casa". Pensai: "Sicuramente mi convocheranno in ufficio e mi manderanno a casa". In seguito le cose andarono proprio come aveva detto il Signore. Con il passare del tempo, le mie condizioni peggiorarono ed ebbi bisogno di un sostegno per camminare. Un medico, che aveva riconosciuto la gravità del mio infortunio, mi consigliò di rivolgermi a un dottore che si occupasse del mio caso.

Un venerdì sera, mentre aprivo la porta uscendo dall'ufficio postale, sentii la voce di Dio che diceva: "*Non tornerai mai più in questo posto*". Rimasi così stupita da quelle parole che iniziai a pensare che forse sarei rimasta paralizzata o addirittura licenziata. La voce era molto chiara e potente. Sapevo senza dubbio che sarebbe accaduto e che non sarei tornata in quel posto dove avevo lavorato per 19 anni. Non sapevo come sarebbero andate le cose dal punto di vista finanziario. Tuttavia, Dio vede le cose da lontano e mi stava facendo fare un altro passo verso la strada che avrei dovuto percorrere.

Dio, come un maestro stratega, stava lentamente e abilmente gettando le fondamenta del mio futuro per il momento in cui non avrei più lavorato per nessun altro, se non per Lui. Dopo il fine settimana, trovai un nuovo medico ortopedico che mi visitò e mi mise in invalidità temporanea per quasi un anno. L'ufficio postale mi mandò a farmi valutare da uno dei loro medici e il suo parere risultò contrario a quello del mio ortopedico. Disse che stavo bene e che potevo sollevare fino a 100 libbre (circa 45 chili). Non riuscivo nemmeno a camminare, a stare in piedi o a rimanere seduta a lungo, figuriamoci sollevare un peso equivalente al mio fragile corpo. Il mio medico era molto arrabbiato. Non era d'accordo con la valutazione dell'altro dottore sulla mia salute e sulle mie capacità fisiche. Grazie a Dio, il mio medico contestò la cosa a nome mio e contro quello del mio datore di lavoro. Quest'ultimo sottopose quindi la questione a un terzo medico che avrebbe agito come "arbitro" di mediazione, ovvero un chirurgo ortopedico che in seguito mi diagnosticò un'invalidità. Non era a causa dell'infortunio sul lavoro, ma della mia malattia del sangue. A quel punto tutto prese una piega diversa. Sono nata con questa malattia. Non sapevo nulla della pensione di invalidità. Pregai per questa situazione con la rabbia nel cuore. So che il lavoro di quel medico consisteva nel fare ciò che era giusto per il paziente e non per il datore di lavoro, ma in una mia visione lo vidi completamente pazzo.

Chiesi subito a Gesù di perdonarlo. Il Signore iniziò a parlarmi dicendo che il medico aveva fatto del suo meglio per il mio bene. Chiesi al Signore di mostrarmelo perché non riuscivo a vederlo in quel modo; tuttavia, la mia risposta sarebbe arrivata più tardi. Nel frattempo, feci domanda per l'indennità di invalidità permanente, dato che non potevo più lavorare. Non sapevo se la mia richiesta sarebbe stata approvata. Sia il mio datore di lavoro che il mio medico sapevano che non solo avevo una lesione alla schiena, ma anche tre tumori nella parte inferiore della stessa e un emangioma nella colonna vertebrale. Avevo una malattia degenerativa del disco e una malattia del sangue. Il mio corpo si stava deteriorando rapidamente e in modo molto doloroso.

I sintomi penosi delle mie malattie e delle mie ferite mi avevano messo a dura prova. Mi ritrovai incapace di camminare anche con l'aiuto di un supporto. Non si sapeva quale fosse la causa delle paralisi che affliggevano le mie gambe, così fui inviata a fare una risonanza magnetica alla testa. Il medico era alla ricerca di qualsiasi condizione psicologica. Chi può conoscere la mente di Dio e quali passi stava facendo per il mio futuro? Dio è il grande stratega, perché allora non sapevo che tutto questo aveva una ragione. Dovevo solo confidare che Lui si prendesse cura di me. Le prestazioni di invalidità permanente possono essere approvate solo per le persone che hanno una condizione medica personale che può essere supportata dal proprio medico. Poiché il mio nuovo dottore non aveva alcuna anamnesi, si rifiutò di fornire al Dipartimento per l'invalidità una valutazione medica completa sulla mia incapacità lavorativa. Mi trovai anche di fronte al dilemma delle mie finanze. Mi rivolsi all'unica fonte che conoscevo per trovare le risposte. Il Signore mi disse: "*Hai molti referti medici, mandali tutti al dottore*".

L'ho fatto "a Suo modo"

Non solo consegnai al medico tutti i miei referti, ma a quel punto era pronto a compilare la mia domanda di pensionamento per invalidità permanente. Lode a Dio! Dio è sempre pronto a dare una risposta se gliela chiediamo sinceramente. È importante stare sempre fermi e ascoltare la Sua risposta. A volte non arriva subito. Attesi che il "Grande Stratega" organizzasse la mia vita secondo la Sua volontà. I mesi successivi furono strazianti e impegnativi. Non solo dovevo sopportare il dolore fisico, ma non riuscivo più a girare le pagine di un libro. Poiché dipendevo da Dio per la guarigione, credevo di stare attraversando questa situazione per un motivo, ma che sicuramente non sarei morta. Credendo in questo, ringraziavo Dio ogni giorno per ogni momento che stavo vivendo e per qualsiasi condizione in cui mi venivo a trovare. Mi consumavo nella preghiera e nel digiuno per superare quei momenti di dolore lancinante. Lui era la mia unica fonte di forza e il mio luogo di rifugio nella preghiera.

La mia vita aveva preso una brutta piega. Non ero più in grado di lavorare in questo stato debilitante. Con molte preghiere e suppliche ogni giorno, la mia situazione sembrava peggiorare, non migliorare. Tuttavia, sapevo che Dio era l'unica risposta. Senza dubbio, sapevo che avrebbe risolto le cose per me. Mi aveva fatto conoscere la Sua esistenza e la Sua presenza e sapevo che mi amava. Questo mi bastava per aggrapparmi e aspettare il "Maestro Stratega", che aveva un piano preciso per la mia vita.

All'epoca viveva con me mia madre, che aveva 85 anni. Anche lei era disabile e aveva bisogno di assistenza e cure nel suo stato di degenza a letto. Nel momento in cui la mia amorevole madre aveva più bisogno di me, non potevo occuparmi dei suoi bisogni primari. Non solo, ma, pur nella sua fragilità, dovette assistere al deterioramento della salute di sua figlia davanti a lei. Due donne, madre e figlia, in una situazione che sembrava senza speranza, eppure entrambe credevamo nel "Dio potente dei miracoli". Un giorno mia madre mi vide crollare sul pavimento. Urlava e gridava, incapace di fare qualcosa per me. Questa scena, vedermi a terra in quel modo, fu così insopportabile e orribile per lei; ma il Signore, nella sua misericordia, mi rialzò dal pavimento. Mio fratello, mia sorella e la mia famiglia, sentendo di questo episodio, erano molto preoccupati che le mie condizioni fossero arrivate a questo punto estremo. Il mio caro e anziano padre, che era assistito altrove, si limitava a piangere e a non dire molto, e io pregavo il Signore che tutto questo finisse per il bene di tutti noi. Non si trattava solo del mio dolore personale e della prova da sopportare; ora stava colpendo i miei cari. Era il periodo più buio della mia vita. Ripensai alla promessa fatta da Dio fin dall'inizio:

> *"Quando camminerai, i tuoi passi non saranno intralciati; e quando correrai, non inciamperai". (Proverbi 4:12)*

Con grande gioia nel cuore, pensai alla Parola e alla promessa di Dio. Non solo sarei stata in grado di fare un passo, ma avrei avuto la capacità di correre un giorno. Dedicai più tempo alla preghiera, perché non c'era molto altro da fare se non pregare e cercare il volto di Dio. Divenne un'ossessione giorno e notte. La Parola di Dio diventò la mia "ancora di speranza" in un mare che vacillava. Dio provvede alle nostre necessità, così fece in modo che io ottenessi una sedia a rotelle motorizzata che mi rese la vita un po' più facile nei miei spostamenti. Quando mi alzavo, non riuscivo a stare in equilibrio nemmeno con l'assistenza. Il mio corpo era pervaso da disagio e dolore e qualsiasi conforto mi veniva dal "Consolatore", lo Spirito Santo. Quando le persone di Dio pregavano per me, il mio corpo provava un temporaneo sollievo dal dolore, così cercavo sempre la preghiera degli altri. Un giorno crollai a terra e fui portata in ospedale. Qui, il medico cercò di convincermi a prendere degli antidolorifici. Era insistente perché vedeva che il mio dolore era estremo da molti giorni. Alla fine accettai le sue istruzioni di prendere un farmaco, nonostante fosse contro ciò in cui credevo.

Per me Dio era il mio guaritore e medico. Sapevo che Egli aveva la capacità di guarirmi in qualsiasi momento, proprio come aveva fatto tante altre volte in precedenza, quindi perché non avrebbe dovuto guarirmi ora? Credevo fermamente che fosse responsabilità di Dio aiutarmi. Questo è il modo in cui pensavo e pregavo con fede, e nessuno poteva cambiare il mio pensiero in merito. Non riuscivo a vederla in un'altra maniera e quindi aspettavo il "Maestro Stratega". Il mio modo di pensare si rafforzava appoggiandosi a Dio. Più pregavo, più il mio rapporto con Lui cresceva. Era così profondo e personale che non può essere spiegato a chi non conosce le vie spirituali di Dio o la Sua stessa esistenza. È un Dio fantastico! Il giorno in cui ho lasciato l'ospedale, chiamai un'amica per farmi venire a prendere. Posai la sua mano su di me per pregare e provai un temporaneo sollievo dal dolore. Fu come prendere la medicina prescritta da Dio. Durante questo periodo, Egli mandò una signora a pregare con me ogni mattina alle 4. Mi imponeva le mani e pregava. Provavo solo un sollievo temporaneo, ma se non altro mi era stata data una compagna di preghiera. Credevo con tutto il cuore che Dio avesse tutto sotto controllo.

Le cose peggiorarono man mano che il mio corpo continuava a deteriorarsi. A causa dei danni ai nervi, non ricevevo abbastanza sangue e ossigeno agli arti inferiori e superiori. All'elenco dei sintomi, si aggiunse presto anche l'incontinenza. Iniziai ad avere inoltre difficoltà a pronunciare le parole a causa di spasmi nella bocca. Avevo un danno al nervo sciatico e l'elenco dei sintomi continuava a crescere.

La mia guarigione non avvenne rapidamente. Mi chiesi che fine avesse fatto la Sua promessa dal Proverbio 4:12. Pensai che forse avevo peccato.. Così domandai: "Signore Gesù, ti prego, fammi sapere cosa ho fatto di sbagliato, così posso pentirmi". Chiesi a Dio di parlare con me o con la mia amica, di mandarmi una parola. Non ero arrabbiata con Dio, ma glielo chiedevo con il cuore pieno di umiltà. Avevo un disperato bisogno di guarigione.

Più tardi, quel giorno, squillò il telefono e pensai: "Potrebbe essere questa la mia risposta?". Ma con mia grande delusione, la chiamata era per qualcun altro. Andai a letto e mi svegliai alle 4 del mattino per pregare. La mia compagna di preghiera, sorella Rena, venne a pregare con me. La guardai e mi chiesi se magari Dio le avesse parlato e se possedesse una risposta per me, ma ancora una volta, con mia grande delusione, non arrivò alcun responso.

Dopo che se ne andò, mi recai nella mia stanza per sdraiarmi e riposare. Mentre ero sdraiata, alle 9.00 sentii aprire la porta sul retro: era Carmen, la custode della casa. Entrò e mi chiese: *"Come ti senti?"*. Le risposi: *"Mi sento malissimo"*. Poi mi voltai e tornai nella mia stanza. Carmen disse: *"Ho una parola per te. Oggi, mentre pregavo in chiesa, Gesù è venuto da me e mi ha detto: "Sorella Elizabeth Das sta attraversando un processo. Elizabeth Das sta affrontando una prova, è la sua lunga prova del fuoco, e non ha fatto nulla di male. Ne uscirà come oro e io la amo molto"*. So che la sera prima ero nella sala del trono con Lui quando chiedevo una risposta alla mia domanda.

L'ho fatto "a Suo modo"

> *Ecco, la mano dell'Eterno non si accorcia per non salvare, né il suo orecchio si appesantisce per non udire. (Isaia 59:1)*

A questo punto della mia vita mi sembrava di impazzire. Non riuscivo più a leggere, a ricordare e a concentrarmi normalmente. La mia unica scelta e ragione di vita era adorare Dio e pregare molto. Dormivo solo brevi periodi di circa tre o quattro ore a giorni alterni. Quando dormivo, Dio era il mio Shalom. Gloria, lode e onore al Suo Santo Nome! Nelle mie preghiere gridavo al Signore: "Dio, so che posso uscirne all'istante perché ho fede che tu puoi e vuoi guarirmi". Iniziai a pensare alla mia prova, e al fatto che forse non ne sarei potuta uscire solo grazie alla mia fede. Le prove hanno un inizio e una fine.

> *C'è un tempo per uccidere e un tempo per guarire, un tempo per demolire e un tempo per edificare. (Ecclesiaste 3:3)*

Dovevo credere che, una volta finito tutto, avrei avuto una potente testimonianza di fede che sarebbe rimasta in piedi per sempre. Una testimonianza di fede che avrei condiviso con molti come testimone delle opere meravigliose di un Dio onnipotente! Ne sarebbe valsa la pena, era quello che continuavo a ripetere a me stessa. Dovevo credere nella mia "ancora di speranza" perché non c'era altra via che **la Sua**! Ed è per la **Sua via** che sarei stata condotta da colui che era dotato del potente dono della guarigione, data nel Suo nome. La Parola di Dio non cambia mai, quindi nemmeno Dio cambia. Egli è lo stesso ieri, oggi e per sempre. Come credenti rinati, dobbiamo professare la nostra fede con amore e amare la Parola di Dio.

> *"Essendo nati di nuovo, non da seme corruttibile, ma da seme incorruttibile, per mezzo della parola di Dio, che vive e rimane in eterno." (1 Pietro 1:23)*

Anche gli uomini di Dio della Bibbia hanno avuto le loro prove. Perché oggi dovrebbe essere diverso, e Dio non dovrebbe metterci alla prova? Non mi sto paragonando agli uomini divini della Sacra Bibbia perché sono lontana dal paragone con i santi discepoli. Ma se Dio ha messo alla prova la fede degli uomini centinaia di anni fa, allora metterà alla prova anche gli uomini e le donne di oggi.

L'ho fatto "a Suo modo"

> *"Beato l'uomo che sopporta la tentazione; perché quando sarà **provato**, riceverà la corona della vita, che il Signore ha promesso a coloro che lo amano." (Giacomo 1:12)*

Pensai al racconto biblico di Daniele. Egli si era trovato in una situazione in cui la sua fede era stata messa alla prova. Dio ha protetto Daniele nella fossa dei leoni perché non ha voluto obbedire alla legge del re Dario. Egli pregava solo Dio e si rifiutava di pregare il re Dario. Poi c'è stato Giobbe, un uomo devoto che amava Dio, che ha perso tutto quello che aveva e ha sofferto malattie nel corpo, eppure non ha mai maledetto Dio. Ci sono tanti altri uomini e donne citati nella Sacra Bibbia. Qualunque cosa abbiano passato, la loro prova ha avuto un inizio e una fine. Il Signore era con loro in tutto questo perché confidavano in lui. Mi aggrappo agli insegnamenti di questi racconti biblici che ci sono stati dati come esempio e ispirazione. Dio è la risposta a tutto. Confidate solo in Lui e rimanete fedeli alla Sua Parola, perché la Sua Parola è fedele a voi!

> *mantenendo la fede e la buona coscienza, che alcuni, avendo abbandonato la fede, hanno fatto naufragare (1 Timoteo 1:19).*

Quando la vostra fede è messa alla prova, ricordate di appoggiarvi alla Parola di Dio. In ogni attacco del nemico, la battaglia può essere vinta grazie alla potenza della Sua Parola.

> *L'Eterno è la mia forza e il mio canto, è diventato la mia salvezza; è il mio Dio. (Es. 15:2a)*

> *Il Dio della mia roccia, in lui confiderò; egli è il mio scudo, il corno della mia salvezza, la mia alta torre, il mio rifugio, il mio salvatore; tu mi salvi dalla violenza. (2Sam 22:3)*

> *L'Eterno è la mia roccia, la mia fortezza e il mio liberatore; il mio Dio, la mia forza, in cui confiderò; il mio sostegno, il corno della mia salvezza e la mia alta torre". (Sal 18:2)*

> *L'Eterno è la mia luce e la mia salvezza; di chi avrò paura? L'Eterno è la forza della mia vita; di chi avrò paura? (Sal. 27:1)*

> *In Dio ho riposto la mia fiducia: Non temerò ciò che l'uomo può farmi. (Sal 56:11)*

In Dio è la mia salvezza e la mia gloria; la roccia della mia forza e il mio rifugio è in Dio. (Sal 62:7)

 *L'ho fatto "a Suo modo"*

Capitolo 5

ESPRIMERE LA PROPRIA FEDE

Da qualche tempo soffrivo di un'allergia alla polvere che mi faceva prudere il viso. Credevo che Dio mi avrebbe guarita da questa condizione. Un giorno una collega mi guardò dicendo che la mia allergia era molto grave. Le dissi che non avevo l'allergia, spiegandole che credevo che Dio si stesse già occupando della mia richiesta di guarigione. Questo era il mio credo del "non nominare" e "non reclamare". Il Signore onorò la mia domanda quel giorno stesso, eliminando la condizione e tutti i sintomi. Che Dio meraviglioso serviamo! Non dobbiamo confessare a voce e dare un nome ai nostri sintomi. Quando ricevete una preghiera, fidatevi che il cielo se ne è già occupato e che un angelo è stato inviato per portarvi la vostra guarigione. Parlate della vostra fede, non delle vostre malattie e dei vostri malesseri. Mi viene in mente la storia biblica di Gesù e del centurione a Cafarnao:

E quando Gesù fu entrato in Cafarnao, venne da lui un centurione che lo supplicava e diceva: "Signore, il mio servo giace in casa, malato di paralisi, gravemente tormentato". E Gesù gli disse: "Io verrò e lo

guarirò". Il centurione rispose: "Signore, non sono degno che tu venga sotto il mio tetto; ma di' soltanto una parola e il mio servo sarà guarito. Perché io sono un uomo con autorità e ho dei soldati sotto di me; e dico a quest'uomo: "Va'", ed egli va; e a un altro: "Vieni", ed

egli viene; e al mio servo: "Fa' questo", ed egli lo fa". Gesù, udito ciò, si meravigliò e disse a quelli che lo seguivano: "In verità vi dico che non ho trovato una fede così grande, non in Israele"".
(Matteo 8:5-10)

Il centurione andò umilmente dal Signore credendo nella potenza delle parole di Gesù. Le stesse parole del centurione rivelarono a Gesù la sua fede nella potenza della "parola detta" che avrebbe guarito il suo servo. Possiamo portare fede e speranza agli altri attraverso ciò che diciamo loro. Dobbiamo permettere allo Spirito Santo di parlare attraverso la nostra bocca quando abbiamo l'opportunità di testimoniare agli altri.

Questo è il Suo modo di usarci per toccare efficacemente la vita delle persone e piantare il seme della salvezza. In momenti come questi, Dio ci darà le parole da pronunciare, con l'unzione, perché conosce il nostro cuore e il nostro desiderio di raggiungere il peccatore. Sono così grata per l'amore, la misericordia e la grazia di Dio che ci porta al pentimento. Egli è pronto a perdonarci i nostri peccati e conosce le nostre debolezze, perché sa che siamo umani.

Ed egli mi disse: "La mia grazia ti basta, perché la mia forza si perfeziona nella debolezza. Molto volentieri, dunque, preferisco gloriarmi delle mie infermità, affinché la potenza di Cristo riposi su di me. Perciò mi compiaccio delle infermità, dei rimproveri, delle necessità, delle persecuzioni, delle angosce per amore di Cristo, perché quando sono debole, allora sono forte"
(2 Corinzi 12:9-10).

E Gesù disse loro: "A causa della vostra incredulità, perché in verità vi dico: se avrete fede come un granello di senape, direte a questo monte: "Spostati di là", ed esso si sposterà; e nulla vi sarà impossibile".
(Matteo 17:20)

Quella sera l'allergia cutanea era completamente guarita, poiché non avevo accettato l'offerta di satana.

Capitolo 6

IL POTERE DI GUARIGIONE DI DIO E DEL SUO SERVO

Vorrei iniziare questo capitolo raccontandovi un po' di fratello James Min, che aveva un negozio di riparazione di scarpe a Diamond Bar, in California, dove rendeva testimonianza ai suoi clienti del potere di Dio. Un tempo era ateo, ma poi accettò il credo cristiano. In seguito conobbe la dottrina della verità degli apostoli e ora è un forte credente battezzato nel Nome di Gesù, avendo anche ricevuto lo Spirito Santo con la prova di parlare in altre lingue. Quando incontrai per la prima volta il fratello James, mi raccontò della sua esperienza e di come pregava chiedendo a Dio di usarlo nei miracoli, affinché altri credessero e conoscessero Dio attraverso gli stessi.

Come cristiani, dobbiamo utilizzare i doni e non avere paura di chiedere a Dio di usarci. Questi doni sono anche per noi oggi. La Chiesa primitiva del Nuovo Testamento era sensibile allo Spirito di Dio e agiva attraverso i doni dello Spirito.

Gesù disse:

> *"In verità, in verità vi dico: chi crede in me, le opere che io faccio le farà anche lui; e ne farà di **più grandi** di queste, perché io vado al Padre mio". (Giovanni 14:12)*

Pregate che la guida della vostra chiesa vi aiuti a capire questi doni e che vi sostenga nella vostra grazia. Chiedete a Dio di aiutarvi a usarla perché viene direttamente da Dio. Non siate altezzosi se il vostro dono è uno di quelli che operano apertamente nella chiesa. Con alcuni doni, Dio vi userà come tramite per ottenere ciò che vuole. Potreste averne diversi e non saperlo. Alcune concessioni non vi renderanno molto popolari, ma dovrete obbedire a Dio quando vi parla. Tutto dipende dal dono. Pregate per avere la saggezza di usare il vostro sotto la Sua unzione. Dio vi ha scelto per un motivo e non commette errori. I doni sono per l'edificazione della Chiesa.

Esiste una sola vera chiesa che Lo adora in spirito e verità.

"Ora, i doni sono diversi, ma lo Spirito è lo stesso. E ci sono diversità di amministrazioni, ma lo stesso Signore. E ci sono diversità di operazioni, ma è lo stesso Dio che opera tutto in tutti. Ma la manifestazione dello Spirito è data a ogni uomo perché ne tragga profitto. Infatti, a uno è data dallo Spirito la parola della sapienza; a un altro la parola della conoscenza per mezzo dello stesso Spirito; a un altro la fede per mezzo dello stesso Spirito; a un altro i doni di guarigione per mezzo dello stesso Spirito; a un altro l'operare miracoli; a un altro la profezia; a un altro il discernimento degli spiriti; a un altro diverse specie di lingue; a un altro l'interpretazione delle lingue: Ma tutte queste cose le opera un solo e medesimo Spirito, che divide a ciascuno in modo diverso, come vuole".
(I Corinzi 12:4-11)

Fratello James mi disse che aveva pregato per ottenere questi doni al fine di operare nello Spirito Santo con segni di miracoli delle opere meravigliose di Dio. Leggeva continuamente la Bibbia, giorno e notte. Si rendeva conto che attraverso l'operazione dei doni dello Spirito, il seme della fede sarebbe stato piantato nel cuore del non credente. Dobbiamo essere un esempio della nostra fede, come Gesù stesso ha detto, affinché i credenti stessi compiano questi miracoli e molto di più.

"La fede è la sostanza delle cose che si sperano, la prova delle cose che non si vedono". (Ebrei 11:1)

" Ma senza la fede è impossibile piacergli; perché chi viene a Dio deve credere che egli è, e che ricompensa coloro che lo cercano diligentemente". (Ebrei 11:6)

Fratello James ebbe una visione in cui apprese che Dio gli avrebbe dato dei doni spirituali. Oggi opera attraverso le grazie di guarigione e liberazione. È stato grazie al ministero di fratello James che è stata fissata in cielo l'ora in cui avrei camminato di nuovo, senza alcuna assistenza. Fratello James non è un pastore o un ministro di una chiesa. Non ricopre alcuna posizione elevata in alcuna di esse, sebbene gli siano state offerte posizioni e denaro grazie ai doni spirituali. È onorato per il dono che Dio gli ha affidato. Ho visto come Dio si serve di lui per scacciare i demoni dalle persone nel Nome di Gesù, e come la guarigione arriva ai malati. I demoni sono sotto l'autorità di Dio nel nome di Gesù quando fratello James li chiama fuori. Egli fa delle domande ai demoni nel Nome di Gesù e loro gli rispondono. L'ho visto personalmente molte volte, soprattutto quando chiese ai demoni di confessare chi è il vero Dio. Il demone rispose: "Gesù". Ma per loro è troppo tardi per rivolgersi a Gesù. Ho imparato molto sul mondo spirituale attraversando questa prova e appoggiandomi a Dio per la guarigione.

E disse loro: "Andate in tutto il mondo e predicate il Vangelo a ogni creatura. Chi crederà e sarà battezzato sarà salvato, ma chi non

crederà sarà dannato. E questi segni seguiranno quelli che credono: nel mio nome scacceranno i demoni; parleranno con lingue nuove; prenderanno in mano i serpenti; e se berranno qualche cosa di mortale, non farà loro male; imporranno le mani ai malati e questi guariranno." (Marco 16:15-18)

Per la grazia di Dio, fratello James è pronto a dare testimonianza di Gesù a chiunque e in qualsiasi momento. Opera nel ministero di guarigione e liberazione durante le riunioni a casa o nelle chiese in cui è stato invitato. Fratello James cita dalla Bibbia:

Tuttavia, fratelli, vi ho scritto più audacemente, per mettervi in mente la grazia che mi è stata data da Dio, di essere il ministro di Gesù Cristo per i Gentili, per annunciare il Vangelo di Dio, affinché l'offerta dei Gentili sia gradita, essendo santificati dallo Spirito Santo.

L'ho fatto "a Suo modo"

Ho dunque di che gloriarmi per mezzo di Gesù Cristo nelle cose che riguardano Dio. Non oserò infatti parlare di nessuna di quelle cose che Cristo non ha operato per mezzo mio, per rendere ubbidienti i Gentili, con parole e azioni, con segni e prodigi potenti, per mezzo della potenza dello Spirito di Dio; così che da Gerusalemme e intorno fino all'Illirico ho predicato pienamente il vangelo di Cristo. (Romani 15:15-19)

Il giorno in cui lo incontrai, fratello James mi fece alcune domande sulla mia salute. Gli raccontai tutto e dei miei sintomi. Gli mostrai anche dove avevo tre tumori. Questi erano all'esterno della colonna vertebrale e un altro era all'interno della stessa. Fratello James la controllò e mi spiegò che la mia spina dorsale non era dritta. Controllò le mie gambe confrontandole una accanto all'altra e mi mostrò che una era più corta di quasi 3 pollici (circa 7.60cm) rispetto all'altra. Anche una mano era più corta dell'altra. Pregò per la mia colonna vertebrale e questa tornò alla sua posizione originale, dove fratello James poté percorrere con il dito una linea parallela alla mia spina dorsale. Pregò per la mia gamba e questa cominciò a muoversi davanti ai miei occhi, poi smise di crescere quando fu della stessa lunghezza dell'altra gamba. Lo stesso accadde con la mia mano. Crebbe in modo uniforme rispetto all'altra mano. Fratello James mi chiese allora di mettere via il mio supporto per camminare e mi ordinò di alzarmi e di camminare nel Nome di Gesù. Feci come mi aveva chiesto e cominciai a camminare miracolosamente. Assistendo a ciò, la mia amica arrivò di corsa urlando: "Liz aggrappati a me, aggrappati al tuo sostegno o cadrai!". Sapevo di avere la forza di camminare proprio in quel momento e feci quel passo con fede. Ero così euforica di gioia!

I muscoli delle mie gambe erano estremamente deboli a causa della mancanza di esercizio fisico dato che non avevo potuto camminare per tanto tempo. Ci volle un po' per rimettere in forma i miei muscoli; ancora oggi non ho piena forza in essi. Grazie a Dio, cammino e guido l'auto. Nessuno può dirmi che oggi Egli non compie miracoli. Niente è impossibile con Dio. Con gioia incontenibile, andai a visitare il medico che sapeva della mia disabilità. Appena entrai nello studio, libera da qualsiasi assistenza, bastone o sedia a rotelle, il personale medico rimase totalmente stupito. Le infermiere si precipitarono a chiamare il medico, che rimase così incredibilmente sorpreso che decise di fare una radiografia. Vide che i tumori erano ancora lì, ma che, per qualche misteriosa ragione, ero in grado di camminare nonostante questo. Lode a Dio! Credo che anche questi tumori spariranno presto!

Il giorno in cui Dio mi guarì, iniziai a dire a tutti che Dio è il nostro guaritore e che il suo piano di salvezza è per coloro che credono e lo seguono. Grazie a Dio per fratello James e per tutti i benefici di Dio!

La prima parte della mia promessa si era realizzata.

> *"Quando vai, i tuoi passi non saranno stretti; e quando corri, non inciamperai". (Proverbio 4:12)*

Molte volte avevo pensato di cadere, ma non è mai successo.

> *"Benedici l'Eterno, o anima mia, e non dimenticare tutti i suoi benefici: che perdona tutte le tue iniquità, che guarisce tutte le tue malattie, che riscatta la tua vita dalla distruzione, che ti corona di amorevolezza e di tenerezze, che sazia la tua bocca di cose buone, così che la tua giovinezza si rinnova come quella dell'aquila.".*
> *(Salmi 103:2-5)*

Capitolo 7

NON CEDERE IL PASSO AL DIAVOLO O ALLE COSE DEL DIAVOLO

La mia amica Rose, dalla California, mi chiamò una mattina presto. Mi disse che la sera precedente suo marito Raul era andato a letto mentre lei era rimasta nella stanza degli ospiti ad ascoltare un popolare talk show radiofonico notturno sulla tavola Ouija. Le luci erano spente e la stanza era buia. Improvvisamente disse di aver avvertito una presenza nella stanza. Guardò verso la porta e vide un uomo in piedi che assomigliava un po' a suo marito. Questa figura si mosse rapidamente come un lampo e la bloccò sul letto dove si trovava. Questa "cosa" la tirò poi su per le braccia in posizione seduta, con lo sguardo rivolto verso di lui. Poteva vedere chiaramente che non c'erano occhi nelle orbite, ma solo un profondo vuoto nero. Le braccia che ancora la tenevano sollevata erano di colore grigiastro come la morte e le vene sporgevano dalla pelle. Capì immediatamente che non si trattava di suo marito, ma di un immondo angelo caduto.

Come sapete, un demone e un angelo caduto hanno caratteristiche completamente diverse. Gli angeli caduti sono stati cacciati dal cielo con Lucifero e hanno compiti completamente diversi. Gli angeli caduti possono muovere le cose proprio come gli esseri umani, ma un demone ha bisogno di un corpo umano per attuare il suo piano. I demoni sono gli spiriti delle persone morte senza Gesù; anche loro hanno un potere limitato.

E apparve un altro prodigio nel cielo; ed ecco un grande drago rosso, con sette teste e dieci corna, e sette corone sulle sue teste. La sua coda traeva la terza parte delle stelle del cielo e le gettava sulla terra; e il drago stava davanti alla donna che stava per essere partorita, per divorare il suo bambino non appena fosse nato.
(Apocalisse 12:3,4)

Rose era ancora indifesa e incapace di parlare, come in uno stato di congelamento. Raccontò di aver tentato di chiamare Raul, ma di essere riuscita a emettere solo brevi suoni affaticati, come se qualcuno le stesse stringendo le corde vocali. Poteva ancora sentire il conduttore radiofonico in sottofondo e sapeva di non essere addormentata perché i suoi occhi erano completamente aperti, e continuava a ripetere a se stessa di non chiuderli. Ricordava di averli chiusi brevemente prima di questo incidente, e di aver avuto allora una visione o un sogno di grandi segni di artigli che squarciavano la carta da parati.

Conosco Rose da quasi 30 anni: a quel tempo aveva lasciato la Chiesa da circa 10 anni e non camminava più con il Signore. Ci siamo sempre tenute in contatto e continuai a pregare perché tornasse a Dio. Rose mi raccontò di aver parlato in lingue molto potenti senza un motivo apparente mentre tornava a casa dal lavoro, almeno diverse volte, cosa che le sembrava molto insolita dato che non stava affatto pregando. Si rese conto che Dio stava parlando con lei attraverso lo Spirito Santo. Il Suo amore la stava raggiungendo, e sapeva che Dio aveva il controllo perché sceglieva il momento delle sue visite. Rose disse di aver chiuso gli occhi e la mente e di aver gridato: "GESÙ!". In un attimo l'angelo caduto saltò via dal suo corpo e si allontanò senza toccare terra.

Rimase immobile finché non riuscì a muoversi di nuovo. Svegliò Raul, che disse che si era trattato solo di un brutto sogno. La mise a letto accanto a lui e si addormentò rapidamente. Rose cominciò a piangere, ripensando all'orrore appena vissuto, e notò che era in posizione fetale. Improvvisamente cominciò a parlare in lingue, mentre il potere soprannaturale dello Spirito Santo si impossessava di lei e la riconduceva in quella stanza buia. Chiuse la porta dietro di sé capendo esattamente cosa doveva fare. Cominciò ad adorare Dio ad alta voce e ad esaltare il Suo Nome fino a quando non cadde a terra sentendosi esausta, ma con una grande pace interiore.

Quando aprì la porta, con suo grande stupore, Raul era in piedi nel soggiorno con tutte le luci accese. Si diresse direttamente al loro letto e si addormentò con una pace impressionante. La sera dopo, mentre preparava la cena, Raul chiese a Rose se quella "cosa" della sera prima sarebbe tornata. Sorpresa dalla sua domanda, Rose chiese perché glielo chiedesse, visto che non credeva nemmeno che fosse successo. Raul disse a Rose che, dopo che lei era entrata nella stanza per pregare, qualcosa lo aveva inseguito. Ecco perché era sveglio con tutte le luci accese. Dopo che lei aveva pregato ed era andata a dormire, egli era stato attaccato da qualcosa di terribile che lo aveva tenuto sveglio fino alle 4 del mattino seguente. Utilizzò la meditazione Om mormorandola, lottando dalle 23:00 fino al mattino. Rose ricordò che Raul aveva una tavola Ouija nell'armadio del corridoio, di cui si era rifiutato di sbarazzarsi quando lei si era trasferita in casa. Disse a Raul che non sapeva se sarebbe tornato, ma che avrebbe dovuto sbarazzarsi della tavola Ouija. Raul la gettò rapidamente nel cestino della spazzatura. Rose disse che c'era voluto quell'orribile incidente per fargliela finalmente buttare!

Quando Rose mi chiamò, le dissi che l'angelo caduto poteva essere ancora dentro la casa, quindi dovevamo pregare insieme al telefono. Rose prese l'olio d'oliva per ungere la casa con me in vivavoce. Le dissi che una volta che avessi pronunciato la parola "pronta",

avrebbe dovuto iniziare a parlare all'istante in lingue nello Spirito Santo. Quando dissi "pronta", Rose iniziò a parlare in lingue all'istante e appoggiò il telefono per consacrare. Sentivo la sua voce affievolirsi mentre pregava per tutta la casa, ungendo porte e finestre nel Nome di Gesù. Rose era ormai fuori dalla mia portata uditiva quando qualcosa mi disse di avvisarla di andare in garage. In quello stesso momento, Rose disse che stava ungendo le stanze e si trovava davanti alla porta posteriore che conduceva al garage. Sentì una presenza maligna dietro la porta quando la unse. Fidandosi della protezione di Dio, Rose disse di averla aperta e di essere entrata nel buio garage. Il potere dello Spirito Santo divenne più forte man mano che entrava e sentiva che era lì! Si diresse verso un'altra porta che dava su un patio dove si trovava il bidone della spazzatura: era lo stesso cestino in cui Raul aveva gettato la tavola Ouija il giorno prima. Senza esitare, Rose disse di aver versato dell'olio d'oliva sulla tavoletta Ouija mentre pregava ad alta voce e con fervore nello Spirito Santo, poi chiuse il coperchio. Tornò in soggiorno e sentì la mia voce che le diceva: "Vai in garage perché è lì dentro". Rose mi disse che si era già occupata del male". Questo confermò che il male si trovava nel garage mentre pregavamo.

Rose disse che a quel punto tutto aveva senso per lei. Dio, nella sua tenera misericordia e nella sua amorevole bontà, la stava preparando per questo giorno, anche se lei non lo stava servendo. Secondo Rose, questa esperienza l'aveva riportata a Dio con un impegno mai provato prima. Ora frequenta l'Apostolic Lighthouse a Norwalk, in California. Era così grata a Dio per il Suo amore e la Sua protezione. Dio l'ha resa pronta ad affrontare l'angelo caduto di quella notte con l'innegabile armatura spirituale dello Spirito Santo. Per Rose ciò che accadde fu la manifestazione soprannaturale della potenza di Dio nel Nome di Gesù. Fu il Suo amore per Rose a farla tornare sulle Sue vie. Fidatevi che la Sua mano non è troppo corta per salvare o liberare, anche per quanto riguarda coloro che si oppongono e che scelgono di non credere in ciò che non possono vedere o sentire. Il nostro Redentore ha pagato il

prezzo per noi sulla croce con il Suo sangue. Non costringerà mai nessuno ad amarlo. La Parola di Dio ci dice che dovete avvicinarvi come un bambino piccolo e promette che se lo cercherete con tutto il cuore, lo troverete. Gli increduli e gli scettici non possono cambiare ciò che è e ciò che verrà. Assetatevi della giustizia di Dio e bevete dell'acqua viva della vita.

> *"Perché, quando sono venuto, non c'era nessuno? Quando ho chiamato, nessuno ha risposto? La mia mano si è forse accorciata, tanto da non poter redimere? O non ho forse il potere di liberare? Ecco, al mio rimprovero io prosciugo il mare, faccio dei fiumi un deserto; il loro pesce puzza, perché non c'è acqua, e muore di sete."*
> *(Isaia 50:2)*

"Istruendo con mitezza quelli che si oppongono, se Dio vorrà farli ravvedere e riconoscere la verità, e affinché si liberino dalle insidie del diavolo, che li fa prigionieri a suo piacimento". (2 Timoteo 2:25-26)

Capitolo 8

SOGNO E VISIONE - L' "AVVERTIMENTO"

Un mattino sognai che, mentre ero alla guida della mia auto, un pericolo era imminente. Nel sogno la gomma anteriore scoppiò con un forte rumore. Fu così fragoroso che mi svegliò, e fu così reale da non farmi capire se mi trovavo ancora nel sogno o sveglia da qualche parte nel mezzo. Durante la settimana pregai per questo evento e decisi di portare la mia auto a far controllare le gomme. Purtroppo i miei piani vennero interrotti e non me ne occupai. Quella stessa settimana io e alcuni amici andammo a pregare per una famiglia indiana che aveva bisogno di preghiere. Mentre ci recavamo a casa loro, la gomma della mia auto scoppiò sull'autostrada vicino al cimitero. Immediatamente ricordai il sogno esattamente come l'avevo visto. Eravamo qui, nella mia auto, con una gomma a terra e la famiglia che insisteva perché andassimo a casa loro. Dopo aver riparato la gomma tornammo a prendere un altro veicolo e andammo a visitare la famiglia. Essi avevano un problema con il loro unico figlio, che era coinvolto in una questione legale e rischiava di finire in prigione. Erano preoccupati che potesse addirittura essere deportato nel loro Paese natale. La madre del giovane mi chiamò in lacrime quel giorno e mi spiegò le accuse che avrebbe dovuto affrontare. Pensando allo scenario peggiore, era certa che sarebbe stato dichiarato colpevole e poi espulso, e che non avrebbe più rivisto suo figlio. Disse che non poteva lavorare perché avrebbe pianto continuamente davanti ai suoi pazienti. Mentre piangeva, iniziai a pregare per la situazione al telefono con lei. Cominciai a parlare nello Spirito Santo in una lingua o in lingue sconosciute, mentre lo Spirito di Dio si muoveva. Pregai fino a quando lei disse che il suo cuore non era più oppresso e si sentiva confortata.

> *"Anche lo Spirito soccorre le nostre infermità, perché non sappiamo che cosa dobbiamo pregare come dovremmo, ma lo Spirito stesso intercede per noi con gemiti che non si possono pronunciare e chi scruta i cuori sa qual è la mente dello Spirito, perché egli intercede per i santi secondo la volontà di Dio".*
> *(Romani 8:26-27)*

La madre mi chiese se poteva chiamarmi prima di andare al processo la mattina dopo. Le dissi di sì e che avrei pregato affinché Dio intervenisse. Le chiesi di chiamarmi dopo il processo, perché volevo sapere che tipo di miracolo avrebbe fatto Dio. Il giorno dopo la madre del giovane mi chiamò con molta gioia dicendo: *"Non crederai a quello che è successo!"*. Io risposi: *"Ci crederò perché questo è il tipo di Dio che serviamo!"*. Continuò a dire che non avevano alcun documento su suo figlio. L'avvocato aveva detto che il tribunale non aveva trovato alcun nome né alcuna accusa contro di lui, sebbene lei e l'avvocato avessero in mano le prove dell'esistenza dei documenti.

Dio aveva risposto alle nostre preghiere. La sua fede fu così innalzata che da quel giorno in poi accettò il Dio potente che serviamo e che Dio si prende cura delle cose quando le portiamo davanti a Lui in preghiera con tutto il cuore. Divenne una testimone dei miracoli operati da Dio e rese testimonianza di ciò che il Signore aveva fatto per loro. Per quanto riguarda la gomma a terra, si trattò solo di un piccolo contrattempo che non sarebbe accaduto se me ne fossi occupata prima. Tuttavia, il Signore ci permise di raggiungere questa famiglia attraverso la loro insistenza nel chiederci di andare a pregare con loro. Dobbiamo sempre essere pronti a contrattaccare le forze che ci impediscono di fare la volontà di Dio. Dobbiamo andare contro ogni piano del nemico, il nostro avversario, il diavolo, attraverso la perseveranza, soprattutto quando vediamo degli ostacoli lungo il cammino.

Quando arrivammo a casa della famiglia, ricordo che pregammo e rendemmo testimonianza a tutti loro. Trascorremmo dei momenti meravigliosi predicando e insegnando la Parola di Dio. Quel giorno, la gioia del Signore fu la nostra forza, e continua tutt'ora ad esserlo! Egli benedirà coloro che fanno la Sua volontà.

Capitolo 9

L'INCONTRO DI PREGHIERA NOTTURNO

Una sera io e alcuni amici decidemmo di pregare tutta la notte. Deliberammo poi di fare una volta al mese la nostra "riunione di preghiera notturna". Durante queste riunioni vivemmo esperienze meravigliose. Il nostro momento di preghiera domestico comune divenne così potente che immediatamente coloro che si unirono a noi notarono la differenza nelle loro preghiere. Non si trattava più di una routine religiosa, ma di pregare nello Spirito Santo con manifestazioni dei doni dello Spirito. Mentre pregavamo, alcuni cominciarono a sperimentare cosa significasse lottare con il diavolo. Le forze si stavano scagliando contro di noi mentre raggiungevamo un livello più alto nelle nostre preghiere, che ci portavano attraverso campi di battaglia spirituali. Eravamo in guerra con il diavolo e iniziammo ad attuare dei giorni di digiuno. Avevamo attinto a qualcosa di spiritualmente potente che ci spingeva a cercare Dio ancora di più.

Durante una di queste riunioni di preghiera, alle 3:30 del mattino, la mia amica Karen si alzò per prendere l'olio dell'unzione. Iniziò a mettermelo sulle mani e sui piedi e poi cominciò a profetizzare dicendo che dovevo andare in molti luoghi per portare la Parola di Dio e che Egli mi avrebbe usato per il Suo scopo. All'inizio ero molto arrabbiata con Karen perché questo non era possibile e non aveva alcun senso. In quel periodo della mia vita, era da 10 anni che non andavo da nessuna parte dato che non potevo camminare. I muscoli delle gambe erano ancora deboli e avevo quei tumori dolorosi che premevano sulla colonna vertebrale. Riflettei sulle parole di Karen, e poi Dio mi parlò dicendo: "Sono il Signore che ti parla" attraverso la sua bocca. Mi pentii e chiesi a Dio di perdonarmi per il mio pensiero.

Qualche giorno dopo ricevetti una telefonata da una persona di Chicago, Illinois, che aveva bisogno di aiuto spirituale, così decidemmo di recarci in questa città la settimana successiva. Questo fu un grande miracolo in sé, perché non avevo pensato di spostarmi in quel momento. Grazie al messaggio profetico, feci il viaggio a Chicago per pura fede. Senza di esso, sicuramente non sarei andata. Quella settimana la mia salute fisica peggiorò tanto da non riuscire ad alzarmi dal letto. Seppi anche che a Chicago aveva nevicato molto. Mi resi conto che la mia fede veniva messa in quel momento alla prova. In quel periodo della mia vita avevo bisogno di una sedia a rotelle per spostarmi. La famiglia di Chicago stava sperimentando forze demoniache che si opponevano a loro. Si erano recentemente convertiti a Dio e avevano smesso di praticare la stregoneria. Anche molti membri della loro famiglia si erano rivolti al Signore Gesù Cristo. Il Signore li aveva guariti e liberati da queste forze demoniache che li tenevano legati al peccato. Mi resi conto che Dio avrebbe dovuto darmi la resistenza per sopportare un tale viaggio e divenne subito evidente che era la volontà di Dio che io andassi. Avevo fatto due sogni in cui Egli mi diceva che dovevo obbedire alla Sua voce. Non disobbedivo a Dio e avevo imparato a non metterlo in discussione. Stavo capendo rapidamente che le Sue vie non dovevano avere un senso per me. Il giorno in cui arrivammo a Chicago faceva caldo. Ero anche senza dolori. "Camminiamo per fede e non per vista", come dice la Scrittura. Quando le cose ci sembrano impossibili, dobbiamo credere che "tutto è possibile con Dio". Lui si prese cura di tutto e mi diede l'energia per fare la Sua volontà a Chicago. Avemmo anche il tempo di visitare e ministrare ad altre famiglie nelle loro case.

Al momento di partire verso casa iniziò il temporale, molti voli vennero cancellati, ma grazie a Dio, nonostante il nostro volo fosse in ritardo, riuscimmo a tornare in California. Lode a Dio! Egli è veramente la mia "Roccia e Scudo", il mio protettore dalle tempeste spirituali e naturali. Questo viaggio fu una testimonianza di fede e di benedizioni per tutti

L'ho fatto "a Suo modo"

noi. Se non avessi obbedito, non avrei sperimentato le benedizioni dell'opera delle mani di Dio. Egli non smette mai di stupirmi per come ci parla oggi. Il Dio onnipotente parla ancora a persone comuni come me. Che privilegio servire il nostro Creatore e vedere le Sue opere potenti, che toccano la vita delle persone che oggi credono e Lo invocano. Ci vollero un messaggio profetico e due sogni prima che Dio ottenesse la mia piena attenzione. Mi viene in mente che non comprendiamo appieno i pensieri di Dio e i piani che può avere per qualcuno. Quando si presenta il momento, dobbiamo obbedire anche se può non avere senso o ragione per noi. Col tempo ho imparato a sentire la Sua voce e a discernere gli spiriti. Egli non vi dirà mai di fare qualcosa che è contrario alla Sua Parola. L'obbedienza è meglio del sacrificio.

Samuele disse: "L'Eterno si compiace tanto degli olocausti e dei sacrifici quanto dell'obbedienza alla voce dell'Eterno? Ecco, obbedire è meglio del sacrificio e ascoltare è meglio del grasso dei montoni".
(1 Samuele 15:22)

"Poiché i miei pensieri non sono i vostri pensieri e le vostre vie non sono le mie vie, dice il Signore. Perché come i cieli sono superiori alla terra, così le mie vie sono superiori alle vostre vie e i miei pensieri ai vostri pensieri." (Isaia 55: 8, 9)

Capitolo 10.

IL MESSAGGIO PROFETICO

E' una benedizione avere amici che condividono lo stesso credo e lo stesso amore per Dio. Ho un'amica, Karen, che una volta era una mia collega quando lavoravo alle Poste americane. Karen conobbe il Signore quando le resi testimonianza. In seguito abbracciò la dottrina apostolica della Chiesa primitiva. Karen è una persona gentile con un grande cuore che dona all'opera missionaria di Mumbai, in India. Aveva un amore sincero per il ministero in quel luogo e donò il suo denaro per la costruzione di una chiesa a Mumbai.

Un giorno, quando vivevo a West Covina, Karen portò la sua amica Angela a casa mia. Quest'ultima era così eccitata e ardente per Dio. Mi raccontò la sua testimonianza riguardo ai suoi tentativi passati di suicidio tagliandosi più volte, e sul suo passato di prostituzione. Amai il suo spirito dolce e le chiesi se non le dispiaceva pregare per me. "*Qui*"? Mi chiese. "*Sì, qui*", risposi. Mentre iniziava a pregare per me, lo Spirito di profezia scese su di lei. Cominciò a pronunciare la Parola del Signore: "*Dio ti sta dicendo di finire il libro che hai iniziato. Sarà una benedizione per molte persone. Attraverso questo libro molte persone saranno salvate*". Ero così felice, perché né Angela né Karen avevano idea che avessi iniziato a scrivere le mie memorie anni fa. Sono stata ispirata a scrivere questo libro un anno fa dalla signora Saroj Das e da un'amica. Un giorno, una sorella nel Signore di una chiesa locale venne da me con una penna in mano ordinandomi: "*Scrivi ora!*".

Iniziai a scrivere finché non ebbi altri problemi di salute e poi smisi perché si trattava di un compito troppo grande per me. Ora la questione del libro era riemersa. Nessuno sapeva del mio tentativo di scriverne uno. Le mie esperienze sarebbero state raccolte e scritte, in modo che altri potessero riceverne ispirazione. Dovevo obbedire, ma il modo in cui tutto ciò sarebbe avvenuto era ancora un grande mistero per me. Non potevo scriverlo fisicamente per molte ragioni, ma ancora una volta Dio avrebbe dovuto trovare un modo per farlo accadere. Avevo il desiderio e l'urgenza di farlo dopo aver ascoltato il messaggio; tuttavia, Dio avrebbe dovuto fare il resto. Il mio viaggio iniziale fu quello di trovare il Dio vivente e Lui ha trovato me! Se non scrivo delle mie esperienze con Dio, queste testimonianze vere andranno perse per sempre. La vita di così tante persone è stata influenzata e meravigliosamente toccata, che questo libro faticherebbe a contenere tutti gli incidenti e i miracoli. Questi ultimi continueranno anche quando sarò assente da questo corpo e a fianco del Signore. La fede inizia da qualche parte. Ha un inizio ed è illimitata perché ne esistono diverse misure. Quando la fede viene piantata, viene innaffiata dalla Parola di Dio e alimentata dalle testimonianze degli altri. Pensai alla Scrittura che dice che se abbiamo fede come un granello di senape possiamo spostare le montagne. Come potevo sapere che questo viaggio in America mi avrebbe portato attraverso un labirinto di esperienze che avrebbero cambiato la mia vita o che un giorno avrei scritto di come onorare le Sue vie? Un giorno parlai alla mia amica Rose del messaggio di Dio e del Suo piano per questo libro. Rose ascoltò e guardò i miei appunti. Mi conosceva da anni e sapeva già molto della mia vita in America. La scrittura prese una forma propria che non poteva essere immaginata da due persone inesperte. Il Signore creò una via e, attraverso molte difficoltà e avvenimenti molto "strani", il libro sarebbe stato completato. Il Signore aveva parlato e ora il suo piano si è compiuto.

L'amica di Karen continuò a profetizzare. Mi disse: "*Dio farà qualcosa per te entro la fine di questo mese*". E molte altre cose Dio mi disse attraverso i suoi messaggi profetici. Cominciai a ricordare di come avevo attraversato tante difficoltà per questa verità. Il giorno in cui Dio mi parlò attraverso questa giovane donna, Egli rispose alla domanda del mio cuore. Dovevo fare la Sua volontà, e le parole di incoraggiamento si susseguirono. Parole che avevo bisogno di sentire. Lei profetizzò che ero un "*vaso d'oro*". Ne fui così onorata. Per fede, facciamo del nostro

L'ho fatto "a Suo modo"

meglio per camminare in armonia con Dio e con incertezza, se davvero Gli stiamo piacendo. Quel giorno mi benedisse facendomi sapere che Gli stavo piacendo. Il mio cuore si riempì di una gioia immensa. A volte dimentichiamo ciò che chiediamo, ma quando la nostra preghiera viene esaudita ne siamo sorpresi.

Dobbiamo credere che Egli non fa distinzione tra le persone, come dice la Bibbia. Non importa quale sia il vostro status o la vostra casta, perché con Dio non c'è casta o status nella vita. Dio ci ama tutti allo stesso modo e vuole che abbiamo un rapporto personale con Lui, non le tradizioni religiose tramandate da molte generazioni che hanno servito gli idoli e l'uomo. Gli idoli non vedono e non sentono. La religione non può cambiare la vita o il cuore. La religione fa sentire bene solo temporaneamente, grazie alla sua autogratificazione. Il vero Dio vi aspetta per abbracciarvi e accogliervi. Gesù è stato l'agnello sacrificale di Dio immolato davanti al mondo. Quando è morto sulla croce, è risorto e vive oggi e per sempre. Ora possiamo avere una comunione diretta con Dio attraverso Gesù Cristo, nostro Signore e Salvatore. Ci sono diversi livelli nel nostro cammino con Dio. Dobbiamo desiderare di più da Lui e continuare a crescere nell'amore, nella fede e nella fiducia. Questa esperienza mi ha resa molto umile. Il mio desiderio e il mio scopo sono di piacere a Lui. Ci sono livelli di crescita spirituale e di maturità in Dio. Si matura col tempo, ma tutto dipende dal tempo e dallo sforzo che si mette nel rapporto con Lui. Alla fine del mese le circostanze mi portarono a lasciare la chiesa che avevo frequentato per 23 anni. Dio chiuse una porta e ne aprì un'altra. Da allora continuò a chiudere e ad aprire porte, proprio come i gradini di cui ho parlato all'inizio di questo libro. Dio si prese cura di me per tutto il tempo. Frequentai per un breve periodo una chiesa a West Covina, poi si splancò un'altra porta.

Quella stessa giovane donna profetizzò di nuovo qualche anno dopo e mi disse di fare le valigie: "*Ti stai trasferendo*". Fui molto sorpresa, perché mia madre era molto anziana e le mie condizioni non erano ancora migliorate. Credetti al Signore, e un anno dopo accadde: mi trasferii dalla California al Texas. Si trattava di luoghi in cui non ero mai stata, né vi conoscevo nessuno. Fu l'inizio di un'altra avventura nel viaggio della mia vita. Come donna single, ero sottomessa alla voce di Dio e dovevo obbedire. Egli non mi ha mai tolto nulla. Ha solo sostituito cose e luoghi e ha continuato a portare nuove amicizie e persone nella mia vita. Grazie Signore, la mia vita oggi è così benedetta!

Capitolo 11

UN ATTO DI FEDE

Nell'aprile 2005 mi trasferii nello Stato dei bovini Longhorn, in Texas. Dio stava usando diverse persone attraverso messaggi profetici. Il trasferimento fu confermato e tutto ciò che dovevo fare era fare quel salto di fede. Tutto iniziò nel 2004, quando fratello James e Angela, un'amica nel Signore, stavano pregando con me al telefono. Sorella Angela iniziò a profetizzare dicendomi: "*Ti trasferirai entro la fine di quest'anno*". Da gennaio ad agosto di quell'anno non accadde nulla, poi a settembre, un pomeriggio, mia madre mi chiamò nella sua camera da letto. Mi disse che la famiglia di mia sorella si stava trasferendo in un altro Stato e che volevano che mi spostassi con loro. La decisione su dove trasferirsi non era stata presa, ma le opzioni erano il Texas, l'Arizona o lasciare del tutto l'America e trasferirsi in Canada. Chiamai quindi sorella Angela e le raccontai quello che era successo. Le dissi che non volevo assolutamente andare in Texas. Non mi era mai venuto in mente di andarci, quindi non era nemmeno un'opzione per viverci. Con mia grande delusione, sorella Angela mi disse che il Texas era lo stato. Fu deciso al fine di provare la mia devozione, e questo è ciò che alla fine ci fece trasferire in Texas. A quel tempo non sapevo che le pietre miliari di Dio erano già state poste in quella direzione. Dopo la conversazione con sorella Angela, prenotai il volo per essere in Texas entro due settimane. A mia insaputa, la famiglia di mia sorella era già stata in Texas per visitare la zona di Plano.

L'ho fatto "a Suo modo"

Sorella Angela stava pregando su di me e mi disse di non preoccuparmi, che Gesù sarebbe venuto a prendermi all'aeroporto. Fratello e sorella Blakey furono così gentili e pazienti che mi ricordarono la profezia di sorella Angela. Vennero volentieri a prendermi all'aeroporto e mi assisterono in tutte le mie necessità in modo così amorevole e premuroso.

Sorella Angela continuò a dire che la prima casa che avrei visto mi sarebbe piaciuta, ma non sarebbe stata la mia. Tramite Internet iniziai a chiamare le Chiese Pentecostali Unite di quella zona e contattai il pastore Conkle, che è il parroco della Chiesa Pentecostale Unita della città di Allen, in Texas. Gli spiegai cosa stavo facendo in Texas. In seguito mi chiese di chiamare Nancy Conkle. Non sapevo bene perché e pensai che forse si trattava sua moglie o della sua segretaria. Scoprii poi che Nancy era la matriarca della famiglia, una madre premurosa della famiglia e della chiesa. Sorella Conckle aveva cresciuto i suoi sei figli e aiutato a prendersi cura dei suoi undici fratelli e sorelle! Dopo aver parlato con lei, capii perché il pastore Conkle mi avesse fatto parlare con questa donna forte e premurosa che mi fece sentire subito la benvenuta. Sorella Conkle mi mise poi in contatto con un altro fratello, James Blakey, un agente immobiliare, e sua moglie Alice Blakey. Vivono nella piccola città di Wylie, in Texas, a pochi minuti da Allen, tra le strade secondarie delle terre piatte.

Dopo aver preso confidenza con la zona, tornai in California per mettere sul mercato la mia casa, la quale venne venduta in 2 mesi. Poi tornai in Texas per iniziare a cercare casa. Pregai per sapere in quale città Dio volesse che vivessi, perché c'erano tanti piccoli comuni e paesi. Dio mi disse "Wylie". È importante pregare e chiedere a Dio la Sua volontà prima di prendere decisioni importanti, perché ci indirizzerà sempre verso quella giusta.

"Perché è meglio, se la volontà di Dio è questa, che tu soffra per le buone azioni, piuttosto che per le cattive azioni". (1 Pietro 3:17)

In seguito spiegai a fratello e sorella Blakey dei messaggi profetici, e che volevo obbedire a Dio. Furono molto attenti a rispettare i miei desideri e ascoltarono tutto ciò che dissi loro riguardo a ciò che Dio mi aveva detto. Inoltre gli raccontai che durante il mio primo viaggio in Texas, Dio disse: *"Non sai cosa ho in serbo per te"*. Furono così pazienti con me che sarò sempre molto grata per la loro sensibilità alle questioni di Dio. La famiglia Blakey ebbe un ruolo importante nell'adempimento di questo messaggio profetico e nella mia nuova vita in Texas. Iniziammo a vedere case a Wylie per 3 giorni, e il terzo giorno dovevo tornare in California alla sera. Mi portarono a vedere una casa modello in un nuovo quartiere e poi sorella Blakey disse: "Questa è la tua casa". Capii subito che lo era davvero. Iniziai rapidamente le pratiche per l'acquisto, poi partii subito per l'aeroporto, sapendo che le cose sarebbero state fatte in qualche modo. In quello stesso momento, Dio mi disse di andare in India per 3 mesi. Non Lo interrogai, così diedi la procura al fratello Blakey per continuare con l'acquisto della casa in Texas, e la diedi anche a mio nipote Steve, che si occupa di immobili, per gestire le mie finanze in California. Stavo tornando nel mio paese natale, l'India, dopo 10 anni. Ringrazio Dio per la mia guarigione, perché non avrei potuto farlo senza la mobilità delle mie gambe. Stavo volando in India e stavo comprando una casa in Texas. Le cose stavano cambiando rapidamente nella mia vita.

Ritorno in India.

Quando arrivai in India notai subito che le cose erano cambiate in un tempo relativamente breve. Per 25 anni avevo pregato e digiunato affinché questo Paese avesse una rinascita. L'India è un Paese molto religioso, caratterizzato dall'idolatria, dall'adorazione di statue di pietra, legno e ferro. Immagini religiose che non possono vedere, parlare o sentire e non hanno alcun potere. Sono tradizioni religiose che non portano cambiamenti nella mente o nel cuore.

> *"E pronuncerò i miei giudizi contro di loro per tutta la loro malvagità, che mi hanno abbandonato, hanno bruciato incenso ad altri dei e hanno adorato le opere delle loro mani". (Geremia 1:16)*

Il cristianesimo era una minoranza in questo Paese dove c'erano tante persecuzioni e odio tra le religioni, soprattutto contro i cristiani. L'oppressione contro questi ultimi non faceva che rafforzarli nella loro fede attraverso lo spargimento di sangue innocente, le chiese bruciate, le persone picchiate o uccise. Purtroppo, madri e padri rifiutavano i propri figli se si rivolgevano a Gesù e lasciavano la religione di famiglia. Forse emarginati, ma non senza padre, perché Dio è il nostro Padre Celeste che asciugherà le lacrime dai nostri occhi.

"Credete che io sia venuto a dare la pace sulla terra? Io vi dico: no, ma piuttosto divisione: Perché d'ora in poi in una casa ci saranno cinque divisi, tre contro due e due contro tre. Il padre sarà diviso contro il figlio e il figlio contro il padre; la madre contro la figlia e la figlia contro la madre; la suocera contro la nuora e la nuora contro la suocera." (Luca 12:51-53)

Rimasi così sorpresa nel vedere ovunque persone che camminavano con la Bibbia, e sentii parlare di incontri di preghiera. C'erano molte chiese unitariane e credenti in un unico Dio. Dio è venuto a vivere tra noi nella carne, nel corpo di Gesù Cristo. E così è il mistero della pietà dell'unico vero Dio.

*"E senza controversia grande è il mistero della pietà: **Dio è stato manifestato nella carne**, giustificato nello Spirito, visto dagli angeli, predicato ai gentili, creduto nel mondo, accolto nella gloria".*
(1 Timoteo 3:16)

Filippo gli disse: "Signore, mostraci il Padre e ci basta". Gesù gli disse: "Sono stato tanto tempo con te e non mi hai ancora conosciuto, Filippo? Chi ha visto me ha visto il Padre; e allora come fai a dire: "Mostraci il Padre"? Non credi che io sono nel Padre e il Padre in me? Le parole che vi dico non le dico da me stesso; ma il Padre che abita in me compie le opere. Credetemi che io sono nel Padre e il Padre in me; oppure credetemi per le opere stesse".
(Giovanni 14:8-11)

"Tu credi che c'è un solo Dio; fai bene; anche i diavoli credono e tremano". (Giacomo 2:19)

Fu una tale gioia vedere le persone assetate di Dio. La loro adorazione era così potente. Era un'India completamente diversa da quella che avevo lasciato 25 anni prima. Persone giovani e anziane desideravano le cose di Geova Dio. Era comune vedere giovani che offrivano volantini cristiani alle celebrazioni religiose indù. Durante il giorno, andavano in chiesa e dopo la funzione delle 14.30 tornavano alle 3.00 circa. Anche gli indù e i musulmani venivano alle nostre funzioni per ottenere la guarigione e la liberazione. Le persone erano aperte ad ascoltare la predicazione della Parola di Dio e a ricevere insegnamenti dalla Sacra Bibbia. Venni a conoscenza di queste chiese indiane e comunicai con i loro pastori per telefono e via e-mail. Lavorai in rete con le Chiese Pentecostali Unite per trovare predicatori americani disposti ad andare in India a nome dei pastori indiani per parlare alle loro conferenze annuali. Ottenemmo molto successo, con l'aiuto di Dio. Ero contenta che i predicatori americani mostrassero interesse per il mio Paese, dando il loro sostegno spirituale ai predicatori indiani. Conobbi un pastore indiano di una chiesa molto piccola e umile. C'era così tanta povertà, e i bisogni della gente erano così grandi che mi impegnai personalmente a inviare del denaro. Siamo così benedetti in America. Fidatevi che "nulla è impossibile". Se volete dare, fatelo con fede e in segreto. Per molti anni nessuno seppe del mio impegno. Non aspettatevi mai di dare per ottenerne un guadagno personale o per ricevere gloria o lodi da altri. Date con cuore puro e non contrattate con Dio.

"Perciò, quando fai la tua elemosina, non suonare la tromba davanti a te, come fanno gli ipocriti nelle sinagoghe e nelle strade, per avere gloria degli uomini. In verità vi dico: hanno la loro ricompensa. Ma quando fai l'elemosina, la tua mano sinistra non sappia ciò che fa la tua destra: affinché la tua elemosina sia segreta; e il Padre tuo, che vede nel segreto, ti ricompenserà apertamente." (Matteo 6:2-4)

Dio aveva permesso che accadessero delle cose nella mia vita, in modo che potessi rimanere a casa. Ripenso con stupore al progredire della mia malattia, che non mi permetteva più di camminare, di pensare o di sentirmi normale, fino al giorno in cui fratello James pregò e Dio mi sollevò da una sedia a rotelle. Considerata ancora disabile a causa dei tumori e delle malattie del sangue, vivevo con un misero assegno mensile di invalidità. Il mio assegno non aveva alcuna rilevanza, poiché Dio mi aveva tolto il lavoro, e la mia preoccupazione era come avrei pagato le bollette. Gesù mi parlò due volte dicendo: "Mi prenderò cura di te". Vivendo in California o in Texas, Gesù avrebbe provveduto a tutte le mie necessità. Dio lo fece con le sue ricchezze e la sua abbondanza. Avevo riposto la mia fiducia in Dio per tutte le mie necessità quotidiane.

L'ho fatto "a Suo modo"

Ma cercate prima il regno di Dio e la sua giustizia, e tutte queste cose vi saranno aggiunte. (Matteo 6:33)

Prima di lasciare l'India, alcune signore della chiesa mi dissero che non compravano più beni di lusso per sé. Si accontentavano di qualsiasi cosa avessero da indossare perché ricevevano tanta soddisfazione dal donare ai poveri.

Ma la pietà con contentezza è un grande guadagno. Perché non abbiamo portato nulla in questo mondo ed è certo che non possiamo portare nulla fuori. E avendo cibo e vestiario, accontentiamoci. (1 Tim. 6:6-8)

Anche gli anziani e i bambini piccoli venivano coinvolti in progetti d'amore. Si riunivano per fare pacchetti regalo da donare ai poveri. Erano così soddisfatti della benedizione del dono.

"Date, e vi sarà dato; una buona misura, pigiata, scossa e colma, vi sarà data in seno. Perché con la stessa misura con cui l'avete conosciuta, vi sarà rimisurata". (Luca 6:38)

Immaginate cosa era successo in un tempo così relativamente breve. Avevo venduto la mia casa e ne avevo acquistata una nuova in un altro Stato. Avevo visto il mio Paese cambiare con persone assetate del Signore Gesù Cristo. Ora mi aspettavo di iniziare una nuova vita in Texas. Quando mettiamo Dio al primo posto, anche il Signore della Gloria ci sarà fedele.

Ritorno in America.

Tornai dall'India 3 mesi dopo. Volai in Texas quando la mia casa fu pronta. Il 26 aprile 2005, mentre il mio aereo atterrava all'aeroporto di Dallas-Ft. Worth, piangevo perché per la prima volta venivo completamente separata da tutti i miei familiari e amici da quando ero arrivata in questo Paese. Poi Dio mi diede la seguente Scrittura:

Ma ora così dice l'Eterno che ti ha creato, o Giacobbe, e che ti ha formato, o Israele: "Non temere, perché io ti ho riscattato, ti ho

L'ho fatto "a Suo modo"

> *chiamato per nome; tu sei mio. Quando passerai attraverso le acque, io sarò con te; e attraverso i fiumi, essi non ti sommergeranno; quando camminerai attraverso il fuoco, non sarai bruciato e la fiamma non si accenderà su di te. Perché io sono l'Eterno, il tuo Dio, il Santo d'Israele, il tuo salvatore: Ho dato l'Egitto per il tuo riscatto, l'Etiopia e Seba per te. Poiché sei stato prezioso ai miei occhi, sei stato onorevole e io ti ho amato, darò uomini per te e popoli per la tua vita. Non temere, perché io sono con te; farò venire la tua discendenza dall'oriente e la raccoglierò dall'occidente; dirò al settentrione: "Arrenditi", e al mezzogiorno: "Non indietreggiare"; farò venire i miei figli da lontano e le mie figlie dalle estremità della terra.*
> *(Isaia 43:1-6)*

Il giorno del mio arrivo mi ritrovai sola in quella grande casa nuova. La realtà si fece strada quando mi trovai al centro del soggiorno e vidi la mia abitazione completamente vuota. Mi sedetti sul pavimento e cominciai a piangere. Mi sentivo così sola e volevo tornare a casa, in California, dove avevo lasciato la mia cara madre. Avevamo vissuto insieme per tanto tempo e lei era una parte importante di me. Ero così sopraffatta da questa sensazione di allontanamento che volevo andare all'aeroporto e tornare in California. Non volevo più questa casa. Il mio dolore era più grande della mia realtà. Mentre provavo questi sentimenti, Dio mi ricordò che dovevo chiamare fratello Blakey. Quest'ultimo non sapeva come mi sentivo in quel preciso momento, ma Dio sì. Rimasi sorpresa quando disse: "Ora, sorella Das, sai che sei solo a una telefonata di distanza da noi". Le sue parole furono completamente benedette, perché il mio dolore e tutta la mia disperazione scomparvero all'istante. Sentivo di avere una famiglia, di non essere sola e che tutto sarebbe andato bene. Da quel giorno, la famiglia Blakey mi accettò nella propria famiglia in un momento in cui non avevo nessuno.

Mia sorella e la sua famiglia si trasferirono poi a Plano, in Texas, a pochi chilometri da Wylie. La famiglia Blakey è composta da undici fratelli e sorelle. I loro figli e nipoti mi trattavano tutti come se fossi parte della famiglia. Erano quasi duecento, e tutti conoscevano la famiglia Blakey a Wylie. Furono un enorme sostegno per me e mi hanno sempre fatta sentire come una "Blakey"! Una volta stabilitami a casa, dovevo trovare una chiesa. Domandai a Dio quale parrocchia volesse per me, e ne visitai molte. Alla fine andai in una chiesa nella città di Garland, la North Cities

L'ho fatto "a Suo modo"

United Pentecostal Church. Dio disse chiaramente: "Questa è la tua chiesa". È ancora qui che mi riunisco oggi. Amo la mia chiesa e ho trovato un pastore meraviglioso, il Reverendo Hargrove. La famiglia Blakey diventò la mia famiglia allargata, invitandomi a pranzo o a cena dopo la chiesa. Mi inclusero anche nelle loro riunioni di famiglia e nelle feste di famiglia. Dio aveva meravigliosamente provveduto a tutto ciò di cui avevo bisogno.

Ringrazio Dio per il mio nuovo pastore, per la mia chiesa e per i Blakey che mi hanno adottato nella loro famiglia. Ora vivo comodamente nella mia nuova casa. Dio ha mantenuto la sua promessa: "Mi prenderò cura di te". Dio ha scelto tutto questo per me, secondo la Sua volontà per la mia vita. Ora lavoro per Lui dal momento in cui mi sveglio alle 3.50 del mattino per pregare. Faccio colazione e mi preparo a svolgere l'opera del Signore dal mio ufficio a casa. I miei amici vi diranno: "Non dite mai a sorella Liz che non ha un vero lavoro". Qual è la mia risposta? Lavoro per il Signore, faccio molte ore senza timbrare il cartellino e non ricevo uno stipendio. Dio si prende cura di me e la mia ricompensa sarà in cielo.

Apprezzo il mio lavoro e amo ciò che faccio!

Capitolo 12

LA LIBERAZIONE DEMONIACA E IL POTERE DI GUARIGIONE DI DIO

Una domenica pomeriggio ricevetti una telefonata dal signor Patel che ci chiedeva di andare a pregare per suo padre, attaccato da spiriti demoniaci. Il signor Patel è un ingegnere che vive in America da oltre 30 anni. Aveva sentito parlare della mia guarigione ed era aperto a conoscere il Signore Gesù Cristo. Il giorno seguente ci recammo a casa di suo fratello e incontrammo il signor Patel e la sua famiglia (il fratello, la moglie di questo, due figli, il padre e la madre). Mentre tutti ascoltavano, un altro fratello, anch'egli cristiano, iniziò a parlare di come aveva conosciuto Gesù. Il padre, l'anziano signor Patel, raccontò di aver adorato degli idoli, ma di essersi sempre sentito male quando aveva praticato il culto. Diceva di sentirsi come se una verga gli punzecchiasse lo stomaco causandogli dolore, e quando camminava gli sembrava di avere dei sassi sotto i piedi. Iniziammo a pregare per lui nel Nome del Signore Gesù Cristo. Proseguimmo finché non si liberò dallo spirito demoniaco e cominciò a sentirsi molto meglio. Prima di venire via, ricevette una lezione sulla Bibbia per capire il potere del nome del Signore e come rimanere libero dagli attacchi demoniaci.

Fummo contenti quando il figlio e uno dei nipoti insistettero affinché l'anziano signor Patel pronunciasse il nome di GESÙ, ma lui non volle, anche se non ebbe problemi a dire "Dio" (Bhagvan). I nipoti insistettero: "No, pronuncia il nome di Gesù", mentre i figli si mettevano in fila per ricevere la preghiera. Uno dei nipoti, che aveva circa vent'anni, aveva avuto in precedenza un incidente d'auto, ed era stato da molti chirurghi per un problema al ginocchio. Quel giorno, il Signore Gesù guarì la sua gamba, e il fratello minore del signor Patel fu molto toccato dallo Spirito di Dio. Tutti ricevettero la preghiera e testimoniarono di essere stati mossi dallo Spirito di Dio che quel giorno aveva operato miracoli di guarigione e liberazione. Quando il Signore Gesù camminava tra gli uomini, insegnava e predicava il vangelo del Regno a venire, e guariva ogni sorta di malattia e di infermità tra la gente. Guarì e liberò coloro che erano posseduti e tormentati dai demoni, i pazzi e i malati di paralisi (Matteo 4:23-24). Come discepoli di Dio oggi, continuiamo a compiere la Sua opera e a insegnare agli altri la salvezza nel nome del nostro Signore Gesù.

*"E non c'è salvezza in nessun altro, perché non c'è altro **nome** sotto il cielo dato agli uomini per cui dobbiamo essere salvati".*
(Atti 4:12)

Servire il Dio vivente comporta molti vantaggi. Invece di un Dio fatto di roccia o di pietra che non vede e non sente, abbiamo il Dio vero e vivente che scruta i cuori degli uomini e delle donne. Aprite il vostro cuore e la vostra mente all'ascolto della Sua voce. Pregate che Egli tocchi il vostro cuore. Pregate che vi perdoni per averLo rifiutato. Pregate per conoscerLo e innamorarvi di Lui. Fatelo ora, perché le porte si chiuderanno presto.

Capitolo 13

LA CONFESSIONE E LA COSCIENZA PULITA

Un giorno una coppia indiana venne a trovarmi e a pregare con me. Mentre ci preparavamo, la moglie iniziò a pregare ad alta voce. Il marito la seguì. Notai che entrambi pregavano nello stesso modo religioso, ma comunque mi piaceva ascoltare le loro parole eloquenti. Chiesi sinceramente a Dio: "Voglio che tu preghi attraverso la mia bocca". Quando fu il mio turno di pregare ad alta voce, lo Spirito Santo prese il sopravvento e pregai nello Spirito.

> *"Anche lo Spirito soccorre le nostre infermità, perché non sappiamo che cosa dobbiamo pregare come dovremmo; ma lo Spirito stesso intercede per noi con gemiti che non si possono pronunciare. E chi scruta i cuori sa qual è la mente dello Spirito, perché egli intercede per i santi secondo la volontà di Dio".*
> *(Romani 8:26, 27)*

Stavo pregando nello Spirito con la potenza di Dio in un modo che metteva a nudo il peccato. Il marito, che non ne poteva più, iniziò a confessare il suo peccato alla moglie, che rimase scioccata. In seguito parlai con loro della purificazione attraverso la confessione del peccato.

L'ho fatto "a Suo modo"

"Se confessiamo i nostri peccati, Egli è fedele e giusto da perdonarci i peccati e da purificarci da ogni iniquità. Se diciamo che non abbiamo peccato, lo rendiamo bugiardo e la sua parola non è in noi".
(1 Giovanni 1:9, 10)

Spiegai al marito che, poiché aveva confessato, Dio lo avrebbe perdonato. Ricordate anche di confessare i vostri peccati solo a chi può pregare su di voi.

Confessate le vostre colpe gli uni agli altri e pregate gli uni per gli altri, affinché possiate essere guariti. L'efficace preghiera fervente di un uomo giusto vale molto. (Giacomo 5:16)

Gli spiegai che una volta battezzato, Dio avrebbe rimosso il suo peccato e avrebbe avuto la coscienza pulita.

"La stessa figura per cui anche il battesimo ci salva ora (non la rimozione della sporcizia della carne, ma la risposta di una buona coscienza verso Dio) per mezzo della risurrezione di Gesù Cristo".
(1 Pietro 3:21)

Qualche giorno dopo, sia il marito che la moglie furono battezzati nel nome del Signore Gesù. Il marito fu completamente liberato e i suoi peccati furono perdonati. Entrambi divennero una benedizione per il Regno di Dio.

"Pentitevi e fatevi battezzare ciascuno di voi nel nome di Gesù Cristo per la remissione dei peccati e riceverete il dono dello Spirito Santo."
(Atti 2:38)

Dio cerca coloro che si umiliano davanti a Lui. Non importa quanto siano eloquenti e belle le parole con cui si prega, ma che lo si faccia con tutto il cuore. Egli sa anche cosa c'è nel cuore quando si prega. Eliminate il peccato chiedendo perdono a Dio, altrimenti le vostre preghiere saranno ostacolate dallo Spirito Santo. Come credenti, ogni giorno cerchiamo il nostro cuore e giudichiamo noi stessi. Dio è sempre lì per perdonarci e purificarci quando pecchiamo.

Capitolo 14.
AI CONFINI DELLA MORTE

Fratello James, di cui ho parlato prima, ha il dono di guarire attraverso il potere dell'unzione di Dio. Fu invitato a pregare per una signora coreana che si trovava nel reparto di terapia intensiva dell'ospedale Queen of the Valley. Secondo i medici, era prossima alla morte. La famiglia stava già organizzando il suo funerale. Quel giorno accompagnai fratello James e vidi il suo corpo attaccato al supporto vitale; era incosciente e vicina alla morte. Quando iniziai a pregare, sentii come se qualcosa volesse prendermi per una gamba e buttarmi fuori dalla stanza; ma il potere dello Spirito Santo era molto forte in me e non permise a questo spirito di avere la sua strada.

Voi siete da Dio, figlioli, e li avete vinti; perché più grande è colui che è in voi, di colui che è nel mondo. (1 Giovanni 4:4)

Dopo aver pregato, il Signore parlò attraverso me e dissi queste parole: "Questo macchinario cambierà". Mi riferivo all'apparecchiatura di supporto vitale che era attaccata al suo corpo. Sentii me stessa pronunciare queste parole come se Dio avesse parlato del destino di questa donna molto malata. Fratello James pregò per lei e poi parlammo alla famiglia della signora del potere della preghiera e della Parola di Dio. Ascoltarono mentre raccontavo della mia guarigione e di come Dio mi aveva portata dall'essere su una a sedia a rotelle a camminare di nuovo. Era presente anche il loro figlio, pilota di linea, ma non parlava coreano. Gli parlai in inglese mentre il resto della famiglia conversava in coreano. Mi spiegò che curiosamente sua madre avrebbe dovuto recarsi in Canada lo stesso giorno in cui si era ammalata gravemente. Mi spiegò che aveva chiesto aiuto al marito e che era stata portata in ospedale, anche se si rifiutava di andarci. Il figlio raccontò che la madre gli diceva: "All'ospedale mi uccideranno". Era certa che sarebbe morta se fosse stata portata in ospedale. Il figlio continuò a spiegarci che lei gli aveva detto che ogni notte delle persone vestite di nero entravano in casa. Ogni sera sua madre urlava contro lui e suo padre e lanciava loro addosso con rabbia i piatti senza un motivo apparente. Cominciò anche a scrivere assegni in una lingua che loro non potevano capire. Il comportamento che esibiva era molto bizzarro. Gli spiegai che gli spiriti demoniaci possono prendere il controllo e tormentare una persona. Questo lo stupì, perché, come ci spiegò, andavano tutti in chiesa e lei donava tanti soldi, ma non avevano mai sentito parlare prima di questo. I demoni sono soggetti ai veri credenti che hanno lo Spirito Santo, perché il Sangue di Gesù è sulla loro vita ed essi operano sotto l'autorità del Nome di Gesù nella potenza del Suo Nome. Dissi al giovane che io e fratello James avremmo potuto pregare nel Nome di Gesù per scacciare il demone e lui acconsentì alla preghiera di liberazione per sua madre. Quando il medico venne a vedere la sua paziente, rimase stupito dal fatto che lei stesse reagendo e non riusciva a capire cosa fosse successo alla sua paziente. La famiglia gli disse che qualcuno era venuto a pregare per lei durante la notte e lei aveva iniziato a rispondere proprio come era stato detto loro.

Qualche giorno dopo, avemmo un'altra occasione di pregare per la stessa signora. Quando entrammo nella stanza, lei sorrideva. Le posai la mano sulla testa e iniziai a pregare; lei gettò via la mia mano e mosse la testa verso l'alto, indicando il soffitto, perché **non** riusciva a parlare. La sua espressione cambiò, e sembrò estremamente terrorizzata. Dopo che ce ne fummo andati, le sue condizioni peggiorarono. I suoi figli si chiedevano cosa stesse vedendo e le chiesero se avesse visto qualcosa di malvagio. Lei fece segno di "sì" con la mano. Tornammo a pregare per lei perché era terrorizzata dal suo aguzzino, uno spirito demoniaco che stava nella sua stanza. Dopo aver pregato, questa volta, si liberò vittoriosamente dei suoi tormentatori. Grazie al Dio che risponde alle preghiere. In seguito sapemmo che era stata dimessa dall'ospedale, inserita in un programma di riabilitazione ed infine rimandata a casa dove continua a stare bene. Si era tirata fuori dall'orlo della morte.

L'ho fatto "a Suo modo"

Andate a testimoniare al mondo:

*E li incaricò di non dirlo a nessuno; ma quanto più li incaricò, tanto più lo **pubblicarono;***
(Marco 7:36)

*Torna a casa tua e mostra le grandi cose che Dio ti ha fatto". Poi se ne andò per la sua strada e **pubblicò** per tutta la città le grandi cose che Gesù gli aveva fatto. (Luca 8:39)*

La Bibbia dice che dobbiamo uscire e testimoniare. Questa famiglia coreana testimoniò ad altre famiglie di questo miracolo. Un giorno fratello James ricevette una telefonata da un'altra signora coreana. Suo marito aveva un comportamento violento e non sapeva cosa stesse facendo. La moglie era una donna molto minuta e dolce, ma alcuni giorni lui cercava di ucciderla. Molte volte dovettero portarla in ospedale perché lui la picchiava senza pietà. Quando seppe di questo miracolo, ci invitò e chiese di me. Andammo a trovare lei e suo marito. Fratello James mi chiese di parlare e pregò. Fummo tutti benedetti. Qualche settimana dopo sua moglie ci chiamò e ci chiese se potessimo andare di nuovo, visto che suo marito stava meglio. Così andammo nuovamente: io portai la mia testimonianza sul perdono e fratello James pregò su tutti loro.

Raccontai loro di quando lavoravo e una donna supervisore mi molestava senza pietà, tanto da non riuscire a dormire la notte. Un giorno andai nella mia stanza a pregare per lei. Gesù mi disse: "Devi perdonarla". All'inizio mi sembrò difficile e pensai che se l'avessi fatto avrebbe continuato a farmi la stessa cosa. Poiché sentivo Gesù che mi parlava, dissi: "Signore, la perdono completamente" e Dio, nella sua misericordia, mi aiutò a dimenticarla. Quando la perdonai iniziai a dormire bene, e non solo, ma ogni volta che faceva qualcosa di sbagliato, non mi dava fastidio.

La Bibbia dice:

Il ladro non viene se non per rubare, uccidere e distruggere; io sono venuto perché abbiano la vita e l'abbiano in abbondanza.
(Giovanni 10:10)

Fui felice che la suocera fosse presente per ascoltare questa testimonianza, perché il suo cuore era pesante di tristezza. Fu così sorprendente vedere la mano di Dio intervenire e cambiare l'intera situazione, e il perdono travolse i loro cuori e l'amore entrò dentro di loro.

> *Ma se voi non **perdonate**, neppure il Padre vostro che è nei cieli **perdonerà i** vostri debiti. (Marco 11:26)*

Il non perdono è una cosa molto pericolosa. Perderete la solidità della mente e del corpo. Il perdono è per il vostro bene, non solo per il vostro nemico. Dio ci chiede di perdonare per poter dormire meglio. La vendetta è Sua, non nostra.

> *Non giudicate e non sarete giudicati: non condannate e non sarete condannati; **perdonate** e vi sarà **perdonato** (Luca 6:37).*

> *La preghiera della fede salverà il malato e il Signore lo risusciterà; e se ha commesso dei peccati, gli saranno perdonati. Confessate le vostre colpe gli uni agli altri e pregate gli uni per gli altri, affinché possiate essere guariti. La preghiera fervente ed efficace di un uomo giusto vale molto. (Giacomo 5:15, 16)*

Nell'ultima parte della storia, apprendemmo che il marito era completamente guarito dal suo problema mentale ed era diventato gentile e affettuoso con la moglie.

Lode al Signore! Gesù ha portato la pace nella loro casa.

L'ho fatto "a Suo modo"

Capitolo 15

PACE ALLA PRESENZA DI DIO

La presenza di Dio può portare pace all'anima. Una volta pregai per un signore che era malato terminale, all'ultimo stadio di un cancro. Era il marito di una signora della Chiesa. Una volta lei e suo figlio vennero a casa mia.

Appartenevano a una chiesa che non credeva nel cambiamento di vita, finché non videro un video sul Tempo della Fine. Entrambi ricevettero la rivelazione del battesimo nel nome del Signore Gesù e iniziarono a cercare una chiesa che li battezzasse nel nome di Gesù. Fu allora che trovarono la chiesa che frequento. Satana non vuole che nessuno abbia la conoscenza della verità perché essa porta alla salvezza. Vuole che siate nelle tenebre, pensando di essere salvati ma credendo in false dottrine e tradizioni dell'uomo. Si scaglia contro di voi quando siete alla ricerca della Verità. In quella situazione, lo strumento usato contro questa madre e questo figlio furono il marito e il padre non credenti, che li avevano costantemente molestati e ridicolizzati per la loro fede in Dio. Molte volte venivano a casa mia per pregare e finivano per rimanere. Un giorno il figlio sentì il Signore che gli diceva: "I suoi giorni sono contati". Il padre si trovava al Baylor Hospital di Dallas, in Texas, nel reparto di terapia intensiva (ICU). Aveva detto chiaramente che non voleva che si pregasse o che le persone della Chiesa venissero a pregare. Un giorno chiesi alla moglie se potevo visitarla e pregare per suo marito. Lei mi spiegò come si sentiva e disse di no. Continuammo a pregare affinché Dio ammorbidisse il suo cuore indurito.

Un giorno andai all'ospedale con il figlio e sua moglie e mi resi conto che Dio lo aveva cambiato. Il figlio chiese al padre: *"Papà, vuoi che sorella Elizabeth preghi per te? Lei è una guerriera della preghiera"*. Poiché il padre non poteva più parlare, gli chiese di strizzare gli occhi per poter comunicare con lui. Poi gli chiese di fare l'occhiolino per segnalarci se voleva che pregassi per lui, e lui lo fece. Iniziai a pregare chiedendo che i suoi peccati fossero lavati nel Sangue di Gesù. Notai un cambiamento in lui e continuai a pregare fino a quando la presenza dello Spirito Santo fu nella stanza. Dopo aver pregato, il padre cercava di comunicare indicando il soffitto come se ci mostrasse qualcosa. Provò a scrivere, ma non ci riuscì. Il figlio chiese al padre di fare l'occhiolino se stava vedendo qualcosa di buono. Lo fece! Poi chiese al padre di fare l'occhiolino se era luce, ma questa volta non lo fece. Poi gli chiese se erano angeli quelli che vedeva e di fare l'occhiolino. Ma niente. Infine il figlio chiese se fosse il Signore Gesù. Il padre allora strizzò gli occhi.

La settimana successiva mi recai nuovamente in ospedale per vederlo. Questa volta era molto diverso e aveva un aspetto sereno. Pochi giorni dopo morì in pace. Dio, nella sua misericordia e nel suo amore, gli aveva dato la pace prima di morire. Non sappiamo cosa succede tra una persona così malata e il suo Creatore. La presenza del Signore era in quella stanza. Avevo visto un uomo indurito contro Dio e la sua stessa famiglia, ma in punto di morte il Signore si è fatto conoscere, dandogli la conoscenza della sua esistenza.

Rendete grazie all'Eterno, perché è buono, perché la sua misericordia dura per sempre. Rendete grazie al Dio degli dèi, perché la sua misericordia dura in eterno. Rendete grazie al Signore dei signori, perché la sua misericordia dura in eterno. A colui che solo fa grandi meraviglie, perché la sua misericordia dura in eterno.
(Salmo 136:1-4)

Capitolo 16.
UNO STILE DI VITA DEDICATO AL SACRIFICIO

In quel periodo stavo facendo uno studio biblico su capelli, abbigliamento, gioielli e trucco. Mi dissi: "Queste persone sono all'antica". Sapevo nel mio cuore che amavo Dio; quindi, ciò che indossavo non doveva avere importanza. Il tempo passò e un giorno sentii lo Spirito di Dio parlare al mio cuore: "Fai ciò che senti nel tuo cuore". In quel momento i miei occhi si aprirono. Capii che nel mio cuore c'era l'amore per il mondo e che mi stavo conformando alle sue mode. (La rima è la Parola di Dio illuminata e unta che vi è stata detta per un momento o una situazione specifica).

O Eterno, tu mi hai cercato e conosciuto. Tu conosci il mio abbassamento e il mio rialzamento, tu comprendi i miei pensieri da lontano. Tu conosci il mio cammino e il mio coricarsi, e conosci tutte le mie vie. (Salmo 139:1-3)

Gioielli:

Non mi piacevano i gioielli, quindi non è stato difficile liberarmi dei pochi pezzi che avevo.

Allo stesso modo, voi mogli, siate sottomesse ai vostri mariti, affinché, se qualcuno non obbedisce alla parola, possa essere conquistato anche senza la parola dalla conversazione delle mogli, mentre vede la vostra casta conversazione unita al timore. Il cui ornamento non sia quello *esteriore di intrecciare i capelli, di vestirsi d'oro o di indossare abiti; ma sia l'uomo nascosto del cuore, in ciò che non è corruttibile, cioè l'***ornamento** *di uno spirito mite e tranquillo, che ha un grande valore agli occhi di Dio. Infatti, in questo modo si adornavano anticamente anche le donne sante che confidavano in Dio, stando sottomesse ai loro mariti: Come Sara obbediva ad Abramo, chiamandolo signore; di cui voi siete figlie, purché facciate bene e non abbiate paura di alcuno stupore. (1 Pietro 3:1-6)*

Allo stesso modo, che le donne si adornino con abiti modesti, con pudore e sobrietà; non con capelli acconciati, né con oro, né con perle, né con abiti costosi; ma (cosa che si addice alle donne che professano la pietà) con opere buone. (1Timoteo 2:9, 10)

Capelli

Non vi insegna forse la natura stessa che se un uomo ha i capelli lunghi è una vergogna per lui? Ma se una donna ha i capelli lunghi, è una gloria per lei, perché i capelli le sono stati dati come **copertura**. *(1 Corinzi 11:14, 15)*

Da giovane ho sempre avuto i capelli lunghi. A vent'anni li tagliai per la prima volta e continuai a tagliarli fino a quando diventarono molto corti. Quindi l'insegnamento sul non tagliare i capelli fu difficile da accettare per me all'inizio. Non volevo lasciarli crescere perché mi piacevano corti. Era facile prendersene cura. Iniziai a chiedere a Dio di farmi portare i capelli corti. Ma con mia grande sorpresa, Dio cambiò il mio modo di pensare mettendo la Sua Parola nel mio cuore e da allora non fu più difficile lasciarmi crescere i capelli.

In quel periodo mia madre viveva con me. Poiché non sapevo come prendermi cura dei miei lunghi capelli, mia madre mi chiedeva di tagliarli perché non le piaceva il loro aspetto. Iniziai a studiare di più sui capelli dalla Bibbia. Ricevetti una migliore comprensione e conoscenza, che aiutò le mie convinzioni a rafforzarsi nel mio cuore.

Pregai e chiesi al Signore: "*Cosa devo fare con mia madre, visto che non le piacciono i miei capelli lunghi*"? Lui mi parlò e mi disse : "*Prega che il suo pensiero cambi*".

L'ho fatto "a Suo modo"

> *Confida nell'Eterno con tutto il tuo cuore e non ti affidare alla tua intelligenza. In tutte le tue vie riconoscilo, ed egli dirigerà i tuoi sentieri. (Proverbio 3:5, 6)*

Il Signore è il mio consigliere, così continuai a pregare affinché il pensiero di mia madre cambiasse.

Gesù è il nostro consigliere;

> *Perché a noi è nato un bambino, ci è stato dato un figlio; e il governo sarà sulla sua spalla; e il suo nome sarà chiamato Meraviglioso, **Consigliere**, Dio potente, Padre eterno, Principe della pace". (Isaia 9:6)*

Non mi tagliai più i capelli. Essi continuavano a crescere e un giorno mia madre mi disse: "Stai bene con i capelli lunghi!". Fui molto felice di sentire quelle parole. Sapevo che il Signore mi aveva indirizzato nella preghiera e mi aveva risposto. So che i miei capelli non tagliati sono la mia gloria e che mi è stato dato potere sulla testa grazie agli Angeli.

So che quando prego c'è potenza. Lode al Signore!!!

> *Ma ogni donna che prega o profetizza a capo **scoperto** disonora il suo capo, perché è come se fosse rasata. Ma se una donna ha i capelli lunghi, è una gloria per lei, **perché i capelli le sono stati dati come copertura**. (1 Corinzi 11:5,15).*

Questa Scrittura è molto chiara sul fatto che i capelli non tagliati sono la nostra copertura e non una sciarpa, un cappello o un velo. Rappresenta la nostra sottomissione all'autorità di Dio e alla Sua gloria. In tutta la Parola di Dio troverete che gli angeli proteggevano la gloria di Dio. Ovunque ci fosse questa, gli angeli erano presenti. I nostri capelli non tagliati sono la nostra gloria e gli angeli sono sempre presenti per proteggerci grazie alla nostra sottomissione alla Parola di Dio. Questi Angeli proteggono noi e la nostra famiglia.

> *Per questo motivo la donna deve avere potere sul suo capo a causa degli angeli. (1 Corinzi 11:10)*

Il 1° Corinzi 11 è il pensiero e l'azione ordinata di Dio per mantenere una distinzione inequivocabile tra femmina e maschio.

Il Nuovo Testamento mostra che le donne avevano capelli lunghi non tagliati.

> *Ed ecco che una donna della città, che era una peccatrice, quando seppe che Gesù sedeva a tavola in casa del fariseo, portò un vaso di alabastro con unguenti, si mise ai suoi piedi dietro di lui piangendo e cominciò a lavargli i piedi con le lacrime, **li asciugò con i capelli del suo capo**, gli baciò i piedi e li unse con l'unguento.*
> *(Luca 7:37, 38)*

Il Signore dice

> *"Tagliati i capelli, o Gerusalemme, gettali via e fai un lamento sugli alti luoghi, perché il Signore ha rigettato e abbandonato la generazione della sua ira". (Geremia 7, 29)*

I capelli tagliati sono simbolo di vergogna, disonore e lutto. Il taglio dei capelli rappresenta un atto empio e vergognoso del popolo di Dio che si è allontanato. È un segno che il Signore li ha respinti. Ricordate che siamo le Sue spose.

L'Enciclopedia Britannica, V, 1033, afferma che dopo la prima guerra mondiale "i capelli furono tagliati". Il taglio di capelli fu adottato da quasi tutte le donne, ovunque.

Le Parole di Dio sono stabilite per l'eternità. La richiesta di Dio per le donne è di avere capelli lunghi non tagliati e per gli uomini di avere capelli corti.

Abbigliamento

La Parola di Dio ci istruisce anche su come vestirci. Quando ero una nuova convertita e stavo imparando come ci si deve vestire, non ero convinta dei miei abiti. A causa del mio tipo di lavoro, indossavo i pantaloni. Pensai tra me e me: *"Andrebbe bene se continuassi a indossare i pantaloni solo al lavoro"*. Comprai dei pantaloni nuovi e ricevetti molti complimenti per il mio aspetto. Sapevo già che le donne non dovrebbero indossare abiti da uomo. I pantaloni sono sempre stati un abbigliamento maschile, non femminile. Una volta che la Parola di Dio è stata piantata nel vostro cuore, riceverete una convinzione sull'abbigliamento corretto da indossare.

La donna non indosserà ciò che appartiene all'uomo e l'uomo non si vestirà con abiti da donna, perché tutti quelli che fanno così sono **in abominio** *all'Eterno, il tuo Dio. (Deuteronomio 22:5)*

La confusione è iniziata quando uomini e donne hanno iniziato a indossare abiti unisex. Il passo successivo vi condurrà, come Dio ha detto, a:

Levitico 18:22 Non giacere con gli uomini come con le donne: è **abominio.**

Saremo influenzati da ciò che indossiamo. La parola abominio è usata per descrivere la donna che indossa "ciò che appartiene a un uomo" e l'uomo che indossa "un abito da donna". Dio conosce ogni fase della confusione sessuale. Dio ha fatto i due generi completamente diversi con uno scopo preciso per ognuno. Avete notato che sono state le donne a iniziare a indossare i pantaloni per prime? Proprio come quando Eva fu disobbediente nel Giardino dell'Eden! Questa confusione è una prova della società odierna in cui viviamo. A volte non si riesce a distinguere tra uomini e donne.

Oltre 70 anni fa, l'abbigliamento femminile non era un problema, perché le donne indossavano fondamentalmente abiti lunghi o gonne lunghe. Nessuna confusione. Quando le donne hanno iniziato a indossare abiti **maschili**, hanno cominciato a comportarsi come uomini e gli uomini come donne. Questo è il disordine.

Avranno una cuffia di lino sul capo e dei **calzoni** *di lino sui lombi; non si vestiranno di nulla che faccia sudare. (Ezechiele 44:18)*

L'odierna generazione perversa e disobbediente guidata dai media sta imparando dal principe dell'aria, che è Satana. Non conoscono la verità della Bibbia. Anche i loro sostenitori sono falsi insegnanti che insegnano la dottrina e il comandamento dell'uomo e non di Dio.

Ecco, tu hai reso i miei giorni come una manciata di centimetri, e la mia età è come un nulla davanti a te; in verità ogni uomo, nel suo stato migliore, è del tutto vanitoso. Selah. Ogni uomo cammina invano, si affanna invano; accumula ricchezze e non sa chi le raccoglierà. (Salmi 39:5-6)

Quando Adamo ed Eva disobbedirono al Signore e mangiarono il frutto dell'albero proibito, seppero di aver peccato e gli occhi si aprirono sulla loro nudità.

Gli occhi di entrambi si aprirono e si accorsero di essere nudi; allora cucirono insieme foglie di fico e si fecero dei grembiuli (Genesi 3, 7).

Adamo ed Eva si coprirono con foglie di fico. Si fecero un grembiule con esse, che era insufficiente. Dio ha uno standard di copertura e quindi non approvava la loro copertura impropria di foglie di fico... Così li rivestì con un mantello di pelle.

Anche ad Adamo e a sua moglie l'Eterno Dio fece dei mantelli di pelle e li vestì. (Genesi 3: 21)

Il nemico della nostra anima, il diavolo, si diverte a provocare un'esposizione immodesta del corpo.

*Luca 8:35: "Poi uscirono per vedere che cosa era stato fatto, e giunsero a Gesù, e trovarono l'uomo, dal quale erano usciti i demoni, seduto ai piedi di Gesù, **vestito** e sano di mente; ed ebbero paura".*

Quando una persona non copre il proprio corpo, dimostra di essere influenzata da uno spirito sbagliato che produce motivazioni sbagliate.

È molto importante leggere sempre la Parola di Dio, pregare senza sosta e digiunare per comprendere meglio e guidare il Suo spirito. La trasformazione avviene attraverso la Parola di Dio, che prima viene dall'interno, per poi portare il cambiamento all'esterno.

"Questo libro della legge non si allontanerà dalla tua bocca, ma lo mediterai giorno e notte, per osservare di fare secondo tutto ciò che vi

> *è scritto; perché così farai prosperare la tua strada e avrai un buon successo". (Giosuè 1:8)*

L'attacco di Satana è alla Parola di Dio. Ricordate Eva? Il diavolo sa cosa attaccare e quando farlo, perché è sottile e astuto.

> *Siate sobri, vigilate, perché il vostro avversario, il diavolo, come un leone ruggente, va in giro cercando chi divorare. (1 Pietro 5:8)*

> *"Chi ha i miei comandamenti e li osserva, è lui che mi ama; e chi mi ama sarà amato dal Padre mio e io lo amerò e mi manifesterò a lui". (Giovanni 14:21)*

> *"Se osservate i miei comandamenti, rimarrete nel mio amore, come io ho osservato i comandamenti del Padre mio e rimango nel suo amore". (Giovanni 15:10)*

Quella sera, mentre ero al lavoro, mi venne in mente un pensiero. Mi chiesi come apparivo agli occhi di Dio. All'improvviso la vergogna mi assalì e non riuscii ad alzare lo sguardo. Mi sentivo come se fossi davanti al Signore nostro Dio. Come sapete, noi sentiamo attraverso le nostre orecchie, ma io sentii la Sua voce, come se stesse parlando attraverso ogni cellula del mio corpo dicendo: "Ti amo sinceramente". Quando udii queste bellissime parole di Dio, significò molto per me. Non vedevo l'ora di uscire dal lavoro e andare a casa per poter ripulire completamente l'armadio da tutti i miei vestiti mondani.

Per un paio di settimane continuai a sentire l'eco della Sua voce che mi diceva: "Ti amo sinceramente". Poi svanì.

Vivere per Dio non riguarda solo ciò che diciamo, ma si tratta di uno stile di vita. Quando Dio parlò a Mosè, lo fece molto chiaramente. Egli conosceva senza dubbio la voce di Dio.

La parola senza vergogna, tradotta dal greco, si riferisce a un senso di vergogna o di pudore, o al pudore interiore di riconoscere che la mancanza di vestiti è vergognosa. Ciò significa che il nostro aspetto esteriore mostra il nostro essere interiore non solo a noi stessi, ma anche agli altri. Ecco perché la Bibbia dice che l'abbigliamento modesto è simile alla vergogna.

Proverbio 7:10 Ed ecco che gli si fece incontro una donna vestita da prostituta e dal cuore subdolo.

Allo stesso modo, che le donne si adornino con abiti modesti, con **pudore** *e* **sobrietà***; non con capelli acconciati, né con oro, né con perle, né con abiti costosi; (1 Timoteo 2:9)*

L'abbigliamento deve coprire la nudità di una persona. La sobrietà impedisce di indossare ciò che è destinato ad apparire sexy o come una moda rivelatrice. Lo stile di abbigliamento odierno è talmente corto ed essenziale da ricordare l'abbigliamento di una prostituta. Tutto ruota intorno all'aspetto sexy. I designer di abbigliamento stanno rendendo la moda più rivelatrice e provocante.

Ringraziamo Dio per la sua Parola che ha stabilito per l'eternità; Egli conosce le generazioni di tutti i tempi. La Parola vi impedirà di conformarvi a questo mondo.

La definizione di modestia cambia a seconda del Paese, dell'epoca e della generazione. Le donne asiatiche indossano pantaloni larghi e lunghe camicette chiamate abiti Panjabi, che sono molto modesti. Le donne arabe indossano lunghe vesti con un velo. Le donne cristiane occidentali indossano abiti al di sotto delle ginocchia.

Abbiamo ancora donne cristiane timorate di Dio che amano essere modeste e mantenere la predicazione e l'insegnamento di Dio.

Provate ogni cosa; tenete fermo ciò che è buono. (1 Tessalonicesi 5:21)

Viviamo in un'epoca sconvolgente in cui non c'è timore di Dio.

Se mi amate, osservate i miei comandamenti. (Giovanni 14:15)

Paolo disse:

L'ho fatto "a Suo modo"

> *"Poiché siete stati acquistati a caro prezzo, glorificate Dio nel vostro* **corpo** *e nel vostro spirito, che sono* **di Dio**". *(1 Corinzi 6, 20)*

Gli indumenti non devono essere stretti, corti o scollati. Le immagini su alcune camicie e camicette sono spesso inappropriate .

L'idea di Dio nel farci indossare abiti è quella di essere coperti. Ricordiamo che Eva e Adamo erano nudi. Non siamo più innocenti. Sappiamo che questa è la tentazione dell'occhio dell'uomo. Davide vide Betsabea senza vestiti e cadde in adulterio.

La moda dell'abbigliamento delle giovani donne o delle bambine del nostro tempo è immodesta. I pantaloni sono stretti. La Bibbia dice di insegnare ai bambini la rettitudine di Dio. Invece di insegnare alle ragazze la modestia, i genitori acquistano abiti immodesti.

La donna cristiana coscienziosa e divina sceglierà un abbigliamento che sia gradito a Cristo e a suo marito. Non desidera più indossare ciò che è "di moda".

Abiti, gioielli e trucchi immodesti alimentano la concupiscenza degli occhi, della carne e l'orgoglio della vita.

> *Non amate il mondo, né le cose che sono nel mondo. Se uno ama il mondo, l'amore del Padre non è in lui.* **Perché tutto ciò che è nel mondo, la concupiscenza della carne, la concupiscenza degli occhi e la superbia della vita,** *non viene dal Padre, ma è del mondo. E il mondo passa e la sua concupiscenza; ma chi fa la volontà di Dio rimane in eterno. (1 Giovanni 2:15-17)*

Satana sa che l'uomo è orientato alla vista. Le donne non vedono l'intenzione di Satana. L'immodestia è una potente tentazione e un richiamo per gli uomini. L'abbigliamento immodesto, i gioielli e il trucco provocano eccitazione negli uomini. L'orgoglio e la vanità rafforzano l'ego umano. Una donna si sente potente perché può attirare l'attenzione lussuriosa degli uomini. Queste cose rendono una donna orgogliosa del suo aspetto esteriore.

L'ho fatto "a Suo modo"

> *Vi esorto dunque, fratelli, per le misericordie di Dio, a presentare i vostri corpi come sacrificio vivente, santo, gradito a Dio, che è il vostro servizio ragionevole. E non conformatevi a questo mondo, ma siate trasformati mediante il rinnovamento della vostra mente, per provare qual è la buona, gradita e perfetta volontà di Dio.*
> *(Romani 12:1, 2)*

Trucco

La Bibbia si esprime decisamente **contro** il trucco. Nella Bibbia, esso è sempre associato alle donne empie. Nella Bibbia, Gezabele era una donna malvagia che si dipingeva il viso.

Attraverso la Sua Parola, Dio ha dato a noi cristiani istruzioni scritte sulla pittura del volto, che oggi si chiama trucco. Dio ci ha informato di ogni dettaglio con riferimenti anche storici. La Bibbia ci considera come una luce di questo mondo; se siamo quella luce non abbiamo bisogno di essere dipinti. Nessuno pittura una lampadina. Una cosa morta ha bisogno di essere dipinta. Si può dipingere il muro, il legno, ecc.

Oggigiorno la maggior parte delle donne e delle bambine si truccano senza avere alcuna conoscenza della storia e della Bibbia. Il trucco si usava solo sul viso, ma ora piace dipingere e tatuare diverse parti del corpo come le braccia, le mani, i piedi, ecc. Il trucco è peccaminoso? A Dio interessa ciò che si fa al proprio corpo. Egli afferma chiaramente la sua opposizione alla pittura e ai piercing sul corpo, al trucco e ai tatuaggi.

> *Non vi farete alcun taglio nella vostra carne per i morti **e non vi farete alcun segno**: Io sono il Signore". (Levitico 19:28)*

Non mi sono mai truccata, ma mettevo il rossetto perché mi piaceva. Quando ho sentito le prediche sul trucco, ho iniziato a mettere meno rossetto e poi ho smesso del tutto. Nel mio cuore, avevo ancora il desiderio di indossarlo, ma non lo feci.

In preghiera, chiesi a Dio cosa ne pensasse del rossetto. Un giorno due signore stavano camminando verso di me e ho notato che lo indossavano. In quel momento, ho visto attraverso i Suoi occhi spirituali, come appariva... Mi sentii così male allo stomaco. Mi sono sentita fortemente condannata nel mio cuore e non ho mai più avuto il desiderio di mettere il rossetto. Il mio desiderio era di piacere a Lui e di obbedire alla Sua Parola.

> *"Così parlate e così fate, come quelli che saranno giudicati dalla legge della libertà". (Giacomo 2:12)*

Anche se abbiamo la libertà di fare ciò che scegliamo e di vivere come vorremmo, il nostro cuore è ingannevole e la nostra carne cercherà le cose di questo mondo. Sappiamo che la nostra carne è inimicata a Dio e alle cose di Dio. Dobbiamo sempre camminare nello spirito per non soddisfare la concupiscenza della carne. Il problema non è il diavolo. Siamo noi stessi, se camminiamo nella carne.

> *Perché tutto ciò che è nel mondo, la concupiscenza della carne, la concupiscenza degli occhi e la superbia della vita, non viene dal Padre, ma è del mondo. E il mondo passa e la sua concupiscenza; ma chi fa la volontà di Dio rimane in eterno. (1°Giovanni 2:16-17)*

Satana vuole essere il centro di tutto. Era perfetto nella bellezza e pieno di orgoglio. Sa cosa lo ha fatto cadere e lo usa anche per far cadere voi.

> *Figlio dell'uomo, fai un lamento sul re di Tiro e digli: "Così dice il Signore, DIO: Tu hai sigillato la somma, piena di saggezza e **perfetta nella bellezza**. Tu sei stato in Eden, il giardino di Dio; ogni pietra preziosa era il tuo rivestimento, il sardio, il topazio, il diamante, il berillo, l'onice, il diaspro, lo zaffiro, lo smeraldo, il carbuncolo e l'oro; la fattura dei tuoi tabernacoli e delle tue pipe fu preparata in te nel giorno in cui fosti creato (Ezechiele 28:12,13).*

Quando camminiamo nella carne, cerchiamo anche di essere al centro dell'attenzione. Questo si può vedere nel nostro abbigliamento, nelle conversazioni e nelle azioni. Cadiamo facilmente nella trappola di Satana conformandoci al mondo e alle sue mode mondane.

Permettetemi di raccontarvi come e dove è nato il trucco o la pittura. Il trucco è nato in Egitto. Re e regine si truccavano gli occhi. Il trucco egiziano degli occhi era usato per proteggersi dalla magia maligna e anche come simbolo della nuova nascita nella reincarnazione. Veniva usato anche da coloro che vestivano i morti. Volevano che questi apparissero come se stessero solo dormendo.

È necessario sapere cosa dice chiaramente la Bibbia su questo argomento. Se il trucco è importante per Dio, deve essere menzionato nella sua Parola, sia in modo specifico che in linea di principio.

Quando Jehu fu giunto a Jezreel, Gezabele lo seppe; si dipinse la faccia, si affaticò il capo e si affacciò a una finestra.
(2 Re 9:30)

Il giovane Jehu si recò quindi subito a Jezreel per eseguire il giudizio su Gezabele. Quando la donna seppe di essere in pericolo, si truccò; ma il suo trucco non riuscì a sedurre Jehu. Ciò che il profeta di Dio aveva profetizzato su Gezabele e su suo marito, il re Achab, si realizzò. Il suo abominio ebbe fine come il profeta di Dio aveva profetizzato su di loro. Quando Jehu la fece gettare da una finestra, i cani mangiarono le sue carni, come Dio aveva dichiarato! Il trucco è un'arma autodistruttiva.

Non desiderare la sua bellezza nel tuo cuore e non lasciarti prendere dalle sue palpebre. (Proverbi 6:25)

"E quando sarai rovinato, cosa farai? Anche se ti vesti di porpora, anche se ti adorni di ornamenti d'oro, anche se ti dipingi il viso, invano ti fai bella; i tuoi amanti ti disprezzeranno, cercheranno la tua vita".
(Geremia 4:30)

La storia ci racconta che le prostitute si dipingevano il viso per essere riconosciute come tali. Nel corso del tempo, il trucco e la pittura del viso sono diventati di uso comune. Non sono più considerati sconvenienti.

"Inoltre, avete fatto venire degli uomini da lontano, ai quali è stato inviato un messaggero; ed ecco che essi sono venuti; per i quali vi siete lavati, vi siete dipinti gli occhi e vi siete adornati di ornamenti".
(Ezechiele 23:40)

I trucchi sono "prodotti di cui nessuno ha bisogno", ma desiderarli fa parte della natura umana. L'orgoglio e la vanità sono i motivi per cui

L'ho fatto "a Suo modo"

molte donne usano il trucco, in modo da adattarsi al mondo. Questa è la natura umana. Tutti vogliamo integrarci!

Le star di Hollywood sono responsabili di questi drastici cambiamenti nel modo di pensare delle donne riguardo all'aspetto esteriore. Il trucco era indossato solo da donne arroganti e presuntuose. Tutti vogliono essere belli, anche i bambini che si truccano.

L'orgoglio e la vanità hanno promosso l'industria del trucco, accogliendolo e diventando vanitosi. Ovunque si vada si trova il trucco. Dai più poveri ai più ricchi, tutti vogliono apparire belli. La società odierna pone troppa enfasi sull'aspetto esteriore; a causa delle insicurezze interiori, le donne di tutte le età si truccano.

Molti sono depressi per il loro aspetto e tentano persino il suicidio. La bellezza è una delle cose più ammirate da questa generazione. Alcune persone si truccano appena si svegliano. Non amano il loro aspetto naturale. Il trucco li ha posseduti a tal punto che senza di esso si sentono indesiderati. Questo provoca depressione nelle nostre giovani generazioni e persino nei bambini.

Pensate ora alle donne giuste più conosciute dell'Antico o del Nuovo Testamento. Non ne troverete nemmeno una che si sia truccata. Non si parla di Sarah, Ruth, Abigail, Naomi, Maria, Deborah, Ester, Rebecca, Febe o qualsiasi altra donna virtuosa e mite che si sia mai truccata.

Egli abbellirà i miti con la salvezza. (Salmi 149:4b)

Infatti, nella Parola di Dio gli unici esempi di coloro che si truccavano erano le adultere, le meretrici, le ribelli, le perdigiorno e le false profetesse. Questo dovrebbe essere un grande avvertimento per chiunque abbia a cuore la Parola di Dio e voglia seguire un esempio di rettitudine biblica, invece di scegliere di seguire l'esempio di donne empie.

***Rivestitevi** dunque, come eletti di Dio, santi e amati, di viscere di misericordia, di bontà, di umiltà d'animo, di mansuetudine, di longanimità. (Colossesi 3:12)*

L'ho fatto "a Suo modo"

Ma, o uomo, chi sei tu che ti ribelli a Dio? La cosa formata potrà forse dire a colui che l'ha formata: "Perché mi hai fatto così?".
(Romani 9:20)

Il nostro corpo è il tempio di Dio; dovremmo desiderare di cercare le Sue rette vie. Ciò avviene se le donne si presentano in santità nel vestire, con il volto aperto (viso pulito), e riflettono la preziosa gloria di Dio nel nostro corpo.

Che cosa? Non sapete che il vostro corpo è il tempio dello Spirito Santo che è in voi, che avete da Dio e non siete voi stessi? (1 Corinzi 6:19)

Io e voi siamo stati comprati a un prezzo e Dio ci ha creati a sua immagine e somiglianza. Le leggi di Dio servono a proteggerci e dovrebbero essere scritte nel nostro cuore. Io e voi abbiamo regole e linee guida da seguire, così come noi genitori abbiamo regole e linee guida per i nostri figli. Quando scegliamo di obbedire alle leggi e ai dettami di Dio, saremo benedetti e non puniti.

"Io chiamo il cielo e la terra a registrare questo giorno contro di te, che ho posto davanti a te la vita e la morte, la benedizione e la maledizione; scegli dunque la vita, perché viva tu e la tua discendenza". (Deuteronomio 30:19)

L'orgoglio e la ribellione porteranno su di noi afflizioni di malattia, finanza, oppressione e possessione demoniaca. Quando cerchiamo le cose di questo mondo attraverso l'orgoglio e la ribellione, ci stiamo preparando al fallimento. È desiderio del diavolo corrompere la nostra vita con il peccato dell'orgoglio. Non è questa la volontà di Dio per la nostra vita!

Ho visto i cambiamenti quando le donne mondane diventano donne divine. Si trasformano da donne invecchiate, depresse, stressate, tormentate e infelici a donne più giovani, belle, vibranti, serene e radiose.

Abbiamo una sola vita da vivere! Pertanto, rappresentiamo il Dio di Abramo, Giacobbe e Isacco... presentando i nostri corpi, un sacrificio vivente, santo e gradito ai suoi occhi. Questo è il nostro servizio ragionevole interiore ed esteriore, irreprensibile in ogni cosa!

Quando disobbediamo alla Parola di Dio per orgoglio e ribellione, portiamo maledizioni su noi stessi, sui nostri figli e sui figli dei nostri figli. Lo si può vedere nelle azioni disobbedienti e ribelli di Eva; il risultato fu il diluvio che si abbatté sulla terra e tutto fu distrutto. Sansone e Saul, con la loro disobbedienza, portarono la distruzione su se stessi e sulla loro famiglia. La disobbedienza di Eli portò alla morte dei suoi figli e all'allontanamento dal sacerdozio.

La storia, attraverso la Parola di Dio, ci dice che prima della distruzione, la mentalità della razza umana era altezzosa, egocentrica e cercava il proprio piacere.

> *Inoltre, l'Eterno dice: "Perché le **figlie di Sion** sono altezzose, camminano con il collo teso e con gli occhi vogliosi, camminano e si muovono e fanno un tintinnio con i loro piedi": Perciò l'Eterno colpirà con una crosta la corona del capo delle figlie di Sion e l'Eterno scoprirà le loro parti segrete. In quel giorno il Signore toglierà loro l'ardimento dei loro ornamenti tintinnanti intorno ai piedi, i loro cauli, le loro gomme rotonde come la luna, le catene, i braccialetti, i manicotti, le cuffiette e gli ornamenti delle gambe, le fasce, le tavolette e gli orecchini, gli anelli e i gioielli per il naso, gli abiti mutevoli, i mantelli, i soggoli e gli spilloni, gli occhiali, il lino fine, i cappucci e le vele. E avverrà che al posto del dolce profumo ci sarà il fetore; al posto della cintura, una fessura; al posto dei capelli ben pettinati, la calvizie; al posto della panciera, una cintura di sacco; al posto della bellezza, il rogo. I tuoi uomini cadranno di spada e i tuoi potenti in guerra. Le sue porte si lamenteranno e faranno cordoglio; ed essa, essendo desolata, si siederà a terra. (Isaia 3:16-26)*

Le nostre scelte di vita sono molto importanti. Fare scelte basate sulla Bibbia e guidate dallo Spirito porterà benedizione a noi e ai nostri figli. Se scegliete di ribellarvi alla Parola di Dio e di cercare il vostro piacere egoistico, allora ripeterete la Storia di:

1. Eva disobbediente che portò il Diluvio.

E Dio vide che la malvagità dell'uomo era grande sulla terra e che ogni immaginazione dei pensieri del suo cuore era sempre e solo malvagia. E l'Eterno si pentì di aver creato l'uomo sulla terra e si addolorò in cuor suo. E l'Eterno disse: "Distruggerò l'uomo che ho creato dalla faccia della terra: l'uomo, la bestia, i rettili e gli uccelli del cielo, perché mi pento di averli creati". (Genesi 6:5-7)

2. La ribellione di Sodoma e Gomorra:

*Allora il Signore fece piovere su **Sodoma** e su Gomorra zolfo e fuoco dal cielo. (Genesi 19:24)*

Questi sono alcuni esempi tratti dalla Bibbia. Sapete di fare la differenza in questo mondo. Non volete far rivivere il male della storia antica.

Questo è ciò che Dio ha da dire sulla ribellione e sulla disobbedienza:

E manderò la spada, la carestia e la pestilenza in mezzo a loro, fino a consumarli dal paese che ho dato a loro e ai loro padri. (Geremia 24:10)

Ma agli obbedienti:

E tornerai a obbedire alla voce dell'Eterno e a eseguire tutti i suoi comandamenti che oggi ti ordino. E l'Eterno, il tuo Dio, ti renderà abbondante in ogni opera della tua mano, nel frutto del tuo lavoro e del tuo lavoro.
Nel corpo, nel frutto del tuo bestiame e nel frutto della tua terra, perché l'Eterno si rallegrerà di nuovo su di te per il bene, come si è rallegrato sui tuoi padri: Se darai ascolto alla voce dell'Eterno, il tuo Dio, per osservare i suoi comandamenti e i suoi statuti scritti in questo libro della legge, e se ti volgerai all'Eterno, il tuo Dio, con tutto il tuo cuore e con tutta la tua anima. Perché questo comandamento che oggi ti ordino, non ti è nascosto e non è lontano.
(Deuteronomio 30:8-11)

L'ho fatto "a Suo modo"

Capitolo 17
MINISTERO DEI VIAGGI: CHIAMATI A INSEGNARE E A DIFFONDERE IL VANGELO

Io non sono un ministro inteso come reverendo, pastore o predicatore. Quando riceviamo lo Spirito Santo e il fuoco, diventiamo ministri della Sua Parola per diffondere la Buona Novella. Ovunque vada, chiedo a Dio l'opportunità di essere una testimone e un'insegnante della Sua Parola. Uso sempre la Bibbia KJV, perché è l'unica fonte che agisce rapidamente sul cuore e sulla mente dell'uomo. Una volta che i semi sono stati piantati, è impossibile per Satana rimuoverli, se li innaffiamo continuamente con la preghiera.

Quando gli individui accettano questa meravigliosa verità, li metto in contatto con una chiesa locale, in modo che siano battezzati nel **_Nome di Gesù_** e possano essere seguiti da un pastore che resti in contatto con loro. È importante avere un pastore che nutra (insegni) la Parola di Dio e vegli su di loro.

*"Andate dunque e ammaestrate tutte le nazioni, battezzandole nel **nome del Padre e del Figlio e dello Spirito Santo**". (Matteo 28:19)*

"E vi darò pastori secondo il mio cuore, che vi nutriranno con conoscenza e intelligenza". (Geremia 3:15)

Quando il Signore ci dà istruzioni per fare la Sua volontà, può accadere ovunque e in qualsiasi momento. Le Sue vie possono non avere senso a volte, ma ho imparato per esperienza che questo non ha importanza per me. Dal momento in cui mi sveglio a quando esco di casa, non so mai cosa Dio ha preparato per me. Come credenti, dobbiamo crescere nella nostra fede attraverso lo studio della Parola, in modo da diventare insegnanti maturi. Continuiamo a raggiungere livelli più alti di maturità non perdendo mai l'opportunità di testimoniare agli altri, soprattutto quando Dio ci apre la porta.

"Infatti, quando dovreste essere maestri, avete bisogno che uno vi insegni di nuovo quali sono i primi principi degli oracoli di Dio; e siete diventati come quelli che hanno bisogno di latte e non di carne forte. Perché chi usa il latte non è esperto nella parola di giustizia, perché è un bambino. Ma la carne forte appartiene a quelli che hanno raggiunto la piena età, a quelli che a causa dell'uso hanno i sensi esercitati per discernere il bene e il male". (Ebrei 5:12-14)

In questo capitolo condivido con voi alcune delle mie esperienze di viaggio, con l'aggiunta di alcuni punti storici importanti che sono stati inseriti per spiegare le credenze della Chiesa primitiva e della dottrina successiva.

Dio mi riportò a visitare la California, attraverso un "piano di volo illogico". A causa di problemi di salute, preferisco sempre i voli diretti. Questa volta acquistai un volo da Dallas - Ft. Worth, Texas, a Ontario, California, con scalo a Denver, Colorado. Non so spiegare perché lo feci, ma in seguito ne capii il senso. Mentre ero in aereo, feci presente alla hostess che avevo dei dolori, e mi sedetti vicino a un bagno. Durante l'ultima parte del volo, le chiesi se poteva trovarmi un posto dove sdraiarmi. Mi portò in fondo all'aereo, e il dolore si attenuò. La hostess tornò a vedere come mi sentivo e mi disse di aver pregato per me. Il Signore mi stava aprendo la porta per condividere ciò che aveva fatto per me. Le raccontai delle mie ferite, delle mie malattie e delle mie guarigioni. Era così stupita che avessi sopportato tutto questo senza medicine e confidando solo in Dio. Mentre parlavamo della Bibbia, mi disse che non aveva mai sentito dire che qualcuno potesse ricevere lo Spirito Santo. Le spiegai che, secondo le Scritture, è possibile riceverlo anche oggi. Le dissi il motivo per cui avevo lasciato la mia casa in India: quando cerchiamo Dio con tutto il cuore, Egli risponderà alle nostre preghiere. Fu molto gentile e premurosa con me, proprio come molte altre volte quando avevo volato; sembra che io abbia sempre trovato qualcuno sui voli che mi mostrasse gentilezza e attenzione. Continuai a parlarle dello Spirito Santo e delle prove del parlare in lingue. Lei disse categoricamente di non crederci. Le parlai del battesimo nel Nome del Signore Gesù e ammise di non aver mai sentito parlare nemmeno di questo. Il battesimo degli apostoli di cui si parla in Atti, capitolo 2, non è predicato dalla maggior parte delle chiese, poiché la maggior parte di esse ha adottato la dottrina trinitaria delle tre persone nella Divinità e invoca i titoli di: Padre, Figlio e Spirito Santo, quando si battezza.

*"Poi Gesù venne e parlò loro dicendo: "Mi è stato dato ogni potere in cielo e in terra. Andate dunque e ammaestrate tutte le nazioni, battezzandole nel **nome** del Padre, del Figlio e dello Spirito Santo"".(Matteo 28:18-19)*

Quando i discepoli battezzavano nel nome di Gesù, stavano compiendo il battesimo del Padre, del Figlio e dello Spirito Santo nel momento in cui la persona entrava in acqua immergendosi completamente. Non si trattava di uno sbaglio, ma di adempiere a ciò che Gesù aveva comandato loro di fare, come mostrano le Scritture.

*Perché tre sono i segni nei cieli: il Padre, la Parola e lo Spirito Santo; e questi **tre sono uno**. (1 Giovanni 5:7)*

(Questo passo è stato rimosso dalla NIV e da tutte le traduzioni moderne della Bibbia).

*"Ora, all'udire questo, si sentirono pungere il cuore e dissero a Pietro e agli altri apostoli: "Uomini e fratelli, che cosa dobbiamo fare?" Allora Pietro disse loro: "Pentitevi e ciascuno di voi sia battezzato nel **nome di Gesù Cristo** per la remissione dei peccati e riceverete il dono dello Spirito Santo"". (Atti 2:37-38)*

*"All'udire ciò, furono **battezzati nel nome del Signore Gesù**. E quando Paolo ebbe imposto loro le mani, lo Spirito Santo venne su di loro; ed essi parlarono con le lingue e profetizzarono. E tutti gli uomini erano circa dodici". (Atti 19:5-7)*

> *"Poiché li udirono parlare con le lingue e magnificare Dio". Allora Pietro rispose: "Può forse qualcuno proibire l'acqua, affinché questi non siano battezzati, che hanno ricevuto lo Spirito Santo come noi? Ed egli comandò loro di essere **battezzati nel nome del Signore**. Poi lo pregò di fermarsi alcuni giorni". (Atti 10:46-48)*

Gli apostoli non disobbedirono a Gesù. Il giorno di Pentecoste fu l'inizio dell'era della Chiesa, dopo che Gesù era risorto dai morti ed era stato accolto nella gloria. Egli era apparso agli apostoli e li aveva rimproverati per la loro incredulità ed era rimasto con loro 40 giorni. Durante questo periodo, Gesù insegnò loro molte cose. La Bibbia dice che i credenti devono essere battezzati.

> *"In seguito apparve agli undici, mentre sedevano a tavola, e li rimproverò per la loro incredulità e durezza di cuore, perché non avevano creduto a coloro che lo avevano visto dopo la sua risurrezione. E disse loro: "Andate in tutto il mondo e predicate il Vangelo a ogni creatura. Chi crederà e sarà battezzato sarà salvato; ma chi non crederà sarà dannato". (Marco 16:14-16)*

In seguito l'uomo adottò diverse formule battesimali, tra cui l'"aspersione" invece dell'immersione completa. (Alcuni sostengono che la Bibbia non dice che non si può aspergere e che la Chiesa romana battezzava i neonati). Il battesimo nel nome di Gesù è stato cambiato dalla Chiesa romana quando ha adottato la visione trinitaria.

Prima di continuare, vorrei dire che non metto in dubbio la sincerità di molti meravigliosi credenti che cercano un cammino personale con il Signore, che amano Dio e che credono a ciò che ritengono essere il primo insegnamento biblico. Ecco perché è così importante leggere e studiare le Scritture da soli, compresa la storia della dottrina della Chiesa apostolica primitiva della Bibbia. "La dottrina della Chiesa va in apostasia".

Apostasia significa allontanarsi dalla verità. Un apostata è una persona che una volta ha creduto e poi ha rifiutato la verità di Dio.

Nel 312 d.C., quando Costantino era imperatore, il cristianesimo fu adottato da Roma come religione preferita. Costantino annullò i decreti di persecuzione di Diocleziano (latino: Gaius Aurelius Valerius Diocletianus Augustus;) iniziati nel 303 d.C.. Diocleziano fu imperatore romano dal 284 al 305 d.C.. I decreti di persecuzione tolsero i diritti ai cristiani e chiesero loro di seguire le "pratiche religiose tradizionali", che includono il sacrificio agli dei romani. Questa fu l'ultima persecuzione ufficiale del cristianesimo, insieme alle uccisioni e al terrore di coloro che non si adeguavano. Costantino "cristianizzò" l'Impero romano e ne fece la religione di Stato, cioè la religione ufficiale. Sotto il suo governo incoraggiò anche le religioni pagane a Roma. Questo rafforzò il piano di Costantino di unificare e pacificare il suo impero. In questo modo, la "Roma cristianizzata" e una chiesa politica furono messe al potere. Con tutto ciò, Satana aveva progettato un piano potentissimo per corrompere la Chiesa dall'interno e la Chiesa primitiva non fu riconosciuta da nessuna parte. Il cristianesimo fu degradato, contaminato e indebolito da un sistema pagano che si unì al sistema politico mondiale di quel tempo. Secondo questo sistema, il battesimo faceva di chiunque un cristiano ed essi introdussero nella chiesa la loro religione pagana, i loro santi e le loro immagini. In una fase successiva, nel loro concilio fu stabilita anche la dottrina della Trinità. La Chiesa apostata non riconobbe più, non predicò e non pensò più all'importanza dello Spirito Santo o del parlare in lingue. Nel 451 d.C., al Concilio di Calcedonia, con l'approvazione del Papa, il Credo di Nicea/Costantinopoli fu stabilito come autorevole. A nessuno fu permesso di discutere sulla questione. Parlare contro la Trinità era ora considerato una bestemmia. A chi disobbediva venivano annunciate dure condanne, dalla mutilazione alla morte. Tra i cristiani nacquero differenze di credo che portarono alla mutilazione e al massacro di migliaia di persone. I veri credenti non avevano altra scelta che nascondersi dai loro persecutori che massacravano in nome del cristianesimo.

Dissi alla hostess che la credenza della trinità proveniva dai Gentili che non conoscevano le ordinanze, le leggi e i comandamenti di Dio e fu stabilita nel 325 d.C. quando il Primo Concilio di Nicea stabilì la dottrina della trinità come ortodossa e adottò il Credo di Nizza della Chiesa romana.

La Trinità è stata messa insieme dopo che trecento vescovi si sono riuniti e l'hanno elaborata in un periodo di 6 settimane.

Nessuno potrà mai cambiare un comandamento! La Chiesa primitiva, nel libro degli Atti, iniziò sulla base della credenza veterotestamentaria dell'assoluta unicità di Dio e della rivelazione neotestamentaria di Gesù Cristo come unico Dio incarnato. Il Nuovo Testamento era stato completato e l'ultimo degli apostoli era morto verso la fine del primo secolo. All'inizio del IV secolo, la dottrina primaria di Dio nella cristianità era passata dall'Unità biblica di Dio a un apparente trinitarismo.

Mi meraviglio che vi siate così presto allontanati da colui che vi ha chiamati nella grazia di Cristo per passare a un altro vangelo: Che non è un altro, ma ci sono alcuni che vi disturbano e vogliono pervertire il vangelo di Cristo. Ma se noi, o un angelo dal cielo, vi predicasse un vangelo diverso da quello che vi abbiamo predicato, sia maledetto. Come abbiamo detto prima, lo ripeto ora: se qualcuno vi predica un vangelo diverso da quello che avete ricevuto, sia maledetto.
(Galati 1:6-9)

Gli scrittori dell'età post-apostolica (90-140 d.C.) erano fedeli al linguaggio biblico, a come veniva usato e pensato. Credevano nel monoteismo, cioè nella divinità assoluta di Gesù Cristo e nella manifestazione di Dio nella carne.

Ascolta, o Israele: <u>Il Signore nostro Dio è un solo Signore</u>"
(Deuteronomio 6:4).

*E senza dubbio grande è il mistero della pietà: **<u>Dio si è manifestato nella carne</u>**, è stato giustificato nello Spirito, è stato visto dagli angeli, è stato predicato ai gentili, è stato creduto nel mondo, è stato accolto nella gloria.*
(1 Timoteo 3:16)

Essi attribuivano grande importanza al nome di Dio e credevano nel battesimo nel nome di Gesù. I primi convertiti della Chiesa erano ebrei; sapevano che Gesù era "L'Agnello di Dio". Egli si è vestito di carne per poter versare il sangue.

*"Badate dunque a voi stessi e a tutto il gregge, di cui lo Spirito Santo vi ha costituiti sorveglianti, **per pascere la Chiesa di Dio**, che egli si è acquistata con il **proprio sangue**" (Atti 20:28).*

Il nome Gesù significa: in Ebraico Yeshua, in greco Yesous, in inglese Jesus. Ecco perché Gesù ha parlato.

Gesù gli disse: "Sono stato tanto tempo con voi e non mi hai ancora conosciuto, Filippo? Chi ha visto me ha visto il Padre; e allora come fai a dire: Mostraci il Padre?" (Giovanni 14:9)

Non sostenevano alcuna idea di trinità, né il linguaggio trinitario adottato in seguito dalla Chiesa di Roma. Sebbene la maggior parte delle chiese cristiane oggi segua la dottrina della trinità, nella Chiesa primitiva prevale ancora la dottrina apostolica del giorno di Pentecoste. Dio ci ha avvertiti di non allontanarci dalla fede. C'è un solo Dio, una sola fede e un solo battesimo.

*"Un solo Signore, una sola fede, **un solo battesimo**, un solo Dio e Padre di tutti, che è al di sopra di tutti, attraverso tutti e in tutti voi". (Efesini 4:5-6)*

*E Gesù gli rispose: "Il primo di tutti i comandamenti è: "Ascolta, o Israele: **il Signore nostro Dio è un solo Signore**"". (Marco 2:29)*

*"Eppure io sono l'Eterno, il tuo Dio, dal paese d'Egitto, e tu non conoscerai altro dio all'infuori di me, perché **non c'è salvatore all'infuori di me**". (Osea 13:4)*

Il cristianesimo si è allontanato dal concetto di unicità di Dio e ha adottato la confusa dottrina della trinità, che continua a essere fonte di controversie all'interno della religione cristiana. La dottrina della Trinità afferma che Dio è l'unione di tre persone divine: il Padre, il Figlio e lo Spirito Santo. Si allontanò dalla verità e iniziò a vagare.

L'ho fatto "a Suo modo"

Quando questa pratica della dottrina della Trinità è iniziata, ha nascosto il "Nome di Gesù" dall'essere applicato nel Battesimo. Il nome di GESÙ è così potente perché con questo nome siamo salvati.

Non c'è salvezza in nessun altro nome se non in quello di Gesù:

> *E non c'è salvezza in nessun altro, perché* **non c'è altro nome** *sotto il cielo dato agli uomini per cui dobbiamo essere salvati. (Atti 4:12)*

C'erano cristiani ebrei e Gentili che non volevano assumere questo battesimo dei titoli (Padre, Figlio e Spirito Santo). L'era della Chiesa entrò nell'apostasia. (Che cosa significa? allontanamento dalla verità).

L'apostasia è una ribellione a Dio perché è una ribellione alla verità.

Confrontiamo ciò che le Bibbie NASB e KJV dicono su questa importante questione.

La frase sottolineata è stata rimossa dalla NIV, dalla NASB e da altre traduzioni della Bibbia.

> *"Nessuno vi inganni in alcun modo, perché esso [il ritorno di Gesù] non avverrà se prima non verrà l'***apostasia*** e non si manifesterà l'uomo dell'illegalità, il figlio della distruzione" (2 Tessalonicesi 2:3,* **versione NASB)***.*

> *"Nessuno vi inganni in alcun modo, perché quel giorno (il ritorno di Gesù) non verrà,* **se prima non ci sarà una caduta** *e non sarà rivelato l'uomo del peccato, il figlio della perdizione".*
> *(2 Tessalonicesi 2:3* **Versione KJ***)*

La hostess si mostrò molto interessata a ciò che le stavo insegnando. Tuttavia, a causa dei limiti di tempo, le spiegai l'Unità di Dio per farle comprendere appieno il concetto nel breve tempo a mia disposizione.

> *"Guardatevi dal rovinarvi con la filosofia e con vani inganni, secondo la tradizione degli uomini, secondo i rudimenti del mondo e non secondo Cristo. Perché in lui abita tutta la pienezza della Divinità".*
> *(Colossesi 2:8-9)*

L'ho fatto "a Suo modo"

Sede di Satana (nota anche come Pergamo, Pergos o Pergemone):

Spiegai alla hostess anche il ruolo chiave che il Paese della Turchia svolge nel nostro tempo moderno e finale. Pergamo o Pergamum era un'antica città greca nell'odierna Turchia che divenne la capitale del Regno di Pergamo durante il periodo ellenistico sotto la dinastia degli Attalidi, dal 281 al 33 a.C.. La città sorge su una collina dove si trova il tempio del dio principale Esculapio. C'è una sua statua seduto mentre regge un bastone con un serpente che si arriccia intorno ad esso. Il Libro dell'Apocalisse parla di Pergamo, una delle Sette Chiese. Giovanni di Patmos la definisce "sede di Satana" nel suo Libro dell'Apocalisse.

E all'angelo della chiesa di Pergamo scrivi: "Queste cose dice colui che ha la spada affilata a due tagli: io conosco le tue opere e il luogo in cui abiti, anche dove si trova la **sede di Satana***; e tu tieni saldo il mio nome e non hai rinnegato la mia fede, neppure in quei giorni in cui Antipa, il mio fedele martire, fu ucciso in mezzo a voi, dove Satana abita. Ma ho qualche cosa contro di te, perché tu hai là quelli che tengono la dottrina di Balaam, il quale insegnò a Balac a gettare una pietra d'inciampo davanti ai figli d'Israele, a mangiare cose sacrificate agli idoli e a commettere fornicazione". (Apocalisse 2:12-14)*

Perché questa città è così importante oggi? Il motivo è che quando Ciro il Grande conquistò Babilonia nel 457 a.C., egli impose al sacerdozio pagano babilonese di fuggire verso ovest, a PERGAMOS, nell'attuale Turchia.

Nota: dobbiamo guardare a Israele e all'adempimento della profezia. Non c'è da stupirsi se il 6 luglio 2010, a Madrid, in Spagna, il presidente siriano Assad ha avvertito che Israele e Turchia sono prossimi alla guerra? L'amato Israele di Dio e il Trono (della Sede) di Satana che si uniscono nelle notizie di oggi.

Dopo aver parlato di Pergamo con la hostess della compagnia aerea, iniziai a insegnare la Nuova nascita. Non aveva mai sentito nessuno parlare in lingue (Spirito Santo). Le diedi tutte le informazioni, le Scritture e un elenco di dove poteva trovare una chiesa credente nella Bibbia. Era così entusiasta di questa verità e rivelazione. Ora capivo perché avevo inspiegabilmente acquistato un volo non diretto per la California. Dio sa sempre cosa sta facendo e ho imparato che non sempre conosco il Suo intento, ma che in seguito posso guardarmi indietro e vedere che aveva un piano da sempre. Appena arrivata in California, scesi dall'aereo senza dolori e senza febbre.

La domanda: Che cos'è l'apostolato?

Ero su un altro volo da Dallas-Ft. Worth a Ontario, in California. Dopo aver fatto un breve pisolino, notai che la signora accanto a me stava leggendo. Cercava di guardare fuori, ma aveva qualche difficoltà, così sollevai la tendina del mio finestrino e lei ne fu felice. Cercavo un'occasione per parlare con lei e questo gesto diede inizio alla nostra conversazione che è durata quasi un'ora. Iniziai a raccontarle la mia testimonianza.

Mi disse che avrebbe visto il video della testimonianza quando si sarebbe registrata al motel. Cominciammo a parlare di chiesa quando mi confessò che ci andava solo una volta ogni tanto. Mi disse anche che era sposata e aveva due figlie. Le dissi allora che io frequentavo una chiesa pentecostale apostolica. A questo punto notai che i suoi occhi si spalancarono. Mi disse che recentemente lei e suo marito avevano visto un cartellone pubblicitario che parlava di una Chiesa apostolica. Non sapevano cosa significasse quella parola (apostolica), disse. Le spiegai che si trattava della dottrina stabilita da Gesù in Giovanni 3:5 e applicata nel libro degli Atti che descrive la chiesa primitiva dell'era apostolica. Credo fermamente che Dio mi abbia messo accanto a questa signora proprio per rispondere a questa domanda. Fu una coincidenza troppo grande per essere casuale.

Età apostolica:

Si presume che Cristo sia nato prima del 4 a.C. o dopo il 6 d.C. e sia stato crocifisso tra il 30 e il 36 d.C., all'età di 33 anni. Pertanto, la fondazione della Chiesa cristiana è stata stimata per la festa di Pentecoste, nel maggio del 30 d.C.

L'età apostolica copre circa 70 anni (30-100 d.C.), dal giorno della Pentecoste alla morte dell'apostolo Giovanni.

L'ho fatto "a Suo modo"

Dalla stesura delle epistole di Giovanni, il primo secolo si stava allontanando dalla verità. Le tenebre entrarono nelle chiese del primo secolo. A parte questo, sappiamo molto poco di questo periodo della storia della Chiesa. Il libro degli Atti (2:41) riporta la conversione pentecostale di tremila persone in un giorno a Gerusalemme. La storia parla di un omicidio di massa sotto Nerone. I convertiti cristiani erano per lo più persone di classe media e bassa, come analfabeti, schiavi, commercianti, ecc. Si stima che, al momento della conversione di Costantino, il numero di cristiani sotto questo decreto romano possa aver raggiunto più di undici milioni, un decimo della popolazione totale dell'Impero Romano, il che rappresenta un successo massiccio e rapido per il cristianesimo. Ne conseguì un trattamento crudele dei cristiani che vivevano in un mondo ostile.

Gesù ha insegnato che dobbiamo amarci l'un l'altro come noi stessi e che la salvezza e il pentimento del peccato avverranno nel Suo nome.

> *E che nel suo nome fossero predicati il pentimento e la remissione dei peccati tra tutte le nazioni, cominciando da Gerusalemme.*
> *(Luca 24:47)*

Gli apostoli presero gli insegnamenti di Gesù e li applicarono il giorno di Pentecoste, poi andarono a predicare Gesù prima agli ebrei e poi ai gentili.

> *"Fate dunque attenzione a voi stessi e a tutto il gregge, di cui lo Spirito Santo vi ha costituiti sorveglianti, **per pascere la Chiesa di Dio, che egli si è acquistata con il proprio sangue**. So infatti che, dopo la mia partenza, entreranno in mezzo a voi lupi feroci che non risparmieranno il gregge. Anche da voi stessi sorgeranno uomini che diranno cose perverse, per attirare discepoli dietro di sé. Perciò vegliate e ricordate che per tre anni non ho cessato di avvertire ciascuno di voi notte e giorno con lacrime". (Atti 20:28-31)*

Non tutti si sottomisero al decreto di Costantino sull'Impero Romano.

C'erano quelli che seguivano l'insegnamento originale degli Apostoli, che non avrebbero accettato la "conversione" stabilita nel decreto di Costantino. Quest'ultimo includeva le tradizioni religiose create durante

L'ho fatto "a Suo modo"

i concili della Chiesa romana e le modifiche apportate che distorcevano la verità della Chiesa primitiva. Queste persone che hanno composto i concili che hanno progettato il decreto di Costantino non erano veri credenti rinati.

È per questo che oggi molte chiese si definiscono apostoliche o pentecostali, seguendo gli insegnamenti degli apostoli.

"Non sono stati chiamati molti sapienti secondo la carne, né molti potenti, né molti nobili, ma Dio ha scelto le cose stolte del mondo per mettere in imbarazzo quelle sapienti; e Dio ha scelto le cose deboli del mondo per mettere in imbarazzo quelle forti; e ha scelto le cose basse del mondo e le cose disprezzate, sì, e le cose che non sono, per far fallire quelle che sono; affinché nessuna carne si glori davanti a Dio".
(1 Cor. 1:26-29)

Interreligiosità

Oggi abbiamo una nuova minaccia contro i principi di Dio. Si chiama "interreligiosità". Questa afferma che il rispetto di **tutti gli dei** è importante. La lealtà e la riverenza divise sono accettabili per gli interconfessionali. Possiamo avere rispetto l'uno per l'altro come individui e amarci l'un l'altro, anche quando non siamo d'accordo; tuttavia, la Bibbia è chiara come il cristallo sulla "gelosia di Dio" che richiede una devozione esclusiva a Lui, mentre dare riverenza ad altri dei è un'insidia.

"Guardati bene dal fare un'alleanza con gli abitanti del paese dove vai, perché non sia un'insidia in mezzo a te; ma distruggerai i loro altari, spezzerai le loro immagini e abbatterai i loro boschetti: Non adorerai nessun altro dio, perché l'Eterno, il cui nome è Geloso, è un Dio geloso: Per evitare che tu faccia un patto con gli abitanti del paese ed essi vadano a caccia dei loro dèi e sacrifichino ai loro dèi, e che uno ti chiami e tu mangi del suo sacrificio". ***(Esodo 34:12-15)***

Il diavolo ha escogitato l'ingannevole credenza dell'"interreligiosità" per ingannare proprio gli eletti. Sa come manipolare l'uomo moderno con il suo dispositivo di correttezza politica, quando in realtà si sta stringendo un'alleanza riconoscendo o dando riverenza ai loro falsi dei, idoli e immagini.

Capitolo 18

MINISTERO DI MUMBAI, INDIA, "UN UOMO DI GRANDE FEDE"

Qualche tempo prima del 1980, mi recai a Mumbai, in India, per ottenere un visto che mi permettesse di viaggiare al di fuori del Paese. Mentre attraversavo Mumbai in treno, notai che stavamo attraversando una zona di baraccopoli con persone e capanne molto povere. Non avevo mai visto condizioni di vita così deplorevoli, con persone che vivevano in un'orrenda povertà.

All'inizio di questo libro ho detto che sono cresciuta in una famiglia rigidamente religiosa. Mio padre era un medico e mia madre un'infermiera. Sebbene fossimo religiosi e leggessi molto la Bibbia, in quel periodo della mia vita non avevo lo Spirito Santo con me. Il mio cuore era addolorato quando il peso del Signore si posò su di me. Da quel giorno in poi, ho portato questo fardello anche per queste persone che erano senza speranza in quelle baraccopoli. Non volevo che nessuno vedesse le mie lacrime, così abbassai la testa nascondendo il viso. Volevo solo addormentarmi, ma la mia pesantezza per queste persone sembrava più grande di una nazione. Pregai chiedendo a Dio: "Chi andrà a predicare il Vangelo a queste persone?". Pensavo che avrei avuto paura di venire io stessa in questa zona. A quel tempo non capivo che la mano di Dio era così grande da poter raggiungere chiunque, ovunque. Non sapevo allora che Dio mi avrebbe riportata in questo luogo negli anni a venire. Tornata in America, 12 anni dopo, la mia sofferenza per le persone che vivono nelle baraccopoli di Mumbai era ancora nel mio cuore.

L'usanza indiana, e quella della nostra famiglia, era di ricevere sempre i ministri nella nostra casa, di dar loro da mangiare, di provvedere alle loro necessità e di fare loro una donazione. Ero stata una metodista, ma ora avevo ricevuto la rivelazione della verità e non c'erano compromessi. La mia famiglia aspettava l'arrivo di un ministro indiano in visita in America. Aspettammo, ma non arrivò in tempo. Dovetti andare al lavoro e persi l'opportunità di incontrarlo, ma mia madre mi disse in seguito che era molto genuino. L'anno successivo, nel 1993, lo stesso ministro venne una seconda volta a casa nostra a West Covina, in California. Questa volta mio fratello gli disse che doveva incontrare sua sorella perché era fedele alla Parola di Dio, e la famiglia rispettava la sua fede e il suo credo in Dio. Questo fu il giorno in cui incontrai il pastore Chacko. Iniziammo a discutere del battesimo e della sua fede nella Parola di Dio. Egli mi disse che battezzava per immersione completa nel nome di Gesù e che non sarebbe sceso a compromessi con nessun altro tipo di battesimo. Fui molto contenta ed emozionata nel sapere che quest'uomo di Dio lo faceva nel modo biblico della chiesa apostolica primitiva. Mi rivolse poi un invito a visitare Mumbai, in India, dove vive.

Raccontai al mio parroco della forte convinzione del pastore Chacko sulla Parola di Dio e della sua visita a casa nostra. Quella sera, quest'ultimo venne a visitare la nostra chiesa e il mio pastore gli chiese di dire qualche parola davanti alla congregazione. C'era un grande interesse per l'opera che il pastore Chacko stava svolgendo a Mumbai, tanto che la mia chiesa iniziò a sostenerlo finanziariamente e con le nostre preghiere. La nostra chiesa aveva una mentalità missionaria, e abbiamo sempre pagato la missione come le decime. È stato sorprendente come ogni pezzo abbia cominciato ad incastrarsi al posto gusto, e Mumbai aveva ora il sostegno della mia chiesa locale in California.

L'anno successivo, Dio mi mandò in India, così accettai l'offerta del pastore Chacko di visitare la chiesa e la sua famiglia a Mumbai. Quando arrivai, il pastore Chacko venne a prendermi all'aeroporto e mi portò in albergo. Era anche il luogo in cui si riunivano per la chiesa e la stessa baraccopoli che avevo attraversato in treno nel 1980. Era il 1996 e la mia

L'ho fatto "a Suo modo"

preghiera di speranza per queste anime belle era stata esaudita. Il pastore Chacko fu molto ospitale e condivise con me il suo fardello e il desiderio di costruire una chiesa. Potei visitare altre chiese e mi venne chiesto di parlare davanti alla congregazione prima di partire per la mia città di destinazione, Ahmadabad. Le condizioni di vita della chiesa di Mumbai mi rattristarono molto. Un padre cattolico aveva dato un'aula al pastore Chacko per il servizio domenicale.

La gente era molto povera, ma ebbi la gioia di assistere ai piccoli e bellissimi bambini che lodavano e servivano Dio. Mangiavano insieme con solo un piccolo pezzo di pane che veniva passato e acqua da bere. Fui mossa dalla compassione di comprare loro del cibo e chiesi loro di darmi una lista di cose di cui avevano bisogno. Feci tutto il possibile per soddisfare i bisogni di quella lista. Mi graziarono con le loro preghiere dopo il mio lungo volo per l'India. Un fratello della Chiesa pregò su di me e sentii il potere dello Spirito Santo come un'elettricità che arrivò all'istante sul mio corpo indebolito e insonne. Mi sentii rinvigorita, la forza tornò e il dolore scomparve in tutto il corpo. Le loro preghiere furono così potenti che venni benedetta al di là di qualsiasi cosa possa spiegare. Mi diedero più di quello che avevo dato loro. Prima di tornare in America, lasciai Ahmadabad e tornai a Mumbai, per visitare ancora una volta il pastore Chacko. Gli diedi tutte le rupie che mi erano rimaste come donazione per lui e la sua famiglia.

Per fortuna, mi raccontò di sua moglie, la quale si vergognava molto quando passava davanti al negozio dove avevano un debito. Camminava con la testa vergognosamente rivolta verso il basso perché non erano in grado di pagare il debito. Il pastore Chacko mi parlò anche dell'istruzione di suo figlio. Le tasse scolastiche erano in scadenza e il ragazzo non avrebbe potuto continuare la scuola. Capii che la situazione era opprimente per la famiglia. Dio mi spinse a donare, e il dono che feci fu più che sufficiente per occuparsi di entrambi i problemi e di molto altro ancora. Lode a Dio!

"Difendi il povero e l'orfano, rendi giustizia all'afflitto e al bisognoso. Liberate il povero e il bisognoso, liberateli dalla mano dell'empio".
(Salmi 82:3-4)

Quando tornai in California, pregai e piansi per questa piccola chiesa e per la sua gente. Ero così affranta che chiesi a Dio di fare un accordo su due o tre persone, affinché gli desse qualsiasi cosa chiedessero.

"In verità vi dico che tutto ciò che legherete sulla terra sarà legato in cielo; e tutto ciò che scioglierete sulla terra sarà sciolto in cielo. E vi dico anche che se due di voi si accorderanno sulla terra su qualsiasi cosa chiedano, sarà fatto per loro dal Padre mio che è nei cieli. Perché dove due o tre sono riuniti nel mio nome, io sono in mezzo a loro".
(Matteo 18:18-20)

Il mio fardello e la mia preoccupazione erano di aiutare la Chiesa di Dio a Mumbai, ma avevo bisogno di condividere la mia sofferenza con qualcuno. Un giorno la mia collega, Karen, mi chiese come facevo a pregare per così tanto tempo. Le chiesi se volesse imparare a pregare per periodi più lunghi, costruendo la sua vita sulla preghiera e digiunando con me. Accettò gentilmente e diventò la mia compagna di preghiera. Karen condivideva anche la mia pena per Mumbai. Quando iniziammo a pregare e a digiunare, divenne desiderosa di pregare più a lungo e di digiunare di più. All'epoca non frequentava alcuna chiesa, ma era molto seria e sincera in ciò che faceva spiritualmente. Pregavamo durante la pausa pranzo, e dopo il lavoro ci incontravamo per pregare per un'ora e mezza in macchina. Qualche mese dopo, Karen mi disse che aveva ricevuto del denaro dall'assicurazione perché suo zio era morto. Karen fu molto gentile e generosa e mi disse che voleva pagare la decima con questo denaro, donandola al ministero di Mumbai. Il denaro fu inviato al pastore Chacko per l'acquisto di una struttura dove poter avere la propria chiesa. Acquistarono una piccola stanza che era stata usata per il culto satanico. La ripulirono e la restaurarono per farne la loro chiesa. L'anno successivo Karen e io andammo a Mumbai per l'inaugurazione della chiesa. Si trattò di una preghiera esaudita, perché Karen, che ora serve il Signore, fu forte nella fede. Lode a Dio!

Poiché la chiesa di Mumbai stava crescendo, il pastore Chacko chiese una donazione per acquistare un piccolo lotto accanto alla chiesa. Egli aveva grande fiducia nella crescita di questa e nell'opera di Dio. Questo terreno apparteneva alla Chiesa cattolica. Il pastore Chacko e il sacerdote avevano un rapporto amichevole e quest'ultimo era disposto a vendere il lotto al pastore Chacko, il quale però non ricevette la donazione che

L'ho fatto "a Suo modo"

credeva Dio avrebbe fornito. Dio sa tutto e fa le cose a modo Suo e meglio di quanto possiamo immaginare!

Qualche anno dopo, in tutta l'India si verificarono tumulti tra indù e cristiani. Gli indù cercavano di sbarazzarsi dei cristiani dall'India. I rivoltosi entrarono in chiesa durante la mattina con la polizia che li sosteneva. Iniziarono a distruggere la chiesa, ma il pastore Chacko e i membri della chiesa li pregarono di non farlo per il loro stesso bene, perché era pericoloso per loro distruggere la Casa di Dio Onnipotente. I rivoltosi continuarono a distruggere tutto ciò che vedevano, senza tener conto degli avvertimenti e delle suppliche della gente, finché la chiesa non fu completamente demolita. Per il resto della giornata, i membri della chiesa ebbero paura di questo gruppo molto noto e feroce, perché sapevano che le loro stesse vite erano in pericolo.

Provarono la tristezza di non avere più la loro chiesa dopo aver pregato a lungo per avere un luogo tutto loro dove adorare Dio. Quello era il luogo in cui avevano visto Dio compiere miracoli, scacciare demoni e predicare la salvezza ai peccatori. Quella stessa notte, a mezzanotte circa, bussarono alla porta del pastore Chacko. La paura lo colpì quando vide che si trattava del leader del famigerato gruppo che aveva distrutto la chiesa. A quel punto pensò che sarebbe stato ucciso di sicuro e che sarebbe stata la sua fine. Pregò chiedendo a Dio di dargli il coraggio di aprire la porta e di proteggerlo. Quando la aprì, con sua grande sorpresa, si trovò davanti l'uomo con le lacrime agli occhi, chiedendogli di perdonarli per ciò che avevano fatto quel giorno alla sua chiesa.

L'uomo continuò a raccontare al pastore Chacko che, dopo la distruzione della stessa, la moglie del leader era morta. A uno dei rivoltosi era stata tagliata la mano da una macchina. Le cose si stavano mettendo male per le persone che avevano distrutto la chiesa. C'era paura tra i rivoltosi per quello che avevano fatto contro il pastore Chacko e il suo Dio! Dio ha detto che avrebbe combattuto le nostre battaglie e così ha fatto. I religiosi indù e cristiani in India sono persone che temono Dio e che farebbero di tutto per sistemare le cose. A causa di ciò che stava accadendo agli indù per aver partecipato alla distruzione della chiesa, gli stessi rivoltosi tornarono per ricostruire la struttura per paura. Si impossessarono anche delle proprietà che appartenevano alla Chiesa cattolica. Nessuno si oppose o protestò. I rivoltosi stessi ricostruirono la chiesa, fornendo i materiali e tutta la manodopera senza l'aiuto della Chiesa. Quando questa fu completata, era più grande, con due piani invece di uno.

Dio aveva risposto alla preghiera del pastore Chacko ed egli affermò: "Gesù non fallisce mai". Continuammo a pregare per Mumbai. Oggi ci sono cinquantadue chiese, un orfanotrofio e due asili, grazie alla fede e alle preghiere di molti che hanno un interesse per l'India. Iniziai a pensare a come il mio cuore fosse stato profondamente toccato mentre ero su quel treno nel 1980. Non sapevo che Dio aveva messo gli occhi su questa parte del mio Paese e che aveva portato amore e speranza alla gente delle baraccopoli di Mumbai attraverso preghiere infallibili e un Dio che ascolta il cuore. All'inizio ho detto che la mia pena era grande come una nazione. Apprezzo Dio per avermi dato questo fardello. Dio è il grande stratega. Non è successo all'istante, ma nel corso di 16 anni sono accadute cose a me sconosciute, mentre Lui gettava le basi per i risultati delle preghiere esaudite, il tutto mentre vivevo in America.

La Bibbia dice di pregare senza sosta. Ho pregato con costanza e digiunato per il risveglio in tutta l'India. Il mio Paese stava vivendo una metamorfosi spirituale per il Signore Gesù.

Il sito web del pastore Chacko è: http://www.cjcindia.org/index.html

Capitolo 19

MINISTERO IN GUJARAT!

Alla fine degli anni '90 visitai la città di Ahmedabad, nello Stato del Gujarat. Durante la mia ultima visita a Mumbai, in India, provai un senso di soddisfazione per il lavoro svolto in quella città. Più tardi, durante quel viaggio, visitai la città di Ahmedabad e fui testimone. Sapevo che la maggior parte della gente era trinitaria. Tutti i miei contatti erano trinitari. Pregai per molti anni di portare questa verità nel Paese indiano. La mia prima preghiera fu rivolta verso la conquista di qualcuno come Paolo o Pietro, così che il mio lavoro sarebbe diventato più facile e avrebbe potuto continuare. Prego sempre con un piano e una visione. Prima di visitare qualsiasi luogo, prego e digiuno, soprattutto quando vado in India. Prego e digiuno sempre per tre giorni e tre notti senza cibo né acqua o finché non sono pieno di Spirito. Questo è il modo biblico di digiunare.

Ester 4:16 Andate, radunate tutti i Giudei che si trovano a Susa e digiunate per me, senza mangiare né bere per tre giorni, né di notte né di giorno: Anch'io e le mie fanciulle digiuneremo, e così entrerò dal re, il che non è conforme alla legge; e se perirò, perirò.

Giona 3:5 Allora il popolo di Ninive credette a Dio, proclamò un digiuno e si vestì di sacco, dal più grande al più piccolo di loro. 6 Poiché giunse voce al re di Ninive, questi si alzò dal suo trono, si spogliò della veste, si coprì di sacco e si mise a sedere in cenere.7 Poi fece proclamare e pubblicare per tutta Ninive il decreto del re e dei suoi nobili, dicendo: "Né uomini né bestie, né greggi né mandrie, assaggino alcunché; non si nutrano e non bevano acqua.

L'India è stata consumata dalle tenebre spirituali. Non osereste andarci se non foste pieni dello Spirito di Dio. Alcuni anni fa, negli anni '90, mi presentarono fratello Christian in un campus universitario trinitario. Durante quella visita, venni attaccata dalla maggior parte dei pastori trinitari. Era il mio primo incontro con il fratello Christian. Invece di dire "lode al Signore!", gli chiesi: "Cosa predichi? Battezzi nel Nome di Gesù?" Mi rispose: "Sì". Volevo sapere come era arrivato a conoscere questa verità. Allora mi disse: "Dio mi ha rivelato la verità mentre Lo stavo adorando una mattina presto nel luogo chiamato Stadio Malek Saben. Dio mi ha parlato chiaramente del Battesimo nel Nome di Gesù".

Durante questa visita, stampai e distribuii più di qualche migliaio di opuscoli che spiegavano il battesimo d'acqua nel Nome di Gesù. Questo fece arrabbiare le autorità religiose della Chiesa. I leader religiosi iniziarono a predicare contro di me. Dissero: "Assolutamente, cacciatela da casa vostra". Ovunque andassi, tutti parlavano contro di me. La verità fa arrabbiare il diavolo, ma la parola di Dio dice: "Conoscerete la verità e la verità vi farà liberi". L'incontro con fratello Christian mi aiutò a diffondere la verità. Lode a Dio per aver mandato un pastore unitariano a insegnare e predicare il vero Vangelo in India.

Dopo questa visita in India, nel 1999, divenni disabile e non potei tornare in India. Ma il lavoro si stava **affermando**. Ben presto tutte le persone che avevano parlato contro di me si dimenticarono di me e ora sono morte. Durante questo periodo di disabilità fisica, registrai tutti i CD di Search for Truth, unitariani e dottrinali, e li distribuii gratuitamente. Ero su una sedia a rotelle e avevo perso la memoria, così avevo ampliato il mio ministero registrando libri. Fu difficile sedersi, ma con l'aiuto del Signore feci ciò che non potevo fare fisicamente. Dipendere dal Signore vi porterà su nuove strade e autostrade. Affrontiamo tutte le sfide. La potenza di Dio è impressionante e nulla può fermare l'unzione. Il messaggio che è stato combattuto così duramente ora viene trasmesso nelle case su CD registrati. Lode a Dio! Con mia gioia e stupore, molte persone conoscevano la dottrina biblica e l'unicità di Dio.

Ho pregato e digiunato per molti anni affinché l'India avesse un amore per la verità. Inoltre, avrebbe predicato liberamente il Vangelo di Gesù in ogni suo stato. Avevo un forte desiderio di portare loro la conoscenza della verità attraverso la traduzione degli studi biblici dalla lingua inglese al gujarati. Quest'ultima è la lingua parlata in questo Stato. In India trovai dei traduttori che erano desiderosi di aiutarmi nella traduzione di questi studi biblici. Uno di questi, essendo egli stesso un pastore, voleva cambiare le scritture dal battesimo biblico della chiesa apostolica primitiva, omettendo il nome di GESÙ in Padre, Figlio e Spirito Santo. Questo è il titolo dell'unico vero Dio. Fu difficile fidarsi del mio traduttore per mantenere la Parola di Dio accurata. La Bibbia ci avverte chiaramente di non aggiungere o togliere nulla alle Sacre Scritture. Dall'Antico al Nuovo Testamento, non dobbiamo cambiare la Parola di Dio in base all'interpretazione dell'uomo. Dobbiamo seguire solo gli esempi di Gesù e la dottrina degli apostoli e dei profeti.

Efesini 2:20 e sono edificati sul fondamento degli apostoli e dei profeti, essendo Gesù Cristo stesso la pietra angolare principale;

Furono i discepoli ad andare avanti predicando e insegnando il Vangelo di Gesù. Dobbiamo seguire l'insegnamento degli apostoli e credere che la Bibbia è la Parola di Dio infallibile e autorevole.

Deuteronomio 4:1 Ora dunque ascolta, o Israele, gli statuti e i giudizi che ti insegno, perché li eseguirai, affinché tu possa vivere e andare a prendere possesso del paese che il Signore, Dio dei tuoi padri, ti dà. 2 Non aggiungerete nulla alla parola che vi comando e non la diminuirete, affinché possiate osservare i comandamenti del Signore vostro Dio che vi comando.

Ho scelto di affermare qui che c'è una grande differenza tra ciò che crediamo sia la verità oggi e ciò che la Chiesa primitiva insegnava. Già durante la storia della Chiesa primitiva, secondo le lettere di Paolo alle chiese, alcuni si allontanavano dalla sana dottrina. Molte versioni della Bibbia sono cambiate per adattarsi alla dottrina del diavolo. Io preferisco la KJV perché è una traduzione accurata al 99,98%, vicina alle pergamene originali.

Leggete ed esaminate attentamente le seguenti Scritture:

2 Pietro 2:1 Ma anche tra il popolo c'erano falsi profeti, così come ci saranno falsi maestri tra di voi, che in segreto introdurranno eresie dannose, rinnegando il Signore che li ha comprati, e si attireranno addosso una rapida distruzione. 2 E molti seguiranno le loro vie perniciose, a causa delle quali si parlerà male della via della verità. 3 E per cupidigia, con parole finte, si faranno beffe di voi; il cui giudizio, ormai da tempo, non si è fermato, e la loro dannazione non si è affievolita.

Avendo la rivelazione dell'identità di Gesù, diede all'apostolo Pietro le chiavi del Regno e predicò il suo primo sermone il giorno di Pentecoste. Ci hanno messo in guardia dagli ingannatori che hanno una forma di pietà e non seguono la dottrina degli apostoli e dei profeti. Un credente di Dio non può essere Anticristo, poiché sapevano che Geova sarebbe venuto in carne e ossa un giorno.

2 Giovanni 1:7 Poiché nel mondo sono entrati molti ingannatori che non confessano che Gesù Cristo è venuto in carne. Questi sono ingannatori e anticristi. 8 Guardate a voi stessi, affinché non perdiamo le cose che abbiamo fatto, ma riceviamo una piena ricompensa. 9 Chiunque trasgredisce e non rimane nella dottrina di Cristo, non ha Dio. Chi invece rimane nella dottrina di Cristo, ha il Padre e il Figlio. 10 Se qualcuno viene da voi e non porta questa dottrina, non accoglietelo in casa vostra e non augurategli buona fortuna; 11 perché chi gli augura buona fortuna è partecipe delle sue azioni malvagie.

Ci sono state molte conferenze in India in cui i predicatori si sono recati dallo Stockton Bible College e in altri Stati per trasmettere il messaggio della rinascita. Il reverendo McCoy, che aveva la vocazione di predicare in India, fece un lavoro meraviglioso predicando in molti luoghi dell'India. Con molte ore di preghiera e digiuno, il successo del ministero indiano è continuato dal 2000. Ricordo di aver chiamato un ministro, il pastore Miller, a cui il direttore di Missione Estera Asia mi aveva indirizzato. Quando lo chiamai a casa sua, mi disse che stava per chiamarmi per dirmi che era stato a Calcutta e nel Bengala occidentale 6 mesi prima. Voleva anche andare ad Ahmedabad, ma a causa di una malattia era tornato in America. Il pastore Miller mi disse gentilmente che voleva tornare in India, ma che doveva pregare e chiedere a Dio se la sua vocazione fosse per questo Paese. Tornò per la seconda volta in

India e predicò in due conferenze generali. Dio si stava muovendo con forza con il popolo gujarati di questo Stato.

Il pastore Christian disse che era molto difficile stabilire l'opera di Dio in questo Stato. Vi preghiamo di pregare per i predicatori che stanno affrontando un'enorme battaglia. Il Signore sta facendo una grande opera nello Stato del Gujarat. Il diavolo non sta combattendo contro i non credenti, perché li ha già presi! Sta attaccando coloro che hanno la verità, i fedeli scelti dal Signore. Gesù ha pagato il prezzo con il suo sangue affinché noi potessimo avere la remissione o il perdono dei nostri peccati. Il diavolo combatterà ancora più forte contro il ministero (i ministri) attaccando sia gli uomini che le donne. Il diavolo usa qualsiasi mezzo perverso per portarli in uno stato di peccato e di condanna.

Giovanni 15:16 Non voi avete scelto me, ma io ho scelto voi e vi ho ordinato di andare e portare frutto e che il vostro frutto rimanga; affinché tutto ciò che chiederete al Padre nel mio nome, egli ve lo dia.

"Una volta salvati, per sempre salvati" è un'altra menzogna del diavolo. Tra il 1980 e il 2015 visitai l'India alcune volte. In questa nazione erano avvenuti molti cambiamenti. Quando iniziate un'opera di Dio, ricordate che state agendo come discepoli di Gesù, che è la continuazione dell'opera iniziata da Gesù e dai suoi discepoli. Avremmo già conquistato il mondo se avessimo continuato a seguire il Vangelo di Gesù Cristo.

Nel 2013, secondo il piano di Dio, mi spostai in una chiesa a Dallas, in Texas. Ero sotto il vero profeta di Dio. Aveva nove doni dello Spirito di Dio. Egli otteneva la conoscenza del tuo nome, indirizzo, numero di telefono, ecc. in modo accurato dallo Spirito Santo. Era una cosa nuova per me. Nel 2015, una domenica mattina, il mio pastore a Dallas, in Texas, mi guardò e disse: "Vedo un angelo che apre una grande porta che nessun uomo può chiudere". Mi chiamò fuori e mi chiese: "Stai andando nelle Filippine?". Mi disse che lì non aveva visto né bianchi né neri. Avendo ricevuto ulteriori informazioni dallo Spirito Santo, mi chiese: "Stai andando in India?". Lo Spirito Santo gli parlò, dicendogli che avrei servito gli indù. In quel periodo i cristiani in India erano in pericolo. Gli indù attaccavano i cristiani bruciando i loro santuari e picchiando i pastori e i santi di Gesù.

Credendo nella profezia, obbedii alla voce di Dio e andai in India. Quando raggiunsi il college di Badlapur, il 98% degli studenti erano indù che si erano convertiti al cristianesimo. Mi stupì ascoltare le loro testimonianze su come Dio stava portando le persone dalle tenebre alla luce. Attraverso le loro testimonianze, imparai molto sull'induismo. Mi stupì sapere che credono in 33 milioni e più di dei e dee. Non riuscivo a capire come si potesse credere che ci fossero così tanti dei e dee.

Nel 2015 tornai a Badlapur, Bombay, dopo 23 anni, per insegnare al Bible College. Lì svolsi il ministero per il traduttore del Collegio Biblico, fratello Sunil. Egli era in una fase di transizione: era scoraggiato, e non sapeva che Dio stava cambiando la sua direzione. Lavorando con lui, capii che aveva la verità e l'amore per essa. Non deviate mai dalla verità della Bibbia. Lasciate che lo Spirito Santo vi conduca, vi guidi, vi insegni e vi dia il potere di essere testimoni di miracoli e guarigioni.

L'India ha ancora bisogno di molti operai, veri profeti e insegnanti. Pregate affinché Dio mandi molti lavoratori in India.

Durante questo viaggio di missione, visitai una città chiamata Vyara, nel Gujarat meridionale. Avevo sentito parlare di un grande risveglio in corso in quest'area. Dio mi aprì la porta per visitarla. Ero molto entusiasta di essere lì e incontrai molti adoratori di idoli che ora si stanno rivolgendo all'unico vero Dio. Questo perché hanno ricevuto guarigione, liberazione e salvezza attraverso il nome di Gesù. Quanto è grande il nostro Dio!

Molte persone stanno pregando e digiunando per l'India. Vi prego di pregare per un risveglio. Durante la visita a Vyara, il pastore mi invitò a casa sua. Pregai per lui, e molti degli spiriti che lo ostacolavano si sciolsero. In seguito, si liberò dalle preoccupazioni, dai dubbi, dalla pesantezza e dalla paura. Dio profetizzò attraverso me di costruire una casa per la preghiera. Il pastore disse che non avevano soldi. Dio mi disse che avrebbe provveduto. Nel giro di un anno avevano una grande e bella casa di preghiera e l'avevamo pagata. La parola di Dio non torna indietro vuota.

Durante la mia ultima visita in India nel 2015, servii molti indù che si erano convertiti al cristianesimo in diversi Stati. Ministrai anche a molti non cristiani che sperimentarono i segni e i prodigi fatti nel Nome di Gesù e si stupirono. Vidi molti anni di preghiera con risposte di digiuno per l'India. Lode a Dio! Da quando ho ricevuto la rivelazione di questa verità, ho lavorato senza sosta per fornire queste informazioni attraverso

L'ho fatto "a Suo modo"

CD, audio, video, canale YouTube e libri per il Paese dell'India. Il nostro duro lavoro non è vano!

In seguito, seppi che fratello Sunil aveva accettato la sua chiamata come pastore per Bombay e le città circostanti. Ora sto lavorando con il pastore Sunil e con altri luoghi che ho visitato nel 2015. Abbiamo fondato molti santuari nello Stato del Maharashtra e del Gujarat. Ancora oggi, continuo a educare i nuovi convertiti in quegli Stati. Li sostengo con le preghiere e l'insegnamento. Sostengo finanziariamente l'opera di Dio in India.

Molte di queste persone vanno dagli stregoni quando sono malate, ma non riescono a guarire. Così mi chiamano ogni mattina e io faccio il ministro, prego e scaccio i demoni nel nome di Gesù. Vengono guariti e liberati nel Suo nome. Abbiamo molti nuovi convertiti in diversi Stati. Mentre vengono guariti e liberati, vanno a testimoniare alle loro famiglie, agli amici e ai loro villaggi per avvicinare altri a Cristo. Molti di loro mi chiedono di inviare un'immagine di Gesù. Dicono che vorrebbero vedere Dio, che guarisce, libera e dona la salvezza. L'opera di Dio può continuare se abbiamo operai. Molti di loro lavorano nelle fattorie. Molti sono analfabeti, quindi ascoltano le registrazioni del Nuovo Testamento e gli studi biblici. Questo li aiuta a conoscere e a imparare qualcosa su Gesù.

Il mio ultimo sabato di novembre 2015 in India, tornai a casa tardi dal ministero. Ero decisa a rimanere a casa la domenica e il lunedì per fare i bagagli e prepararmi per il mio ulteriore viaggio negli Emirati Arabi Uniti. Come mi aveva profetizzato il pastore di Dallas, "vidi un angelo aprire una porta enorme che nessuno può chiudere". Si dimostrò che nemmeno io potevo chiudere quella porta. Nella tarda serata di sabato, ricevetti una telefonata che mi invitava a partecipare ai servizi di culto della domenica, ma non era compatibile con i miei impegni, così cercai di spiegarglielo, ma non accettarono un no come risposta. Non ebbi altra scelta che andare. La mattina dopo mi accompagnarono al santuario alle 9, ma il culto iniziava alle 10. Ero da sola e un musicista mi fece da guida mentre provava le sue canzoni.

Mentre pregavo, vidi molti spiriti degli dei e delle dee indù nel santuario. Mi chiesi perché ce ne fossero così tanti in questo posto. Verso le 10 cominciarono ad arrivare il pastore e i membri. Mi salutarono stringendomi la mano. Quando il pastore me la strinse, immediatamente mi sentii strana nel cuore. Sentivo che stavo per crollare. In seguito, lo

L'ho fatto "a Suo modo"

Spirito Santo mi disse che il pastore era attaccato da quei demoni che avevo visto prima. Iniziai a pregare e a chiedere a Dio di permettermi di prestare il ministero a questo pastore. A metà del servizio, mi chiesero di salire a parlare. Mentre camminavo verso il pulpito, pregai e chiesi al Signore di parlare attraverso di me. Quando presi il microfono, spiegai al pastore ciò che Dio mi aveva mostrato e ciò che stava accadendo. Quando il pastore si inginocchiò, chiesi alla congregazione di tendere la mano verso di lui per pregare. Nel frattempo, posai la mia mano su di lui e pregai, e tutti i demoni se ne andarono. Egli raccontò di essere stato al pronto soccorso la notte precedente. Aveva digiunato e pregato per i giovani. Questo era il motivo per cui era stato attaccato. Gloria a Dio! Quanto è importante essere in sintonia con lo Spirito di Dio! Il Suo Spirito ci parla.

Da lì andai negli Emirati Arabi Uniti il 1° dicembre 2015. Ministrai a Dubai e Abu Dhabi al popolo indù, e anche loro sperimentarono la potenza di Dio. Dopo aver completato il mio incarico, tornai a Dallas, in Texas.

Lode a Dio!

I miei canali YouTube: Daily Spiritual Diet (Dieta spirituale quotidiana):

1. youtube.com/@dailyspiritualdietelizabet7777/videos
2. youtube.com/@newtestamentkjv9666/videos mp3
3. Sito web: https://waytoheavenministry.org

L'ho fatto "a Suo modo"

Capitolo 20
PASTORE DELLA NOSTRA ANIMA: IL SUONO DELLA TROMBA

Io sono il buon pastore, conosco le mie pecore e sono conosciuto dalle mie. (Giovanni 10:14)

Gesù è il Pastore della nostra anima. Siamo carne e sangue con un'anima vivente. Siamo su questa terra solo per un momento nel tempo di Dio. In un attimo, in un batter d'occhio, tutto finirà con il suono della "tromba", quando saremo cambiati.

"Ma non voglio che siate ignoranti, fratelli, riguardo a quelli che dormono, affinché non vi affliggiate come gli altri che non hanno speranza. Perché se crediamo che Gesù è morto e risorto, anche quelli che dormono in Gesù Dio li porterà con sé. Perché questo vi diciamo per parola del Signore: che noi che siamo vivi e rimaniamo fino alla venuta del Signore non impediamo a quelli che dormono di venire. Perché il Signore stesso scenderà dal cielo con un grido, con la voce dell'arcangelo e con la tromba di Dio; e i morti in Cristo risorgeranno per primi: Poi noi, che siamo vivi e rimaniamo, saremo rapiti insieme a loro nelle nubi, per incontrare il Signore nell'aria; e così saremo sempre con il Signore. Perciò confortatevi a vicenda con queste parole". (1 Tessalonicesi 4:13-18)

Solo coloro che hanno lo Spirito di Dio (Spirito Santo) saranno vivificati e risuscitati per essere con il Signore. I morti in Cristo saranno chiamati per primi, poi quelli che sono vivi saranno presi in cielo per incontrare il

Signore Gesù tra le nuvole. I nostri corpi mortali saranno cambiati per essere con il Signore. Quando il tempo dei Gentili sarà compiuto, coloro che non hanno lo Spirito Santo saranno lasciati indietro per affrontare un tempo di grande dolore e tribolazione.

> *"Ma in quei giorni, dopo la tribolazione, il sole si oscurerà e la luna non darà la sua luce, le stelle del cielo cadranno e le potenze che sono nei cieli saranno scosse. E allora vedranno il Figlio dell'uomo venire sulle nubi con grande potenza e gloria. E allora manderà i suoi angeli e radunerà i suoi eletti dai quattro venti, dall'estremità della terra all'estremità del cielo". (Marco 13:24-27)*

Molti si perderanno perché non hanno avuto il timore (rispetto) di Dio per credere nella Sua Parola e poter essere salvati. Il timore del Signore è l'inizio della saggezza. Il re Davide scrisse: "L'Eterno è la mia luce e la mia salvezza; di chi avrò paura? L'Eterno è la forza della mia vita; di chi avrò paura?". Davide era davvero un uomo secondo il cuore di Dio. Quando Dio formò l'uomo dalla polvere del suolo, soffiò nelle sue narici il respiro della vita e l'uomo divenne un'anima vivente. La battaglia è per l'anima; questa può andare verso Dio o verso l'inferno.

> *"E non temete quelli che uccidono il corpo, ma non sono in grado di uccidere l'**anima**; temete piuttosto colui che è in grado di distruggere l'anima e il corpo nell'**inferno**." (Matteo 10:28)*

Molti sapranno in quel giorno ciò che oggi è troppo difficile da accettare. Sarà troppo tardi per tornare indietro nelle pagine della vita, perché molti si troveranno davanti al Dio vivente per renderne conto.

> *"Ora vi dico, fratelli, che la carne e il sangue non possono ereditare il regno di Dio; né la corruzione eredita l'incorruzione. Ecco, io vi rivelo un mistero: non tutti dormiremo, ma tutti saremo mutati, in un momento, in un batter d'occhio, all'ultima tromba; perché la tromba suonerà, e i morti risorgeranno incorruttibili, e noi saremo mutati. Perché questo corruttibile deve indossare l'incorruzione e questo mortale deve indossare l'immortalità. Quando il corruttibile avrà indossato l'incorruzione e il mortale l'immortalità, si realizzerà il detto che sta scritto: "La morte è inghiottita nella vittoria". O morte, dov'è il tuo pungiglione? O tomba, dov'è la tua vittoria? Il pungiglione della*

morte è il peccato e la forza del peccato è la legge. Ma grazie a Dio, che ci dà la vittoria per mezzo del nostro Signore Gesù Cristo".
(I Corinzi 15:50-57)

Da cosa saremo "salvati"? Da un inferno eterno in un lago che brucia di fuoco. Stiamo sottraendo le anime alle grinfie del diavolo. Questa è una guerra spirituale che stiamo combattendo su questa terra. Saremo giudicati dalla Parola di Dio (66 libri della Bibbia) e il Libro della Vita sarà aperto.

"E vidi un grande trono bianco e colui che vi sedeva sopra, dalla cui faccia la terra e il cielo fuggirono e non vi fu posto per loro. E vidi i morti, piccoli e grandi, stare davanti a Dio; e i libri furono aperti; e un altro libro fu aperto, che è il libro della vita; e i morti furono giudicati da quelle cose che erano scritte nei libri, secondo le loro opere. E il mare abbandonò i morti che erano in esso; e la morte e l'inferno abbandonarono i morti che erano in essi; e furono giudicati ciascuno secondo le proprie opere. E la morte e l'inferno furono gettati nel lago di fuoco. Questa è la seconda morte. E chiunque non fu trovato scritto nel libro della vita fu gettato nel lago di fuoco". (Apocalisse 20:11-15)

Ho iniziato a pensare a uomini come Mosè, Re Davide, Giuseppe, Giobbe e la lista continua. Non ho goduto di tutto il dolore che ho provato e non capisco perché ci sia tanta sofferenza nel cristianesimo. Sono ben lontana dall'essere come questi uomini che sono i nostri esempi e che ci danno l'ispirazione per camminare nella fede. La Parola di Dio prevale anche in mezzo alla sofferenza e al dolore. Nel momento della prova, della malattia e dell'angoscia, ci appelliamo maggiormente a Dio. È una fede strana ma meravigliosa, che solo Dio conosce perché ha scelto questa strada. Ci ama così tanto, eppure ci ha dato la possibilità di scegliere da soli se servirLo e amarLo. Egli cerca una sposa appassionata. Sposereste qualcuno che non è appassionato di voi? Questo capitolo è scritto come incoraggiamento a superare le cose che vi impediscono di raggiungere la vita eterna. Il Dio dell'amore, della misericordia e della grazia diventerà il Dio del giudizio. È il momento di rendere sicura la vostra salvezza e di sfuggire alle fiamme dell'inferno. Dobbiamo scegliere come ha scelto Giosuè nel libro di Giosuè.

L'ho fatto "a Suo modo"

E se vi sembra male servire il Signore, scegliete oggi chi volete servire, se gli dèi che i vostri padri servirono al di là del diluvio o gli dèi degli Amorrei, nel cui paese abitate; ma quanto a me e alla mia casa, noi serviremo il Signore. (Giosuè 24:15)

"Ed ecco, io vengo presto; e la mia ricompensa è con me, per dare a ciascuno secondo le sue opere. Io sono l'Alfa e l'Omega, il principio e la fine, il primo e l'ultimo. Beati quelli che osservano i suoi comandamenti, perché abbiano diritto all'albero della vita e possano entrare per le porte nella città". (Apocalisse 22:12-14)

Tutti vogliono varcare le porte della Città che Dio ha preparato per noi, ma dobbiamo avere una veste senza macchia e senza difetti per poter entrare. Questa è una guerra spirituale, "da combattere e vincere" in ginocchio, in preghiera. Abbiamo una sola vita su questa terra e una sola possibilità di combattimento! L'unica cosa che possiamo portare con noi in quella Città sono le anime di coloro a cui abbiamo testimoniato, che hanno accettato il Vangelo del nostro Signore e Salvatore Gesù Cristo e che hanno obbedito alla dottrina di Cristo. Per conoscere la Parola, dobbiamo leggerla, e leggere la Parola significa innamorarsi dell'autore della nostra salvezza. Ringrazio il mio Signore e Salvatore per aver diretto i miei passi dall'India all'America e per avermi mostrato le Sue Vie, che sono perfette.

La tua parola è una lampada per i miei piedi e una luce per il mio cammino. (Salmo 119:105)

Capitolo 21

MINISTERO AL LAVORO

Da quando ho ricevuto lo Spirito Santo, sono avvenuti grandi cambiamenti nella mia vita.

Ma voi riceverete potenza, dopo che lo Spirito Santo sarà sceso su di voi; e mi sarete testimoni a Gerusalemme, in tutta la Giudea, in Samaria e fino all'estremità della terra. (Atti 1:8)

Cercai di svolgere un ministero sul lavoro con i colleghi; testimoniavo e se avevano un problema pregavo per loro. Molte volte venivano da me e mi raccontavano la loro situazione e io pregavo per loro. Se erano malati, imponevo loro le mani e pregavo per loro. Per molti anni ho reso loro testimonianza. La mia stessa vita era una grande testimonianza e Dio operava con me, confermando attraverso la guarigione, la liberazione, il consiglio e il conforto.

E disse loro: "Andate in tutto il mondo e predicate il Vangelo a ogni creatura. Chi crederà e sarà battezzato sarà salvato, ma chi non crederà sarà dannato. E questi segni seguiranno quelli che credono: nel mio nome scacceranno i demoni; parleranno con lingue nuove; prenderanno in mano i serpenti; e se berranno qualcosa di mortale, non farà loro male; imporranno le mani ai malati e questi guariranno". Così, dopo che il Signore ebbe parlato loro, fu accolto in cielo e si sedette alla destra di Dio. Ed essi partirono e predicarono dappertutto, mentre il Signore operava con loro e confermava la parola con segni successivi. Amen. (Marco 16:15-20)

L'ho fatto "a Suo modo"

Ovunque abbia pregato, fossero guariti o liberati, ho parlato loro del Vangelo. Il Vangelo è la morte, la sepoltura e la risurrezione di Gesù. Ciò significa che dobbiamo pentirci di tutti i peccati o morire alla nostra carne pentendoci. Il secondo passo è quello di essere sepolti nel nome di Gesù nelle acque del Battesimo per ricevere la remissione dei nostri peccati o il perdono del nostro peccato. Usciamo dall'acqua parlando in nuove lingue ricevendo il Suo spirito, che è chiamato anche Battesimo dello Spirito o Spirito Santo.

Molti hanno ascoltato e persino obbedito.

Vorrei incoraggiarvi dandovi la mia testimonianza di come Gesù operò con forza sul mio posto di lavoro. Quest'ultimo, dove viviamo o qualsiasi altro luogo, sono campi dove possiamo piantare il seme della Parola di Dio.

Un'amica guarita dal cancro e la sua mamma si rivolgono al Signore in punto di morte.

Al lavoro avevo una preziosa amica di nome Linda. Nel 2000 ero molto malata. Un giorno la mia amica mi chiamò e mi disse che anche lei era molto malata e aveva subito un intervento chirurgico. All'inizio della nostra amicizia lei aveva rifiutato il Vangelo e mi aveva detto: "Non voglio la tua Bibbia o le tue preghiere, ho il mio Dio". Non ci rimasi male, ma ogni volta che si lamentava della malattia, mi offrivo di pregare e lei diceva sempre "No". Ma un giorno ebbe un dolore insopportabile alla schiena e improvvisamente anche al ginocchio. Il secondo era un dolore ancora più forte del primo. Si lamentò e io chiesi se potevo pregare per lei. Lei mi rispose: "Fai tutto quello che serve". Colsi l'occasione per insegnarle come ribellarsi a questo dolore nel Nome del Signore Gesù. Il dolore era insopportabile; iniziò subito a rinnegarlo nel Nome del Signore Gesù e il dolore è scomparso all'istante.

Tuttavia, questa guarigione non cambiò il suo cuore. Dio usa le afflizioni e i problemi per ammorbidire il nostro cuore. È la verga della correzione che usa per i suoi figli. Un giorno Linda mi chiamò piangendo dicendo che aveva un grosso taglio sul collo ed era molto doloroso. Mi pregò di pregare. Fui più che felice di pregare per la mia cara amica. Lei

L'ho fatto "a Suo modo"

continuava a chiamarmi ogni ora per avere conforto e mi chiedeva: "Puoi venire a casa mia a pregare"? Quel pomeriggio ricevette una telefonata che le diceva che le era stato diagnosticato un cancro alla tiroide. Pianse molto, e quando sua madre seppe che sua figlia aveva il cancro, crollò. Linda era divorziata e aveva un figlio piccolo.

Insistette perché venissi a pregare per lei. Anch'io ero rimasta molto scossa da quella notizia. Inizia a cercare seriamente qualcuno che potesse accompagnarmi a casa sua, per poter pregare su di lei. Lode a Dio, se c'è una volontà c'è un modo.

La mia compagna di preghiera venne dal lavoro e mi portò a casa sua. Linda, sua madre e suo figlio erano seduti e piangevano. Iniziammo a pregare e io non sentivo molto; tuttavia, credevo che Dio avrebbe fatto qualcosa. Le proposi di pregare ancora. Lei mi disse: "***Sì prega tutta la notte***, non mi dispiacerà". Mentre pregavo la seconda volta vidi una luce intensa provenire dalla porta, anche se questa era chiusa, così come i miei occhi. Vidi Gesù entrare da quella porta e fui tentata di aprire gli occhi, ma Lui mi disse: "***Continua a pregare***".

Quando finimmo di pregare, Linda sorrideva. Non sapevo cosa fosse successo né perché il suo volto fosse cambiato. Le chiesi: "*Che cosa è successo?*". Lei disse: "*Liz, Gesù è il vero Dio*". Le dissi: "*Sì, te l'ho detto negli ultimi 10 anni, ma voglio sapere cosa è successo*". Lei disse: "*Il mio dolore è completamente sparito. Per favore, dammi l'indirizzo della chiesa, voglio essere battezzata*". Linda accettò di fare uno studio biblico con me e poi fu battezzata. Gesù aveva usato questa afflizione per attirare la sua attenzione.

Guarda la mia afflizione e il mio dolore, e perdona tutti i miei peccati. (Salmo 25:18).

Lode a Dio! Per favore, non abbandonate il vostro caro. Continuate a pregare giorno e notte, un giorno Gesù vi risponderà, se noi non ci smentiamo.

E non stanchiamoci nel fare bene, perché a suo tempo raccoglieremo, se non ci stanchiamo. (Galati 6:9)

Sul letto di morte di sua madre, Linda mi chiamò per andare a trovarla. Mi spinse con la mia sedia a rotelle nella sua stanza d'ospedale. Mentre facevamo il servizio divino a sua madre, lei si pentì e gridò al Signore Gesù per ottenere il perdono. Il giorno dopo la sua voce era completamente scomparsa e il terzo giorno morì.

La mia amica Linda ora è una buona cristiana. Lode al Signore!

La mia collega del Vietnam:

Era una donna dolce e aveva sempre uno spirito molto bello. Un giorno era malata e le chiesi se potevo pregare per lei. Accettò subito la mia offerta. Pregai e lei guarì. Il giorno dopo mi disse: "Se non è troppo disturbo, prega per mio padre". Suo padre era continuamente malato da qualche mese. Le dissi che ero più che felice di pregare per lui. Gesù, nella sua misericordia, lo toccò e lo guarì completamente.

Più tardi, la vidi malata e mi offrii di pregare di nuovo. Lei mi rispose: "*Non ti preoccupare di pregare per me*"; tuttavia, il suo amico che lavorava come meccanico in un altro turno aveva bisogno di preghiere. Non riusciva a dormire né di giorno né di notte; questa malattia si chiama Insonnia Fatale. Continuò a darmi informazioni, dato che era molto preoccupata per questo signore. Il medico gli aveva somministrato dosi massicce di medicinali e nulla lo aiutava. Le dissi: "*Sono più che felice di pregare*". Ogni sera, dopo il lavoro, pregavo per quasi un'ora e mezza

per tutte le richieste di preghiera e per me stessa. Quando iniziai a pregare per quest'uomo, notai che non dormivo profondamente. All'improvviso sentivo qualcuno battere le orecchie, o un rumore forte che mi svegliava quasi ogni notte, da quando avevo iniziato a pregare per lui.

Qualche giorno dopo, mentre ero a digiuno, tornai a casa dalla chiesa e mi sdraiai nel mio letto. All'improvviso, con mia grande sorpresa, qualcosa passò attraverso il muro sopra la mia testa ed entrò nella mia stanza. Grazie a Dio per lo Spirito Santo. Immediatamente lo Spirito Santo parlò attraverso la mia bocca: "Ti lego nel nome di Gesù". Sapevo nello spirito che qualcosa era legato e il potere venne spezzato nel nome di Gesù.

L'ho fatto "a Suo modo"

In verità vi dico: tutto ciò che legherete sulla terra sarà legato in cielo; e tutto ciò che scioglierete sulla terra sarà sciolto in cielo". (Matteo 18:18)

Non sapevo cosa fosse e più tardi, mentre lavoravo, lo Spirito Santo iniziò a rivelare ciò che era accaduto. Allora capii che c'erano dei demoni che controllavano questo meccanico e non lo facevano dormire. Chiesi alla mia amica al lavoro di informarsi sulle condizioni di sonno del suo conoscente. Più tardi tornò nella mia area di lavoro con il meccanico. Mi disse che stava dormendo bene e voleva ringraziarmi. Gli dissi: "**Per favore, ringrazia Gesù. È Lui che ti ha liberato**". In seguito gli diedi una Bibbia e gli chiesi di leggere e pregare ogni giorno.

Ci sono furono persone della loro famiglia che si convertirono a Gesù durante il mio lavoro. Fu un grande momento per me per testimoniare a molte persone di diverse nazionalità.

"Ti renderò grazie nella grande assemblea: Ti loderò in mezzo a molti popoli". (Salmo 35:18)

"Ti esalterò, mio Dio, o re, e benedirò il tuo nome per sempre". (Salmo 145:1)

L'ho fatto "a Suo modo"

Capitolo 22

IMPARARE LE SUE VIE OBBEDENDO ALLA SUA VOCE

Ho scoperto questa bellissima verità nel 1982. Un paio di anni dopo, decisi di andare a visitare l'India. Mentre ero lì, io e la mia amica Dinah decidemmo di andare a visitare la città di Udaipur. Alla fine della giornata, tornammo nella camera d'albergo che condividevamo. Nella nostra stanza c'era un'immagine sul muro di un falso dio che veniva venerato in India. Come sapete, l'India ha molti dei. La Bibbia parla dell'unico vero Dio e il suo nome è Gesù.

> *Gesù gli disse: "Io sono la via, la verità e la vita; nessuno viene al Padre se non per mezzo di me". (Giovanni 14:6)*

All'improvviso sentii questa voce che mi diceva: "*Togli il quadro dalla parete*". Poiché ho lo Spirito Santo, il mio pensiero fu: "*Non ho paura di niente e niente può farmi del male*". Così disobbedii a questa voce e non tolsi il quadro.

Mentre dormivamo, inaspettatamente, mi ritrovai seduta nel letto; sapevo che un Angelo mi aveva incastrata. Dio aprì i miei occhi spirituali e vidi un enorme ragno nero che entrava dalla porta. Strisciava su di me, sulla mia amica e su suo figlio. Si diresse verso il mio vestito che era appeso al muro e scomparve davanti ai miei occhi. In quel momento il Signore mi ricordò la Scrittura che dice di non dare mai spazio al diavolo.

L'ho fatto "a Suo modo"

Né date spazio al diavolo. (Efesini 4:27)

Subito mi alzai, tirai giù l'immagine e la girai. Da quel giorno capii che Dio è un Dio Santo. I suoi comandamenti che ci ha dato ci terranno protetti e benedetti, a patto che li obbediamo e li osserviamo sempre.

All'epoca lavoravo e tornavo sempre a casa sentendomi spiritualmente svuotata. Un giorno Gesù mi parlò e mi disse: "*Parla in lingue per mezz'ora, loda e adora per mezz'ora e metti la mano sulla testa e parla in lingue per mezz'ora*". Questa era la mia vita di preghiera quotidiana.

Un giorno tornai a casa dal lavoro dopo mezzanotte. Iniziai a camminare per casa pregando. Arrivai a un certo angolo della mia abitazione e vidi un demone con i miei occhi spirituali. Accesi la luce e indossai gli occhiali per capire perché questo demone si trovasse qui. All'improvviso, mi ricordai che quel giorno avevo coperto le impronte e i nomi degli dei che erano su una scatola di olio di mais. In qualche modo, mi era sfuggita l'impronta di questo falso dio. Presi subito il pennarello indelebile e la coprii.

La Bibbia afferma che Gesù ci ha dato l'autorità di legare e scacciare gli spiriti maligni. Quella sera usai l'autorità, aprii la porta e dissi a quel demone: "*Nel Nome di Gesù, ti ordino di uscire da casa mia e di non tornare mai più!*". Il demone se ne andò all'istante.

Lode a Dio! Se non conosciamo la Parola di Dio, rischiamo di lasciare che i demoni entrino in casa nostra attraverso le riviste, i giornali, la televisione e persino i giocattoli. È molto importante sapere cosa portiamo nelle nostre case.

Un altro esempio: ero molto malata e non potevo camminare, dovevo dipendere da parenti e amici per fare la spesa e metterla via. Una mattina mi svegliai e sentii che qualcuno mi copriva la bocca, ero legata.

Chiesi a Dio perché mi sentivo così. Mi mostrò il simbolo della svastica. Mi chiesi dove avrei trovato questo simbolo. Andai al frigorifero e, non appena aprii lo sportello, vidi il simbolo della svastica sulla spesa che mia sorella aveva portato il giorno prima. Ringraziai Dio per la Sua guida e la rimossi immediatamente.

L'ho fatto "a Suo modo"

> *Confida nell'Eterno con tutto il tuo cuore e non ti affidare alla tua intelligenza. In tutte le tue vie riconoscilo, ed egli dirigerà i tuoi sentieri. (Proverbi 3:5-6)*

Vorrei condividere un'altra esperienza che ho vissuto visitando la mia città natale in India. Stavo trascorrendo una notte con una mia amica che era un'adoratrice di idoli.

Per molti anni le avevo testimoniato di Gesù e del Suo potere. Conosceva anche la potenza della preghiera e molti miracoli avvenuti nella sua casa. Mi aveva raccontato dei miracoli quando avevo pregato nel nome di Gesù.

Mentre dormivo un rumore mi svegliò. Dall'altra parte della stanza vidi una figura che sembrava un mio amico. La figura mi stava indicando con una faccia cattiva. La sua mano iniziò a crescere verso di me, arrivò a un metro da me e poi scomparve. La figura riapparve, ma questa volta aveva il volto del suo bambino. Ancora una volta il suo braccio iniziò a crescere e a puntarmi contro. Si avvicinò a un metro da me e scomparve. Mi ricordai che la Bibbia dice che gli angeli sono intorno a noi.

> *Chi abita nel luogo segreto dell'Altissimo rimarrà all'ombra dell'Onnipotente. Dirò dell'Eterno: "Egli è il mio rifugio e la mia fortezza, il mio Dio; in lui confiderò. Egli ti libererà dalle insidie dell'uccello e dalle pestilenze. Egli ti coprirà con le sue piume e sotto le sue ali confiderai; la sua verità sarà il tuo scudo e la tua fibbia. Non temerai il terrore della notte, né la freccia che vola di giorno, né la peste che cammina nelle tenebre, né la distruzione che si consuma a mezzogiorno. Mille cadranno al tuo fianco e diecimila alla tua destra, ma non si avvicineranno a te. Solo con i tuoi occhi potrai vedere la ricompensa degli empi. Poiché hai fatto dell'Eterno, che è il mio rifugio, l'Altissimo, la tua dimora, non ti accadrà alcun male, né alcuna piaga si avvicinerà alla tua dimora. Poiché egli affiderà ai suoi angeli il compito di custodirti in tutte le tue vie. (Salmi 91:1-11)*

Quando mi svegliai, al mattino vidi la mia amica e suo figlio inchinarsi agli idoli. E mi ricordai di ciò che Dio mi aveva mostrato durante la notte. Così dissi alla mia amica che avevo avuto una visione quella notte. Lei mi disse che anche lei aveva visto e sentito la stessa cosa in casa sua. Mi chiese che aspetto avesse il demone che avevo visto. Le dissi che una sagoma assomigliava a lei e l'altra a suo figlio. Mi disse che lei e quest'ultimo non andavano d'accordo, e mi chiese cosa bisognasse fare per liberarsi di questi demoni che tormentavano lei e la sua famiglia. Le spiegai queste Scritture.

> *Il ladro non viene se non per rubare, uccidere e distruggere; io sono venuto perché abbiano la vita e l'abbiano in abbondanza. (Giovanni 10:10)*

Le diedi la Bibbia e le chiesi di leggerla ad alta voce tutti i giorni a casa sua, soprattutto Giovanni 3:20 , 21.

> *Perché chi fa il male odia la luce e non viene alla luce per non essere rimproverato delle sue opere. Ma chi fa la verità viene alla luce, affinché siano rese manifeste le sue opere, che sono state fatte in Dio. (Giovanni 3:20-21)*

Le insegnai anche la preghiera di guerra spirituale in cui si legano tutti gli spiriti maligni e si libera lo Spirito Santo o gli Angeli nel Nome di Gesù. Le chiesi anche di pronunciare il Nome di Gesù e di implorare continuamente il Sangue di Gesù nella sua casa.

Alcuni mesi dopo questo viaggio, ricevetti una lettera che testimoniava che i demoni avevano lasciato la sua casa, che lei e suo figlio andavano d'accordo e che una pace totale regnava nella loro casa.

> *Poi chiamò a raccolta i suoi dodici discepoli e diede loro potere e autorità su tutti i demoni e di curare le malattie. E li mandò a predicare il regno di Dio e a guarire i malati" (Luca 9:1, 2).*

Quando rese testimonianza ad altri parenti, questi si interessarono molto alla Bibbia e vollero saperne di più sul Signore Gesù.

Nella mia visita successiva in India, incontrai tutta la famiglia e risposi alle loro domande. Insegnai loro a pregare e gli diedi delle Bibbie. Rendo a Dio tutta la gloria per questi risultati.

Il mio desiderio è che le persone imparino a usare il Nome di Gesù e la Parola di Dio come una spada contro il nemico. Diventando "cristiani rinati", avremo il potere.

Lo Spirito del Signore Dio è su di me, perché l'Eterno mi ha unto per annunciare una buona novella ai miti; mi ha mandato a fasciare il cuore spezzato, a proclamare la libertà ai prigionieri e l'apertura del carcere a quelli che sono legati". (Isaia 61, 1)

Capitolo 23

MUOVERSI SUI MEDIA

Nel 1999 ebbi un infortunio sul lavoro che poi si aggravò. L'infortunio fu così grave che, a causa del dolore, persi la memoria. Non riuscivo a leggere e a ricordare ciò che avevo letto. Non riuscivo a dormire per 48 ore. Se dormivo, mi svegliavo dopo poche ore a causa dell'intorpidimento delle mani, del dolore alla schiena, al collo e alle gambe. Questa fu la prova del fuoco della mia fede. Non avevo idea di cosa stessi pensando. Molte volte svenivo e mi addormentavo. In questo modo dormivo per la maggior parte del tempo. Non volevo sprecare quest'ultimo, così pensai: cosa devo fare? Pensai di fare un CD con tutti i miei libri già tradotti, e che se avessi messo questi libri interi su supporto audio, sarebbe stato fantastico per l'epoca in cui viviamo.

Affinché la prova della vostra fede, essendo molto più preziosa dell'oro che perisce, anche se viene provata con il fuoco, si riveli a lode, onore e gloria all'apparizione di Gesù Cristo.

Per diffondere questa verità, ero disposta a fare qualsiasi cosa. Nessun prezzo è più grande di quello pagato da Gesù. Dio, nella sua misericordia, mi aiutò a raggiungere il mio obiettivo.

Senza dubbio ci volle più di un anno per farlo. Non avevo abbastanza soldi per comprare tutta l'attrezzatura, né avevo abbastanza conoscenze per sapere come registrare. Iniziai a usare la carta di credito per comprare

L'ho fatto "a Suo modo"

ciò che mi serviva per questo nuovo progetto. Pensavo che, dato che non ero in grado di leggere e ricordare, potevo leggere il libro ad alta voce e farne un CD audio, in questo modo non avrei avuto bisogno della memoria per leggere.

Poiché frequentavo una chiesa inglese, avevo quasi dimenticato come leggere correttamente il Guajarati, e non volevo rinunciare alla mia lingua. Molte volte, come sapete, a causa della salute, non potevo stare seduta per giorni o addirittura settimane. Mi dimenticavo di registrare e di usare il registratore. Rivedevo i miei appunti e ricominciavo da capo, ma non volevo lasciar perdere.

Una cosa dobbiamo ricordare: il diavolo non si arrende mai! Dobbiamo imparare da questo e non arrenderci mai!

Arrivò il giorno in cui terminai il mio libretto di sei pagine. Con mia grande sorpresa, ci volle un anno per finirlo. Ero così felice che misi il CD a suonare, e lentamente girai la mia sedia a rotelle per ascoltare il CD.

Improvvisamente, mentre guardavo, i miei occhi non vedevano più nulla. Ero così spaventata, e mi dissi: "Ho lavorato così tanto in condizioni di salute precarie. Avrei voluto prendermi più cura della mia salute, ora non riesco a vedere". Non vedevo la mia cucina, il mio stereo, il muro o i mobili. Non c'era nulla, tranne una spessa nuvola bianca. Dissi: "Sono stata dura con me stessa, ora sono cieca". Improvvisamente, in quella spessa nuvola candida nella mia stanza, vidi il Signore Gesù in piedi con una veste bianca e che mi sorrideva. In breve tempo, Egli scomparve e capii che si trattava di una visione. Sapevo che la Sua gloria Shekinah era scesa. Ero così felice, e capii che il Signore Gesù era contento del mio sforzo.

Voglio sempre cercare la direzione di Dio, usare il mio tempo nel modo migliore per dargli gloria. Nessuna situazione può impedirci di svolgere il Suo ministero. Questo CD l'ho dato gratuitamente alle persone e l'ho anche caricato sul mio sito http://www.gujubible.org/web_site.htm e https://waytoheavenministry.org

Chi ci separerà dall'amore di Cristo? La tribolazione, l'angoscia, la persecuzione, la fame, la nudità, il pericolo, la spada? Come sta scritto: "Per amor tuo siamo uccisi tutto il giorno; siamo considerati come pecore da macello". Ma in tutte queste cose siamo più che vincitori per mezzo di colui che ci ha amati. Sono infatti convinto che né la morte, né la vita, né gli angeli, né i principati, né le potenze, né le cose presenti, né quelle future, né l'altezza, né la profondità, né alcun'altra creatura potrà separarci dall'amore di Dio, che è in Cristo Gesù, nostro Signore". (Romani 8:35-39)

Capitolo 24

STUDIO CHE ESPLORA

Molte volte ebbi l'opportunità di tenere studi biblici in lingue diverse dall'inglese. Mentre insegnavo loro la Parola di Dio, alcune persone non riuscivano a trovare le Scritture giuste. Ho sempre usato la versione di Re Giacomo. Ma alcune di loro avevano versioni e lingue diverse della Bibbia.

Una sera stavo insegnando su un unico Dio, il monoteismo (mono deriva dalla parola greca Monos e theos significa Dio) e stavo leggendo 1 Giovanni 5:7. Quando cercarono quella scrittura nella loro Bibbia, non la trovarono. Era mezzanotte passata, quindi pensai che non capissero quello che stavano leggendo e, mentre traducevamo dall'inglese alla loro lingua, dissero che quella parte non compariva nella loro Bibbia.

*Perché tre sono i segni nei cieli: il Padre, la Parola e lo Spirito Santo; e questi **tre sono uno**. (1 Giovanni 5:7)*

Ero scioccata. Così cercammo un'altra Scrittura.

*(KJV) 1° Timoteo 3:16: "**Dio** si è manifestato in carne e ossa".*

La loro Bibbia recitava: "*Egli apparve in un corpo*" (tutte le Bibbie tradotte dal manoscritto corrotto alessandrino riportano questa menzogna. La Vulgata cattolica romana, la Bibbia Guajarati, la Bibbia NIV, la versione spagnola e altre versioni moderne della Bibbia).

{ΘC=Dio} nella lingua greca, ma togliendo la lineetta da ΘC, "Dio" cambia {OC = "chi" o "egli"} in chi, che ha un significato diverso nella lingua greca. Sono due parole diverse, perché "egli" potrebbe significare chiunque, ma Dio sta parlando di Gesù Cristo in carne e ossa.

Quanto è facile togliere la divinità di Gesù Cristo!!!

Apocalisse 1:8

KJV: Io sono l'Alfa e l'Omega, il <u>principio e la fine</u>, dice il Signore, che è, che era e che viene, l'Onnipotente.
Traduzione NIV: Apocalisse 1:8 "Io sono l'Alfa e l'Omega", dice il Signore Dio, "colui che è, che era e che viene, l'Onnipotente".

(La Bibbia Gujarati, la NIV e altre traduzioni hanno tolto "<u>Inizio e fine</u>")

Apocalisse 1:11

KJV: dicendo: "<u>Io sono l'Alfa e l'Omega, il primo e l'ultimo</u>; e quello che vedi, scrivilo in un libro e mandalo alle sette chiese che sono in Asia: a Efeso, a Smirne, a Pergamo, a Tiatira, a Sardi, a Filadelfia e a Laodicea" (Apocalisse 1:11).

NIV: Apocalisse 1:11 "Scrivi su un rotolo quello che vedi e mandalo alle sette chiese: a Efeso, Smirne, Pergamo, Tiatira, Sardi, Filadelfia e Laodicea".

(Le versioni moderne della Bibbia, la Guajarati e la Bibbia NIV hanno tutte tolto <u>Io sono l'Alfa e l'Omega, il primo e l'ultimo</u>).

Non riuscii a dimostrare che c'è "un solo Dio" dalla loro Bibbia.

Il mio insegnamento richiedeva molto tempo e, con loro sorpresa, non riuscivo a fornire la prova scritta dell'esistenza di un unico Dio dalla loro Bibbia. Questo mi spinse a studiare in profondità.

Ricordo che Paolo disse: *"So infatti che, dopo la mia partenza, entreranno tra voi lupi feroci che non risparmieranno il gregge".*

L'ho fatto "a Suo modo"

(Atti 20:29)

L'apostolo Giovanni, l'ultimo discepolo di Cristo rimasto in vita, ci ha dato un avvertimento in una delle sue epistole:

Amati, non credete a ogni spirito, ma provate gli spiriti se sono da Dio, perché molti falsi profeti sono usciti nel mondo. In questo modo conoscete lo Spirito di Dio: Ogni spirito che confessa che Gesù Cristo è venuto nella carne è da Dio: E ogni spirito che non confessa che Gesù Cristo è venuto nella carne non è da Dio; e questo è lo spirito dell'anticristo, di cui avete sentito dire che sarebbe venuto; e già ora è nel mondo. (1 Giovanni 4:1-3)

Vorrei condividere questo fatto che ho trovato, cercando la verità sulla corruzione della "Parola di Dio".

Il manoscritto alessandrino era una versione corrotta del vero manoscritto originale della Bibbia. Furono rimosse molte parole come Sodomita, inferno, sangue, creato da Gesù Cristo, Signore Gesù, Cristo, Alleluia e Geova, oltre a molte altre parole e versetti.

Ad Alessandria d'Egitto gli scribi, che erano anticristi, non avevano la rivelazione dell'Unico Vero Dio perché la Bibbia era stata modificata rispetto al manoscritto originale. Questa corruzione iniziò nel primo secolo.

All'inizio le Bibbie greche ed ebraiche erano scritte su rotoli di papiro che erano deperibili. Così, ogni 200 anni, ne scrivevano a mano 50 copie in Paesi diversi per conservarle per altri 200 anni. Questo fu praticato dai nostri antenati che avevano la copia autentica del manoscritto originale. Lo stesso sistema fu adottato **dagli** Alessandrini per preservare anche il manoscritto corrotto.

All'inizio del secolo scorso, i vescovi presero posizione e portarono progressivamente la corruzione dal 130 al 444 d.C.. Aggiunsero e sottrassero parti dalla copia originale del manoscritto greco ed ebraico. Tutti i vescovi successivi affermarono di aver ricevuto messaggi direttamente da Gesù e di non dover prestare attenzione agli apostoli, ai discepoli, ai profeti e ai maestri. E tutti i vescovi affermarono anche di essere gli unici illuminati.

Il vescovo Origene di Alessandria (185-254 CE) Tertulliano fu un vescovo corrotto, che aggiunse altre tenebre. Morì intorno al 216 d.C.. Clemente prese il suo posto e fu vescovo di Alessandria. Cirillo, vescovo di Gerusalemme, nacque nel 315 e morì nel 386 d.C.. Agostino, vescovo di Ippona, fondatore del cattolicesimo, nacque nel 347 e morì nel 430 d.C.. Egli allontanò le persone che credevano veramente nella Parola di Dio. Crisostomo fu un altro vescovo di Costantinopoli, dove ebbe origine la versione corrotta. Nacque nel 354 e morì nel 417 d.C.. San Cirillo di Alessandria fu nominato vescovo nel 412 e morì nel 444 d.C..

Questi vescovi hanno corrotto il vero manoscritto e sono stati respinti dai nostri antenati che sapevano dove e come il manoscritto originale era stato corrotto.

Questa corruzione iniziò quando Paolo e Giovanni erano ancora vivi. Gli Alessandrini ignorarono la Parola di Dio e a Nicea, nell'anno 325 d.C., stabilirono la dottrina della Trinità. Nicea è l'odierna Turchia e nella Bibbia è conosciuta come Pergamo.

*E all'angelo della chiesa di **Pergamo** scrivi: "Queste cose dice colui che ha la spada affilata a due tagli: io conosco le tue opere e il luogo in cui abiti, anche **dove si trova la sede** di**Satana**, e tu tieni saldo il mio nome e non hai rinnegato la mia fede, anche in quei giorni in cui Antipa, il mio fedele martire, fu ucciso in mezzo a voi, dove abita Satana". (Apocalisse 2:12-13).*

Nicea

Nell'anno 325 d.C. l'Unità di Dio fu rimossa da Satana e fu aggiunta la Trinità e Dio fu diviso. Hanno tolto il nome "Gesù" dalla formula del battesimo aggiungendo Padre, Figlio e Spirito Santo.

Il ladro non viene se non per rubare, uccidere e distruggere; io sono venuto perché abbiano la vita e l'abbiano di più". abbondantemente (Giovanni 10:10).

L'ho fatto "a Suo modo"

Pergamo (in seguito chiamata Nicea e oggi chiamata Turchia) è una città costruita a 1.000 piedi sul livello del mare. In questo luogo si veneravano quattro diverse divinità. Il dio principale era Esculapio, il cui simbolo è un serpente.

L'Apocalisse dice:

*E il grande **drago** fu scacciato, quel vecchio **serpente**, chiamato diavolo e Satana, che inganna tutto il mondo; fu scacciato sulla terra e i suoi angeli furono scacciati con lui. (Apocalisse 12:9)*

*E si impadronì del drago, il vecchio **serpente**, che è il diavolo e Satana, e lo legò per mille anni. (Apocalisse 20:2)*

In questo tempio c'erano molti serpenti di grandi dimensioni; anche intorno a quell'area ce n'erano a migliaia. La gente veniva al tempio di Pergamo in cerca di guarigione. Esculapio era chiamato il dio della guarigione, ed era il principale tra i quattro dei. Poiché era chiamato così,

in questo luogo si introducevano erbe e medicine per la guarigione. In modo che egli potesse rimuovere le strisce e il Nome di Gesù per la guarigione. Il suo piano era quello di prendere il posto di Gesù e rimuovere Cristo come Salvatore, poiché anche lui si era dichiarato salvatore. La scienza medica moderna ha preso il simbolo del serpente da Esculapio (serpente).

La Bibbia dice:

*Voi siete i miei testimoni, dice l'Eterno, e il mio servo che ho scelto, affinché mi conosciate e crediate, e comprendiate che **io sono lui**: prima di me non è stato formato alcun Dio, né ce ne sarà dopo di me. Io, proprio io, sono l'Eterno; e all'infuori di me non c'è **salvatore**. (Isaia 43:10-11)*

Questo è il luogo in cui Satana ha stabilito la trinità.

Oggi hanno trovato una copia originale del manoscritto di Alessandria, sottolineando le parole e le scritture da rimuovere dal vero manoscritto originale ebraico e greco. Questo dimostra che sono stati loro a corrompere la vera Parola di Dio.

L'era oscura è arrivata semplicemente rimuovendo la verità e cambiando il vero documento della Bibbia.

La parola di Dio è una spada, luce e verità. La parola di Dio è stabilita per sempre.

La Bibbia NIV, la Bibbia moderna e molte altre lingue della Bibbia sono state tradotte da una vecchia copia alessandrina corrotta. Ora la maggior parte delle altre copie della Bibbia provengono dalla versione NIV e sono tradotte in altre lingue. Il diritto di copia della Bibbia di Satana e della Bibbia NIV è di proprietà di un uomo chiamato Rupert Murdoch.

Quando Re Giacomo prese il potere dopo la regina vergine Elisabetta, nel 1603, si fece carico del progetto di tradurre la Bibbia dal suo vero manoscritto originale in ebraico e greco. Questo progetto fu portato avanti da molti teologi, studiosi e persone molto rispettate agli occhi delle persone. Gli archeologi hanno trovato gli antichi manoscritti originali ebraici e greci che concordano al 99% con la Bibbia KJV. L'1% è costituito da errori minori, tra cui la punteggiatura.

Lode a Dio! La KJV è di dominio pubblico e chiunque può usare la Bibbia KJV per tradurla nella propria lingua. Il mio suggerimento è che dobbiamo tradurre dalla Bibbia KJV perché è di dominio pubblico ed è la Bibbia più accurata.

Rimuovendo la verità dalla Bibbia originale, il nome "Gesù Cristo", che è il potere che rende libere le persone, è scomparso.

Questo ha causato la nascita di molte denominazioni. Ora capirete perché la Bibbia dice di non aggiungere né sottrarre.

L'attacco è all'Unico Dio incarnato.

La Bibbia dice:

Il Signore sarà re su tutta la terra; in quel giorno ci sarà un solo Signore e il suo nome sarà uno solo. (Zaccaria 14:9)

Il Suo nome è GESU'!!!

Capitolo 25

TESTIMONIANZE PERSONALI CHE CAMBIANO LA VITA

Saluti nel Nome di Gesù:

Queste testimonianze personali "che cambiano la vita" sono incluse come incoraggiamento della potenza di Dio Onnipotente. Spero sinceramente che la vostra fede venga accresciuta dalla lettura di queste testimonianze ispirate di umili credenti e ministri che hanno una vocazione e una passione per Dio. "Conoscetelo nell'intimità del Suo Amore, attraverso la Fede, la Preghiera e la Parola di Dio". La scienza e la medicina non possono spiegare questi miracoli, né coloro che si professano saggi possono comprendere le cose di Dio.

*"Ti darò i **tesori** delle tenebre e le ricchezze nascoste dei luoghi segreti, affinché tu conosca che io, l'Eterno, che ti chiamo per nome, sono il Dio d'Israele". (Isaia 45:3)*

"Questo è un cammino di Fede che non può essere tagliato e non è immaginabile".

"I saggi si vergognano, sono sgomenti e presi: vedi, hanno rigettato la parola del Signore e quale saggezza c'è in loro?". (Geremia 8:9)

L'ho fatto "a Suo modo"

"Guai a coloro che sono saggi ai propri occhi e prudenti ai propri occhi!" (Isaia 5:21)

"Poiché vedete la vostra vocazione, fratelli, come non sono stati chiamati molti sapienti secondo la carne, né molti potenti, né molti nobili: Ma Dio ha scelto le cose stolte del mondo per confondere i sapienti; e Dio ha scelto le cose deboli del mondo per confondere le cose potenti". (1 Corinzi 1:26-27)

"Chiamami e io ti risponderò e ti mostrerò cose grandi e potenti che tu non conosci". (Geremia 33:3)

Ringrazio di cuore coloro che hanno contribuito con le loro testimonianze personali e il loro tempo a questo libro per la Gloria di Dio.

Che Dio vi benedica

Elizabeth Das, Texas

TESTIMONIANZE DEL POPOLO

Tutte le testimonianze sono date volontariamente per dare gloria a Dio, la gloria appartiene solo a Dio

Terry Baughman,
Pastore Gilbert, Arizona, U.S.A.

Elizabeth Das è una donna influente. L'apostolo Paolo e il suo compagno di missione Sila furono attratti da un gruppo di preghiera femminile vicino a Thyatira, lungo la riva del fiume. Fu in questo incontro di preghiera che Lidia ascoltò l'insegnamento di Paolo e Sila e insistette perché venissero a stare a casa sua durante il loro ministero nella regione. (Vedi Atti 16:13-15) L'ospitalità e il ministero di questa donna sono registrati nelle Scritture per sempre.

Elizabeth Das è una donna di Dio, proprio come la donna influente, Lidia, nel libro degli Atti. Attraverso il suo impegno e la sua passione, ha condotto altri alla conoscenza della verità, ha coordinato gruppi di preghiera ed è stata lo strumento per inviare ministri del Vangelo nel suo paese natale, il Gujarat, in India. La prima volta che ho sentito parlare di Elizabeth Das ero un istruttore, e il decano accademico del Christian Life College di Stockton, in California. Daryl Rash, il nostro direttore delle missioni, mi parlò del suo buon lavoro nel sollecitare i ministri ad andare ad Ahmadabad, in India, per insegnare e predicare nelle conferenze sponsorizzate dal pastore Jaiprakash Christian and Faith Church, un gruppo di oltre 60 chiese nello stato del Gujarat, in India. Ha chiamato il Christian Life College chiedendo di avere degli oratori per una prossima conferenza per le chiese in India. Abbiamo inviato due dei nostri istruttori per fornire l'insegnamento e la predicazione per la conferenza. La volta successiva che Elizabeth Das chiamò, Daryl Rash mi chiese se mi sarebbe piaciuto andare a insegnare in una delle conferenze. Fui felice di andarci e iniziai immediatamente i preparativi per il viaggio. Un altro istruttore, Brian Henry, mi accompagnò, e predicò il servizio notturno alla conferenza. All'epoca ero il vicepresidente esecutivo del Christian Life College e un istruttore a tempo pieno, così organizzammo dei sostituti per le nostre lezioni e altre responsabilità e volammo dall'altra parte del mondo per condividere i nostri ministeri con il meraviglioso popolo del Gujarat, nell'India occidentale. Nel mio secondo viaggio in Gujarat, nel 2008, mi ha accompagnato mio figlio, che aveva vissuto un evento che gli ha cambiato la vita durante la Conferenza Spirito e Verità ad Anand. È un'impresa costosa volare in tutto il mondo e partecipare a queste conferenze e viaggi ministeriali, ma la ricompensa non può essere misurata in valore monetario. Mio figlio ha preso un nuovo impegno con il Signore durante questo viaggio in India che ha cambiato la direzione della sua vita. Ora guida il culto ed è il direttore musicale della chiesa in cui ora servo come pastore a Gilbert, in Arizona. Non solo le persone sono benedette dal ministero in India, ma anche coloro che vi si recano sono allo stesso modo benedetti, a volte in modi sorprendenti.

L'influenza di Elizabeth Das si fa letteralmente sentire in tutto il mondo. Non solo è determinante per l'invio di ministri dagli Stati Uniti all'India, ma ha anche la passione di tradurre materiale in gujarati, la lingua del suo paese. Ogni volta che ho parlato con lei al telefono, si è sempre dimostrata alla ricerca di nuovi modi per condividere la verità del Vangelo. È attiva in un ministero di preghiera e cerca attivamente modi per svolgere il ministero attraverso lezioni bibliche a stampa e su Internet attraverso le sue registrazioni su YouTube. Elizabeth Das è una dimostrazione vivente di ciò che una persona può fare per cambiare il mondo attraverso la passione, la perseveranza e la preghiera.

Veneda Ing
Milano, Tennesee, Stati Uniti.

Vivo in una piccola città del Tennessee occidentale e appartengo a una chiesa pentecostale locale. Qualche anno fa ho partecipato a una conferenza di preghiera a St. Louis, MO e ho incontrato una signora di nome Tammy, con cui siamo diventate subito amiche. Man mano che ci conoscevamo, mi parlò di un gruppo di preghiera a cui apparteneva, guidato dalla sorella Elizabeth Das dalla sua casa in Texas. Il piccolo gruppo comprendeva persone provenienti da diverse parti degli Stati Uniti che si univano in conferenza telefonica.

Quando sono tornata a casa, ho iniziato a chiamare il gruppo di preghiera e sono stata immediatamente benedetta da Dio. Ero in chiesa da circa 13 anni quando mi sono unita a questo gruppo, quindi la preghiera non era qualcosa di nuovo; tuttavia, il potere della "preghiera concordata" era stupefacente! Cominciai subito a ottenere risultati sulle mie richieste di preghiera e ascoltavo ogni giorno i resoconti delle lodi. Non solo la mia vita di preghiera è cresciuta, ma anche il mio ministero nelle carceri è cresciuto insieme ad altri doni dello Spirito con cui Dio mi ha benedetto. A quel punto non avevo mai incontrato la sorella Das. Il suo grande desiderio di pregare e di aiutare gli altri a sfruttare i doni che hanno dentro di sé mi ha sempre fatto tornare per saperne di più. È molto incoraggiante e coraggiosa, non ha paura di mettere in discussione le cose e sicuramente non ha paura di dirti se sente da Dio che qualcosa non va. Gesù è sempre la sua risposta. Quando ho avuto l'opportunità di venire in Texas per partecipare a un incontro di preghiera speciale a casa della sorella Das, non vedevo l'ora di andarci.

Mi sono imbarcata sull'aereo e in poche ore ero all'aeroporto di Dallas-Ft. Worth, dove ci siamo incontrate per la prima volta dopo più di un anno di preghiera insieme.

Una voce familiare, sembrava che ci conoscessimo da anni. Anche altre persone sono venute da altri Stati per unirsi a questo incontro.

La riunione di preghiera a casa è stata qualcosa che non avevo mai sperimentato prima. Ero così entusiasta che Dio mi avesse permesso di essere usata per fare del bene agli altri. Durante questa riunione abbiamo visto molti guarire da problemi alla schiena e al collo. Abbiamo visto e sperimentato la crescita di gambe e braccia e abbiamo assistito alla guarigione di una persona dal diabete, oltre a molti altri miracoli ed eventi che hanno cambiato la vita, come la cacciata dei demoni. Tutto ciò mi ha lasciato ancora più desiderosa delle cose di Dio e di conoscerlo in un luogo più elevato. Permettetemi di fermarmi un attimo e di aggiungere che Dio ha compiuto questi miracoli nel nome di Gesù e di Lui soltanto. Dio usa la sorella Das perché è disposta ad aiutare e insegnare agli altri a imparare come permettere a Dio di usare anche loro. È una cara amica e un mentore che mi ha insegnato a essere più

responsabile nei confronti di Dio. Ringrazio Dio perché le nostre vite si sono incrociate e siamo diventate compagne di preghiera. Non ho mai conosciuto il vero potere della preghiera in 13 anni di vita per Dio. Vi incoraggio a formare un gruppo di preghiera unito e a vedere cosa farà Dio. Egli è un Dio sorprendente.

Diana Guevara
California El Monte
Sin da quando sono nata, sono stata cresciuta nella religione cattolica della mia famiglia. Invecchiando, non praticavo la mia religione. Mi chiamo Diana Guevara e da bambina ho sempre saputo che avrei dovuto

L'ho fatto "a Suo modo"

provare qualcosa quando andavo in chiesa, ma non è mai successo. La mia routine consisteva nel pregare il Padre Nostro e l'Ave Maria, come mi era stato insegnato da bambina. La verità è che non conoscevo davvero Dio. Nel febbraio 2007 ho scoperto che il mio ragazzo da 15 anni aveva una relazione e che era su diversi siti di incontri su Internet. Ero così ferita e devastata che sono entrata in uno stato depressivo, sdraiata sul divano a piangere in continuazione. Ero così affranta che persi 25 chili in 21 giorni, perché sentivo che il mio mondo era giunto alla fine. Un giorno ricevetti una telefonata da sorella Elizabeth Das, una donna che non avevo mai conosciuto. Mi incoraggiò, pregò per me e mi citava le Scritture dalla Bibbia. Per 2 mesi abbiamo parlato e lei ha continuato a pregare per me, e ogni volta ho sentito la pace e l'amore di Dio. Nell'aprile 2007 qualcosa mi disse che dovevo andare in Texas, nella casa di sorella Elizabeth. Ho prenotato e sono partita per il Texas per 5 giorni. Durante questo periodo sorella Elizabeth e io abbiamo pregato e studiato la Bibbia. Mi mostrò le Scritture sull'essere battezzati nel Nome di Gesù. Ho fatto molte domande su Dio e sapevo che dovevo essere battezzata nel Nome di Gesù il prima possibile. Dopo essere stata battezzata, capii che era questo il motivo per cui sentivo l'urgenza di andare in Texas. Avevo finalmente trovato ciò che mi mancava da bambina, la presenza di Dio Onnipotente! Quando tornai in California iniziai a frequentare la Life Church.

È qui che ho ricevuto il dono dello Spirito Santo con la prova di parlare in lingue. Posso veramente dire che c'è una differenza tra la verità e la religione. È stato attraverso l'amore che Dio si è servito di sorella Elizabeth per insegnarmi gli studi biblici e mostrarmi il piano di salvezza secondo la Parola di Dio. Sono nata sotto a una religione e questo era tutto ciò che sapevo senza esplorare la Bibbia da sola. Avendo imparato a ripetere le preghiere, trovo che ora le mie preghiere non sono mai di routine o noiose. Mi piace parlare con il Signore. Ho sempre saputo che c'era un Dio, ma allora non sapevo che potevo anche sentire la Sua presenza e il Suo amore come adesso. Non solo è presente nella mia vita, ma mi ha dato la pace e ha riparato il mio cuore quando pensavo che il mio mondo fosse finito. Il Signore Gesù mi ha dato l'amore che mi è sempre mancato nella mia vita. Non posso immaginare la mia vita senza Gesù, perché senza di lui non sono nulla. Poiché ha riempito gli spazi vuoti del mio cuore con il suo amore, vivo per Lui e solo per Lui. Gesù è tutto e può guarire anche il vostro cuore. Do tutto l'onore e la gloria solo a Nostro Signore Gesù Cristo.

Jairo Pina:
La mia testimonianza

Mi chiamo Jairo Pina e attualmente ho 24 anni e vivo a Dallas, TX. Crescendo, io e la mia famiglia andavamo in chiesa solo una volta all'anno, credendo nella fede cattolica. Sapevo di Dio, ma non Lo conoscevo. A 16 anni mi hanno diagnosticato un tumore maligno al perone destro, noto come osteosarcoma (cancro alle ossa). Ho affrontato un anno di chemioterapia e interventi chirurgici per combatterlo. È stato durante questo periodo che ho il primo ricordo di Dio che si è rivelato a me. Mi trascinò in questo piccolo edificio a Garland, TX, con un amico e sua madre. Quest'ultima era amica di una coppia di cristiani che ci portò da un pastore di origine africana. In seguito avrei scoperto che questo pastore aveva il dono della profezia.

Il pastore profetizzò sulle persone che si recavano con noi in questo piccolo edificio, ma fu quello che profetizzò su di me che mi rimase impresso per sempre. Disse: "Wow! Avrai una grande testimonianza e porterai molte persone a Dio con essa!". Io ero scettico e me lo scrollai

di dosso, non sapendo davvero cosa sarebbe successo in seguito nella mia vita. Circa 2 anni dopo aver terminato la mia prima battaglia contro il cancro, ebbi una ricaduta nello stesso punto menzionato in precedenza. La cosa mi sconvolse moltissimo perché dovevo fare altre chemio programmate e dovevo amputare la gamba destra. In questo periodo mi prendevo molto tempo per stare da solo, nella speranza di prepararmi mentalmente. Un giorno parcheggiai vicino a un lago e cominciai a pregare Dio con il cuore. Non sapevo cosa significasse veramente pregare, così iniziai a parlargli di ciò che avevo nella mente e nel cuore. Dissi: "Dio, se sei veramente genuino, mostramelo e se ti importa di me, mostramelo".

Circa 15 minuti dopo, sono andato a cancellare un abbonamento alla palestra LA Fitness, dove ho visto allenarsi uno dei miei amici. Gli ho spiegato perché stavo cancellando l'abbonamento e lui mi ha chiesto perché volessi farlo. Poi mi ha detto: "Amico, dovresti andare nella mia chiesa. Ho visto molti miracoli lì e le persone sono state guarite". Non avevo nulla da perdere, così iniziai ad andarci. Cominciò a mostrarmi i versetti del libro degli Atti sul battesimo e sul riempimento con lo Spirito Santo. Mi parlò di tutto il parlare in lingue, cosa che trovai strana, ma mi indirizzò verso le prove bibliche. Subito dopo mi trovai nella sua chiesa quando chiesero chi volesse consegnare la propria vita a Cristo ed essere battezzato. Mi sono avvicinato al pulpito quando un pastore mi ha messo la mano sulla testa. Iniziò a pregare per me e iniziai a parlare in lingue lo stesso giorno in cui mi battezzarono. Questo segnò la mia esperienza di rinascita, senza sapere che ora ero nella guerra spirituale.

Anche dopo questa esperienza, ho cominciato ad essere attaccato e ad essere allontanato da Dio. Vorrei anche menzionare che anche prima di essere battezzato, i demoni mi hanno attaccato spiritualmente, e ne ho anche sentiti alcuni in modo udibile. Ne ho sentito uno che rideva con voce infantile fuori dalla mia finestra alle 3 del mattino, uno che rideva mentre mi toccava sessualmente e uno che mi diceva che mi avrebbe portato all'inferno. Ci sono altri attacchi che ho sperimentato, ma questi sono quelli che mi sono rimasti più impressi. Ora torniamo al punto in cui mi ero interrotto sull'allontanamento da Dio. Ho avuto una relazione con una ragazza che alla fine mi ha tradito e mi ha spezzato il cuore in mille pezzi. Siamo stati insieme per circa 1 anno ed è finita tragicamente. Mentre cercavo di affrontare il vuoto, ho iniziato a bere e a fumare. Poi ho iniziato a chiedere a Dio di aiutarmi e di riavvicinarmi a lui mentre ero in lacrime. Lo pensavo davvero e ho iniziato a sperimentare la misericordia di Dio, senza sapere bene cosa fosse.

Ricominciai ad andare in chiesa con il mio amico e sua madre, dove fui battezzato nella chiesa pentecostale. A quel punto la mia conoscenza della Bibbia iniziò a crescere immensamente. Ho seguito i corsi di fondazione e ho imparato molto leggendo la Parola di Dio. La mamma di una mia amica alla fine mi diede il libro di Elizabeth Das "I did it His Way" dicendomi che era un libro influente sul suo cammino con Dio. Quando ho finito il libro, ho notato che c'era il suo indirizzo e-mail. Ho contattato Elizabeth e anche la mamma della mia amica le ha parlato di me. Ho iniziato a parlarle al telefono e alla fine l'ho incontrata di persona. Da quando l'ho conosciuta, ho notato che ama davvero e applica la parola di Dio alla sua vita. Ha imposto le mani sui malati e prega per molte persone nel suo tempo libero. La considero il mio mentore spirituale, perché mi ha insegnato molto su Dio e sulla sua Parola, cosa di cui le sono estremamente grato. Direi che siamo persino diventati amici e continuiamo a prenderci cura di noi a vicenda ancora oggi.

Nel gennaio 2017 avevo un appartamento in affitto che apparteneva all'università che frequentavo. In realtà stavo cercando di far subentrare qualcuno nel mio contratto di locazione a causa di problemi finanziari. Non lavoravo e non avevo soldi per continuare a pagare l'affitto dell'appartamento. Purtroppo non riuscivo a trovare qualcuno che subentrasse, il che mi avrebbe lasciato la responsabilità di continuare a pagare l'affitto. Ho chiamato Elizabeth Das, come faccio spesso, per chiedere una preghiera su questo problema di rottura del contratto. Lo stesso gennaio ho fatto una TAC al torace che ha rivelato la presenza di una macchia nel lobo inferiore del polmone destro. Dovetti sottopormi a un intervento chirurgico per rimuovere la macchia evidenziata dalla

TAC, che si rivelò essere maligna. Sebbene questo sia stato uno schifo, lo stesso mese ho potuto sciogliere il contratto d'affitto dell'appartamento. Dicono che Dio opera in modi misteriosi, quindi mi sono fidato di lui per quello che stava succedendo.

In quel periodo stavo frequentando i corsi di preparazione, sperando di finire e di essere ammesso alla scuola per infermieri. Elizabeth pregava per me affinché trovassi un buon lavoro e fossi ammesso alla scuola per infermieri secondo la volontà di Dio per la mia vita.

Circa 3 mesi dopo, mi è stata programmata un'altra TAC del torace per vedere se stavo bene. Tuttavia, questa ha mostrato un'altra macchia sul polmone, vicina alla stessa che c'era nel gennaio 2017. L'oncologo ha detto che secondo lui si trattava di un cancro che si stava ripresentando e che doveva essere rimosso con un intervento chirurgico. Non potevo credere che tutto questo stesse accadendo. Pensavo che fosse la fine per me. Ne parlai a Elizabeth e molte altre persone iniziarono a pregare per me in quel momento. Nonostante tutto questo, avevo ancora un po' di fede nel fatto che tutto sarebbe andato bene e che Dio si sarebbe preso cura di me. Ricordo di aver guidato un giorno di notte e di aver chiesto a Dio: "Se mi tiri fuori da questo guaio, prometto di condividere con altri ciò che hai fatto per me".

Qualche settimana dopo, andai a farmi operare e mi asportarono un diametro maggiore del lobo inferiore destro del polmone. Elizabeth e la sua amica vennero persino in ospedale per imporre le mani su di me e pregare affinché Dio mi guarisse. Circa 2 settimane dopo l'intervento, tornai in ospedale per avere i risultati. Per non parlare del fatto che stavo ancora cercando un lavoro in ospedale per migliorare le mie possibilità di entrare alla scuola per infermieri in quel periodo. Quel giorno, mentre mi avvicinavo al banco dell'accettazione per ottenere i risultati dell'intervento, chiesi se stessero assumendo. Una manager era lì all'ingresso mentre facevo il check-in e mi ha dato i suoi dati per farle sapere quando avrei presentato la mia domanda online. Subito dopo, stavo aspettando in una stanza che l'oncologo si presentasse con i miei risultati. Ero estremamente nervoso e temevo quello che mi avrebbe detto.

L'oncologo entrò nella stanza e la prima cosa che disse fu: "Le hanno già detto i risultati?". Gli dissi di no e che volevo che mi illustrasse le opzioni che avevo a disposizione per decidere cosa fare dopo. Poi mi disse: "I risultati hanno dimostrato che si trattava solo di un accumulo di calcio, non è un cancro". Ero completamente sotto shock, sapendo che era stato Dio a fare questo per me. Andai in macchina e cominciai a piangere lacrime di gioia! Chiamai Elizabeth e le diedi la buona notizia. Festeggiammo insieme. Pochi giorni dopo mi fecero un colloquio per il lavoro in ospedale e appena una settimana dopo mi offrirono il posto. Poche settimane dopo aver ricevuto il lavoro, sono stato ammesso alla scuola per infermieri. Gloria a Dio per aver messo insieme tutto questo, perché mi dà ancora gioia parlarne.

In questo momento sto frequentando l'ultimo semestre della scuola per infermieri e mi diplomerò nel maggio 2019. Ho vissuto tante esperienze e sono grato per tutte le porte che Dio ha aperto e chiuso per me. Ho anche cominciato una relazione con un'altra persona, e lei è stata straordinaria per me, ed è stata presente da quando il cancro ha avuto delle metastasi al polmone nel gennaio 2017 fino ad oggi. Elizabeth mi ha insegnato tanto e ha pregato per me moltissime volte, il che mi dimostra il potere della preghiera e dell'imposizione delle mani sui malati. Lettore, non sono in alcun modo più speciale di te. Dio ti ama allo stesso modo e Gesù Cristo è morto per i tuoi e i miei peccati. Se lo cerchi con tutto il cuore, lo troverai.

"Perché io conosco i pensieri che penso verso di voi, dice il Signore, pensieri di pace e non di male, per darvi una fine attesa. Allora mi invocherete, andrete a pregarmi e io vi ascolterò. Mi cercherete e mi troverete, quando mi cercherete con tutto il cuore"
Geremia 29:11-13 KJV.

Madalyn Ascencio
El Monte, California, Stati Uniti.
Credevo che un uomo mi avrebbe completata. Quando mi sono innamorata di Gesù ho scoperto che è Lui e solo Lui a completarmi. Sono stata creata per adorare e adorare Lui! Mi chiamo Madalyn Ascencio e questa è la mia testimonianza.

Nel marzo 2005 ho iniziato a soffrire di ansia e attacchi di panico per 3 anni. Mi sono recata in ospedale in diverse occasioni e tutto ciò che mi hanno offerto sono stati antidepressivi e Valium, ma mi sono rifiutata di dipendere dai farmaci per sentirmi normale. Ho pregato affinché Dio mi aiutasse. Un sabato mattina di metà ottobre 2008, ho avuto un attacco di panico molto forte e ho chiamato sorella Elizabeth. Mi ha chiesto cosa stesse succedendo e ha pregato per me. Una volta che mi sono sentita meglio, mi ha dato alcune Scritture da leggere. Ho pregato e chiesto a Dio di darmi saggezza e comprensione. Mentre leggevo le Scritture,

*Giovanni 3,5-7: Gesù rispose: "In verità, in verità ti dico che **se uno non nasce da acqua e da Spirito, non può entrare nel regno di Dio**. Ciò che è nato dalla carne è carne, e ciò che è nato dallo Spirito è spirito. Non ti meravigliare se ti ho detto: "Devi nascere di nuovo".*

Giovanni 8:32: Conoscerete la verità e la verità vi farà liberi.

Giovanni 10:10: Il ladro non viene se non per rubare, uccidere e distruggere; io sono venuto perché abbiano la vita e l'abbiano più abbondante.

Sapevo che Dio mi stava parlando. Più pregavo e parlavo con sorella Elizabeth, più sapevo che avevo bisogno di essere ribattezzata. Avevo pregato così tanto che Dio mi avrebbe avvicinata a sé. Ho frequentato

L'ho fatto "a Suo modo"

una chiesa cristiana non confessionale dal 2001 al 2008 e nell'aprile 2007 sono stata battezzata. Sorella Elizabeth mi ha chiesto cosa ho provato quando sono stata battezzata e io le ho detto "mi sono sentita bene". La sua risposta è stata "tutto qui"? Mi chiese se ero stata battezzata nel nome

di Gesù e le risposi che ero stata battezzata nel nome del Padre, del Figlio e dello Spirito Santo. Mi disse di leggere e studiare.

Atti 2:38: Allora Pietro disse loro: "Ravvedetevi e ciascuno di voi sia battezzato nel **nome di Gesù Cristo per la remissione dei peccati** *e riceverete il dono dello Spirito Santo".*

Atti 8:12-17: Ma quando credettero a Filippo che predicava le cose riguardanti il regno di Dio e il nome di Gesù Cristo, furono battezzati, uomini e donne. Anche Simone credette e, dopo essere stato battezzato, continuò a stare con Filippo e si meravigliava, vedendo i miracoli e i segni che venivano compiuti. Ora, quando gli apostoli che erano a Gerusalemme vennero a sapere che la Samaria aveva ricevuto la parola di Dio, mandarono da loro Pietro e Giovanni; i quali, una volta scesi, pregarono per loro, affinché ricevessero lo Spirito Santo (poiché non era ancora sceso su nessuno di loro; solo loro erano stati **battezzati nel nome del Signore Gesù**). *Poi imposero loro le mani ed essi ricevettero lo Spirito Santo.*

Atti 10:43-48: A lui rendono testimonianza tutti i profeti, che per mezzo del suo nome chiunque crede in lui riceverà la remissione dei peccati". Mentre Pietro pronunciava queste parole, lo Spirito Santo scese su tutti coloro che ascoltavano la parola. E quelli della circoncisione che avevano creduto erano stupiti, come quelli che erano venuti con Pietro, perché anche sui Gentili era stato riversato il dono dello Spirito Santo. Infatti li sentivano parlare con le lingue e magnificare Dio. Allora Pietro rispose: "Può forse qualcuno proibire l'acqua perché questi non siano battezzati, che hanno ricevuto lo Spirito Santo come noi? E **ordinò loro di essere battezzati nel nome del Signore.**

Atti 19, 1-6: E mentre Apollo era a Corinto, Paolo, dopo aver attraversato le coste superiori, giunse a Efeso; e, trovando alcuni discepoli, disse loro: "Avete ricevuto lo Spirito Santo dopo aver creduto? Ed essi gli risposero: "Non abbiamo nemmeno sentito dire se

L'ho fatto "a Suo modo"

> *c'è lo Spirito Santo". Ed egli disse loro: "In che cosa siete stati battezzati? Ed essi risposero: "Nel battesimo di Giovanni". Allora Paolo disse: "Giovanni ha veramente battezzato con il battesimo di ravvedimento, dicendo al popolo di credere in colui che sarebbe venuto dopo di lui, cioè in Cristo Gesù. Quando udirono questo, **furono battezzati nel nome del Signore Gesù**. E quando Paolo impose loro le mani, lo Spirito Santo venne su di loro; ed essi parlarono con le lingue e profetizzarono.*

> *Atti 22:16 E ora perché indugi? Alzati, fatti **battezzare e lava i tuoi peccati, invocando il nome del Signore.***

Il Signore mi rivelò che lo Spirito Santo era disponibile anche per me e che se mi fossi **battezzata nel Nome di Gesù** sarei stata guarita e liberata da questa terribile sofferenza. Nei giorni in cui la situazione era molto grave, chiamavo sorella Elizabeth e lei pregava su di me. Mi resi conto che ero attaccata dal nemico, dopo tutto la sua missione è quella di rubare, uccidere e distruggere, come si legge in Giovanni 10:10. Molti anni fa ho letto Efesini 6:10-18 e ho capito che dovevo indossare ogni giorno l'intera armatura di Dio. Ogni volta che iniziavo a sentire l'ansia che mi invadeva, ho iniziato a combattere e a non temere. Il 2 novembre 2008 sono stata battezzata nel Nome di Gesù alla Life Church di Pasadena, CA. Ho sentito la pace più incredibile che avessi mai conosciuto prima e questo prima ancora di entrare in acqua per essere battezzata. Quando sono uscita dall'acqua, mi sono sentita leggera come una piuma, come se stessi camminando sulle nuvole, e non riuscivo a smettere di sorridere. Ho sentito la Presenza, la Pace e l'Amore di Dio come mai prima d'ora. Il 16 novembre 2008 ho ricevuto il dono dello Spirito Santo con la prova di parlare in altre lingue. Il vuoto che ho sempre sentito fin da bambina era ora riempito. Sapevo che Dio mi amava e aveva un grande scopo per la mia vita e più lo cercavo e pregavo, più Lui si rivelava a me. Dio mi ha mostrato che devo condividere la mia fede, dare speranza e amore. Dalla mia nuova nascita apostolica e dalla mia liberazione dall'ansia, Gesù ha portato nella mia vita molte persone che soffrono anch'esse di ansia. Ora ho un ministero nella mia testimonianza da condividere con loro.

Sono molto grata a Gesù per sorella Elizabeth Das. È stato grazie alle sue preghiere e ai suoi insegnamenti che ora anch'io lavoro per Gesù.

Attraverso le sue preghiere e il suo ministero ha portato al Signore anche mia madre, mia figlia, mia zia e alcuni amici. Sono venuta al mondo per dare a Gesù tutta la gloria! Sia benedetto il Suo Santo Nome.

Martin Razo
Santa Ana, California, Stati Uniti.

Da bambino vivevo nel dolore. Anche se avevo persone attorno che mi circondavano, avevo la sensazione di una profonda solitudine. Mi chiamo Martin Razo e questa è stata la mia infanzia. Al liceo tutti sapevano chi ero, anche se non facevano parte della cerchia di quelli che consideravo i "fighi". Avevo un paio di fidanzate, facevo uso di droghe e vivevo la vita come se fosse qualcosa di normale, perché quasi tutti lo facevano. Il venerdì e il sabato sera mi facevo con i miei amici e andavo nei locali a rimorchiare. Mio padre mi stava sempre dietro per controllare cosa facevo e dove.

Sorella Elizabeth, amica di famiglia, stava condividendo con me la sua testimonianza. Non era noiosa, anzi, era molto interessante quello che diceva. Pensavo che credesse davvero a ciò che diceva. Poi, all'improvviso, tutto è andato storto a casa. Sembrava che il Signore mi stesse avvertendo e chiamando attraverso la paura. Ho avuto tre esperienze molto spaventose che mi hanno fatto credere questo. In primo luogo, sono stato sorpreso con della droga e sono scappato di casa, ma non per molto. Mia zia mi fece chiamare mia madre e, dopo aver saputo che quest'ultima aveva il diabete, tornai a casa. In secondo luogo, stavo tornando da un night club alle 2 del mattino e ho avuto un incidente d'auto in cui la macchina è esplosa ed è volata in aria. In quel periodo frequentavo lo studio della Bibbia con la sorella Das. Tre, chiesi un passaggio a un amico e, mentre iniziavamo a parlare, mi disse che aveva venduto l'anima al diavolo e che aveva il potere di accendere e spegnere le luci. Usando i lampioni, me lo dimostrò sbattendo gli occhi per accenderli e spegnerli. Vidi il suo volto come se si stesse trasformando in un demone. Saltai fuori dall'auto e corsi a casa il più velocemente possibile. Alcune ore dopo pensai a ciò che aveva detto sorella Elizabeth e pensai che anche questo doveva essere reale. Sorella Das mi tenne una lezione sulla Bibbia al telefono sul battesimo nel Nome di Gesù, come si dice nel libro degli Atti e nella Chiesa primitiva. All'epoca non sapeva della mia tendenza al suicidio, ma qualcosa le disse che avevo bisogno di sentirlo subito perché forse non mi avrebbe più rivisto. Mi sono battezzato mentre frequentavo una chiesa che credeva che Dio fosse una santa trinità di tre persone. Stavo passando da quella chiesa alla dottrina degli apostoli. Dio è uno! Dio è Spirito, Gesù era Dio venuto nella carne per abitare tra gli uomini e lo Spirito Santo è Dio in noi. Questa era ed è la dottrina degli apostoli. Avevo accettato solo ciò che mi era stato insegnato come verità. Non conoscevo l'origine, né il quando, né da dove provenisse questa convinzione.

Una settimana dopo, sorella Elizabeth mi chiese di andare a casa di mio zio per uno studio biblico. Fratello James Min, che ha il dono della guarigione e della liberazione, è venuto con lei. Quella sera ci furono dei miracoli e dopo lo studio biblico ci chiesero se volevamo ricevere lo Spirito Santo. La maggior parte di noi ha risposto di sì. Io continuavo a pensare che fosse una follia e che non fosse possibile, ma mi sono fatto avanti lo stesso.

Mentre fratello James e sorella Elizabeth pregavano per me, una forza si è impossessata di me. Non sapevo come rispondere a questo potente sentimento di gioia. Dapprima ho represso il sentimento di questo potere. Poi, una seconda volta, è arrivato più potente della prima volta, è diventato più forte mentre cercavo di reprimerlo di nuovo.

La terza volta non riuscii a reprimere lo Spirito e cominciai a parlare in un'altra lingua o in una lingua che **non conoscevo**. Pensavo che parlare in lingue fosse una menzogna, così quando la gioia dello Spirito Santo è arrivata per la prima volta su di me, ho cercato di parlare, ma ho cercato di fermarmi, perché avevo paura. Quel giorno Gesù mi ha guarito da ogni depressione e da ogni pensiero suicida.

Oggi ho 28 anni e il Signore ha veramente cambiato la mia vita in meglio. Ho completato la Scuola Biblica e il Signore mi ha benedetto con una bellissima moglie. Abbiamo un ministero giovanile nella nostra chiesa e sto anche svolgendo un ministero come servitore di Dio. Sorella Das non ha mai abbandonato la famiglia Razo e me. Grazie alle sue numerose preghiere e alla condivisione delle sue testimonianze della potenza di Dio, il bene è arrivato a tutta la nostra famiglia. Anche molti dei nostri parenti e vicini si sono convertiti al Signore Gesù Cristo. Ora ho una testimonianza. Lasciatemi dire che non dovete mai rinunciare a pregare per i vostri cari e per le persone in generale. Non si può mai sapere cosa Dio sta facendo e come stratega per realizzarlo a modo Suo!!!

Tammy Alford
Monte Herman, Louisiana, Stati Uniti.

Sono stato in chiesa per tutta la mia vita. Il mio compito è per le persone che soffrono, e voglio raggiungerle con la Parola di verità per far loro sapere che Gesù è la loro speranza. Quando il Signore mi ha dato questo fardello, ho scritto "Il popolo" su un foglio di preghiera e l'ho condiviso con la mia chiesa. Abbiamo iniziato a pregare e a intercedere e, di conseguenza, tutti hanno ricevuto un panno di preghiera da portare a casa per pregare su di esso.

È stato attraverso il nostro ex pastore e la sua famiglia (che ora sono stati chiamati in India come missionari) che ho incontrato per la prima volta sorella Elizabeth Das. La nostra Chiesa di campagna a Franklinton, in Louisiana, l'ha accolta mentre condivideva la sua potente testimonianza. Tutti furono benedetti. Qualche mese dopo, io e sorella Elizabeth siamo diventati compagni di preghiera. Una signora radiosa che non solo ama pregare, ma vive la preghiera! È incredibilmente vero che vive "in stagione e fuori stagione". Il nostro momento di preghiera si svolgeva al mattino presto per telefono, in Texas, in collegamento con la Louisiana.

Abbiamo avuto le benedizioni del Signore. Egli ha fatto aumentare il numero e presto abbiamo avuto un gruppo di preghiera da diversi Stati.

Attraverso una linea condivisa della conferenza abbiamo iniziato a pregare e a digiunare, poi sono arrivati i resoconti delle lodi. Il nostro Dio è così sorprendente! Sorella Elizabeth è una donna radiosa che ha un desiderio così ardente di vedere le anime salvate. La sua fiamma ardente ha suscitato e acceso molti altri a pregare e ad avere una visione. Non c'è malattia, dolore o diavolo all'inferno che possa fermarla. Per molti anni ha raggiunto e pregato per i perduti e i morenti; solo l'eternità lo dirà. Ringrazio Dio per la sua determinazione e il suo amore per il "popolo". Ho visto Dio compiere opere impressionanti, miracoli e rispondere alle preghiere attraverso di lei. I miei amici qui e le persone che conosco possono testimoniare che quando chiamiamo sorella Elizabeth, la preghiera di fede viene recitata. Le cose accadono! Per esempio, una signora che frequenta la nostra chiesa di tanto in tanto doveva sottoporsi a un importante intervento chirurgico. Anche se viveva fuori città, le dissi che avrei chiamato sorella Elizabeth e che avremmo pregato per telefono per la sua malattia. Pregammo e il suo dolore scomparve. Sorella Elizabeth le disse: "Non c'è bisogno di un intervento chirurgico, sei guarita". L'intervento rimase programmato fino a quando l'ospedale chiamò per annullarlo, e lei andò a riprogrammarlo. L'ospedale non eseguì altri esami preoperatori e procedette con l'intervento. Dopo questo fu informata che non avevano trovato nulla di sbagliato in lei, nemmeno una traccia della grave malattia.

Un altro miracolo ha riguardato un mio amico che ha un bambino piccolo. Aveva la febbre e si era addormentato. Abbiamo chiamato sorella Elizabeth e abbiamo pregato in vivavoce. Il bambino si è svegliato improvvisamente, si è alzato correndo normalmente ed è stato guarito. Molte volte abbiamo pregato su case con spiriti demoniaci e abbiamo potuto sentire che era successo qualcosa. Ci rallegravamo quando ci dicevano di aver sentito una pace improvvisa o di aver dormito bene senza essere tormentati.

So che la mia fede è aumentata da quando faccio parte di questo gruppo di preghiera. Sorella Elizabeth è stata una maestra per me in molti modi. Mi ha dato una guida spirituale attraverso la Parola di Dio. La sua vita è un bellissimo esempio, che mostra le metafore della Bibbia in cui si parla della "luce sul monte che non può essere nascosta" e anche dell'"albero piantato lungo i fiumi d'acqua". Le sue radici sono profondamente radicate in Gesù ed è in grado di fornire agli altri la forza e la saggezza di cui hanno bisogno. Nelle prove oscure che ho attraversato, so che sorella Elizabeth ha pregato per me e sono grata per il suo ministero. Lei è davvero quel gioiello abbagliante scelto da Cristo che viene usato con forza per il Suo Regno. Ogni mattina presto porta quei vasi vuoti davanti a Gesù ed Egli li riempie di nuovo. Ringrazio sorella Elizabeth per essersi veramente e puramente donata a Gesù e al Suo Regno. A Dio sia la gloria!

Rhonda Callahan
Fort Worth, Texas 20 maggio 2011
Qualche tempo fa, nel 2007, mentre attraversavo la città di Dallas lungo un passo, notai un paio di senzatetto che dormivano sotto un ponte. Fui

mossa da compassione e dissi al Signore: "Signore, se tu fossi su questa terra oggi, toccheresti quegli uomini e guariresti le loro menti e li renderesti integri! Diventerebbero uomini produttivi per la comunità e vivrebbero una vita normale"... Immediatamente Gesù parlò al mio cuore e disse: "Tu sei le mie mani e tu sei i miei piedi". In quel momento capii cosa mi stava dicendo Dio. Cominciai a piangere e a lodarLo. Avevo il potere di toccare quegli uomini e di renderli integri. Non con il mio potere, ma con il Suo.

Secondo Atti 1:8 "Ma riceverete potenza, dopo che lo Spirito Santo sarà sceso su di voi; e mi sarete testimoni a Gerusalemme, in tutta la Giudea, in Samaria e fino all'estremità della terra".

Inoltre, Efesini 1:13-14 ci dice;

"In cui anche voi avete confidato, dopo aver udito la parola di verità, il vangelo della vostra salvezza; in cui anche voi, dopo aver creduto, siete stati suggellati con quel santo Spirito di promessa, che è il guadagno della nostra eredità fino alla redenzione del bene acquistato, a lode della sua gloria".

Avevo ricevuto il potere ed ero stata suggellata nel 1986, quando Dio mi battezzò gloriosamente con lo Spirito Santo. Tante volte abbiamo la mentalità che se Dio fosse qui oggi, i miracoli accadrebbero tra di noi. Dobbiamo capire che quando Egli vi riempie con il Suo Spirito Santo, Vi ha dato il potere di fare miracoli. Diventiamo le Sue mani e i Suoi piedi, siamo chiamati a predicare questo meraviglioso messaggio a tutti coloro che hanno bisogno.

Luca 4:18

"Lo Spirito del Signore è su di me, perché mi ha unto per predicare il Vangelo ai poveri; mi ha mandato a guarire i cuori spezzati, a predicare la liberazione ai prigionieri e il recupero della vista ai ciechi, a rimettere in libertà i feriti, a predicare l'anno di grazia del Signore".

Anche se ero stata riempita dallo Spirito Santo dal 1986, negli ultimi anni mi erano stati inferti alcuni duri colpi. Frequentavo fedelmente la chiesa; ero un'insegnante di scuola domenicale e avevo appena completato 4

L'ho fatto "a Suo modo"

anni di Collegio Biblico. Mi offrivo volontaria per fare tutto ciò che mi veniva chiesto in chiesa.

Eppure, mi sentivo estremamente oppressa. Credevo ancora che Dio fosse in grado di fare tutto ciò che aveva promesso, ma ero un vaso rotto. Un tempo mi affaticavo davanti al Signore in preghiera e intercessione, leggevo la Bibbia ogni giorno, testimoniavo ogni volta che potevo, ma ora mi ritrovavo a non pregare più molto. Scoraggiata e depressa, ero

oppressa da un costante tormento mentale. Mia figlia aveva da poco lasciato il marito e chiesto il divorzio. Mio nipote aveva 4 anni e vedevo il dolore che provava a causa di una famiglia distrutta. Il pensiero della vita che avrebbe vissuto crescendo in una famiglia disastrata mi tormentava sempre di più. Mi preoccupavo della possibilità di subire abusi da parte di un genitore adottivo, che non aveva amore per lui, o della possibilità di crescere senza sentirsi amato da suo padre o da sua madre a causa del divorzio. La mia mente correva con pensieri terribili e piangevo ogni giorno. Ho espresso questi pensieri ad alcuni amici intimi. Mi rispondevano sempre allo stesso modo: "Fidati di Dio". Sapevo che Dio era in grado di farlo, ma avevo perso la fiducia in me stessa. Quando pregavo, mi ritrovavo a implorare, piangere e desiderare che Dio lo tenesse al sicuro. Sapevo che poteva farlo, ma lo avrebbe fatto per me?

Mi sono trovata a lottare contro il mangiare e ad avere continuamente bisogno di rimpinzarmi. La mia carne era diventata il dominatore della mia vita. Non camminavo più nello spirito, ma camminavo più nella carne e soddisfacevo continuamente i suoi desideri, o almeno questo era ciò che sentivo.

Il 27 marzo 2011 abbiamo organizzato un pranzo della Società delle Donne dopo la chiesa. Mi fu chiesto di parlare. Ricordate che stavo ancora lavorando in chiesa come al solito, ma ero distrutta e pochi, se non nessuno, capivano la profondità della mia rottura. Dopo il pranzo, sorella Elizabeth Das si avvicinò a me con un dolce sorriso e mi diede il suo numero di telefono. Mi disse : "Chiamami se hai bisogno di un posto dove andare dopo la chiesa, puoi stare a casa mia". Il motivo per cui mi ha detto che potevo stare da lei è che per me sono 65 miglia di strada per arrivare in chiesa, ed è molto difficile rientrare a casa e tornare di nuovo

L'ho fatto "a Suo modo"

per la funzione serale, quindi ho cercato di rimanere fino alla funzione serale invece di tornare a casa tra una funzione e l'altra.

Erano passate circa 2 settimane e mi sentivo sempre più depressa. Una mattina, mentre andavo al lavoro, ho frugato nella mia borsa e ho trovato il numero di sorella Elizabeth. La chiamai e le chiesi di pregare per me.

Mi aspettavo che dicesse "ok" e chiudesse la telefonata. Ma, con mia grande sorpresa, mi disse: "Ora pregherò per te". Accostai la macchina al lato della strada e lei pregò per me.

La settimana successiva, dopo la messa, andai a casa con lei. Dopo aver parlato un po', mi chiese di pregare per me. Ha imposto le mani sul mio capo e ha iniziato a pregare. Con forza e autorità nella sua voce, pregò affinché Dio mi liberasse. Ha rimproverato l'oscurità che mi circondava: l'eccesso di cibo, il tormento mentale, la depressione e l'oppressione.

So che quel giorno Dio usò quelle mani per liberarmi dalla terribile oppressione che soffrivo. Nel momento in cui sorella Elizabeth si arrese a Dio, Egli mi liberò!

Marco 16:17-18 ci dice: "E questi segni seguiranno quelli che crederanno: nel mio nome scacceranno i demoni; parleranno con lingue nuove; prenderanno in mano i serpenti; e se berranno qualche cosa di mortale, non farà loro male; imporranno le mani ai malati e questi guariranno".

Isaia 61:1 "Lo Spirito del Signore Dio è su di me, perché l'Eterno mi ha unto per annunciare una buona novella ai miti; mi ha mandato a fasciare il cuore spezzato, a proclamare la libertà ai prigionieri e l'apertura del carcere a quelli che sono legati".

Gesù ha bisogno di noi per essere le Sue mani e i Suoi piedi. Sorella Elizabeth è una vera serva di Dio. È piena della Sua potenza e ubbidiente alla Sua voce. Sono così grata che ci siano donne come sorella Elizabeth che camminano in mezzo a noi, che credono ancora nel potere liberatorio del prezioso sangue di Gesù, che sono state unte dal Suo Spirito e che adempiono alla meravigliosa chiamata che Egli le ha fatto. Quel giorno

Dio ha trasformato il mio dolore in bellezza e ha rimosso lo spirito di pesantezza sostituendolo con l'olio della gioia.

Isaia 61:3: "Per dare a quelli che sono in lutto in Sion, bellezza per la cenere, olio di gioia per il lutto, veste di lode per lo spirito di tristezza, affinché siano chiamati alberi di giustizia, piantagione del Signore, perché egli sia glorificato".

Oggi vi sfido: cercate Dio con tutto il cuore per camminare nella pienezza della Sua potenza. Egli ha bisogno di voi per condividere Gesù con gli altri ed essere le Sue mani e i Suoi piedi. Amen!

Vicky Franzen
Josephine Texas
Mi chiamo Vicki Franzen, e ho frequentato la Chiesa Cattolica per la maggior parte della mia vita adulta; tuttavia, ho sempre avuto la sensazione che mancasse qualcosa. Qualche anno fa, ho iniziato ad ascoltare un programma radiofonico che parlava del Tempo della Fine. Molte domande che avevo da sempre hanno trovato risposta. Questo mi ha portato in una chiesa apostolica per continuare la mia ricerca della verità. Lì sono stata battezzata nel nome di Gesù e ho ricevuto il battesimo dello Spirito Santo, con la prova di parlare in lingue, come descritto nel libro degli Atti.

Nei 4 anni successivi, sembrava che la capacità di parlare in lingue non fosse più alla mia portata, anche se frequentavo regolarmente la chiesa, pregavo, studiavo e partecipavo a diversi ministeri. Mi sentivo molto "arida" e priva dello Spirito Santo. Un altro membro della mia chiesa mi ha detto che quando sorella Liz le ha imposto le mani e ha pregato, "qualcosa" è uscito da lei, facendola sentire completamente libera dall'oppressione, dalla depressione, ecc.

Diverse signore della nostra chiesa si stavano incontrando per il pranzo, il che mi ha dato l'opportunità di conoscere sorella Elizabeth. Iniziò una conversazione sui demoni e sul mondo spirituale. Ero sempre stata molto curiosa riguardo a questo argomento, ma non avevo mai sentito un insegnamento in merito. Ci scambiammo i numeri di telefono e

L'ho fatto "a Suo modo"

iniziammo uno studio biblico a casa sua. Mi chiesi come una persona che era stata battezzata nel nome di Gesù e battezzata con lo Spirito Santo

potesse avere un demone. Mi disse che bisognava vivere una vita santa e retta pregando, digiunando, leggendo la Parola di Dio e rimanendo pieni di Spirito Santo parlando in lingue ogni giorno. In quel momento ho condiviso la mia esperienza nel sentirmi arida e di non riuscire a parlare in lingue. Lei mi impose le mani e pregò. Mi sentivo bene, ma molto stanca. Liz mi spiegò che quando uno spirito maligno esce dal corpo, ti fa sentire stanco e svuotato. Continuò a pregare su di me e cominciai a parlare in lingue. Ero così eccitata e piena di gioia. Poter parlare in lingue mi faceva capire che avevo ancora lo Spirito Santo.

Liz e io siamo diventate buone amiche, pregando insieme. Sorella Elizabeth ha uno spirito così dolce e gentile, ma quando prega, Dio la unge con l'audacia divina di guarire i malati e di scacciare i demoni. Prega con autorità e quasi sempre vede la risposta immediatamente. Dio le ha dato un talento nell'insegnare le Scritture che ne rende il significato molto chiaro per me.

Stavo raccontando a Liz della figlia della mia amica Valerie, Mary. Le avevano diagnosticato l'ADD e la BPCO. Aveva anche una rottura del disco che stavano cercando di curare senza intervento chirurgico. Era costantemente in ospedale per vari problemi fisici. Stava assumendo molti farmaci diversi, senza alcun risultato positivo. Mary era talmente disabile da non poter lavorare e aveva quattro figli da accudire senza alcun sostegno da parte dell'ex marito.

Sorella Liz iniziò a dirmi che alcune di queste cose erano demoni e potevano essere scacciate nel nome di Gesù. Avevo qualche dubbio al riguardo, semplicemente perché non avevo mai sentito parlare di quella particolare malattia come se fosse causata dai demoni. Quando la mia amica, sua suocera e io ci siamo sedute a prendere un caffè di recente, hanno iniziato a raccontarmi di come Mary parlasse loro in modo violento. Urlava, gridava e imprecava contro di loro. Sapevano che aveva sofferto molto per i suoi problemi alla schiena e per i forti mal di testa che i farmaci non sembravano alleviare; ma questo era diverso. Hanno

L'ho fatto "a Suo modo"

raccontato di quanto pieni d'odio fossero i suoi occhi a volte e di quanto questo li spaventasse.

Qualche giorno dopo, la mia amica mi chiamò per dirmi che non ce la faceva più! Le descrizioni di come si comportava sua figlia cominciarono a confermare le cose che sorella Liz mi stava dicendo sui demoni. Tutto ciò che mi disse, Dio lo confermò attraverso gli altri. Le condizioni di Mary stavano peggiorando e cominciò a parlare di porre fine alla sua vita. Cominciammo a pregare di comune accordo per scacciare i demoni da Mary e nella sua casa. Dio svegliò sorella Liz due notti di fila per intercedere per Mary. Liz chiese specificamente a Dio di mostrare a Mary cosa stava accadendo lì.

Mentre pregava di notte, Mary ebbe la visione che suo marito (che l'aveva lasciata e viveva con un'altra donna) era in casa sua. Pensava che la visione fosse la risposta di Dio alla sua preghiera che lui sarebbe tornato a casa da loro per Natale. Sorella Liz mi ha detto che sospettava che contro Mary fosse stato usato un sortilegio. Probabilmente dal suo ex marito o dalla donna con cui viveva. Non capivo davvero come potesse saperlo. Non condivisi con nessuno le cose che Liz mi aveva detto. Nel giro di un paio di giorni, Valerie mi disse che sua figlia Mary stava ricevendo strani e brutti messaggi di testo dalla donna che viveva con il suo ex marito. Mary sapeva che il linguaggio era sicuramente quello usato per la stregoneria. Questa fu una conferma di quanto mi aveva detto sorella Liz.

Negli ultimi 2 mesi, quando abbiamo saputo delle condizioni di Mary, abbiamo cercato di andare a pregare per lei. Ma non è mai stato possibile. Sorella Liz ha detto: "Anche se non possiamo andare a casa sua, Dio si prenderà cura della situazione".

Quando Gesù fu entrato in Cafarnao, venne da lui un centurione che lo supplicava e gli diceva: "Signore, il mio servo giace in casa, malato di paralisi, gravemente tormentato". E Gesù gli disse: "Verrò e lo guarirò". Il centurione rispose: "Signore, non sono degno che tu venga

sotto il mio tetto; ma di' soltanto una parola e il mio servo sarà guarito. Perché io sono un uomo con autorità e ho soldati sotto di me; dico a quest'uomo: Va', ed egli va; e a un altro: Vieni, ed egli viene; e

> *al mio servo: Fa' questo, ed egli lo fa". Quando Gesù lo udì, si meravigliò e disse a quelli che lo seguivano: "In verità vi dico che non ho trovato una fede così grande, non in Israele". (Matteo 8, 5-10)*

Entro 2 giorni da quando abbiamo pregato per scacciare i demoni da Mary e dalla sua casa, ha riferito a sua madre che dormiva meglio e non faceva più sogni. Questa è una delle tante cose che sorella Liz mi ha detto, ovvero che quando si hanno molti sogni e cavalcate notturne, può essere un'indicazione della presenza di spiriti maligni nella casa. Il giorno seguente una collega di Valerie le raccontò un sogno che aveva fatto la notte precedente. Un serpente nero piatto si allontanava dalla casa di Mary. Quel giorno quest'ultima chiamò sua madre per dirle che si sentiva così felice e gioiosa. Era uscita a fare la spesa con le sue gemelle di quindici mesi, cosa che non faceva da tempo. Questa è stata un'altra conferma che l'ADD, l'ADHD, il bipolarismo e la schizofrenia sono attacchi del nemico. Abbiamo potere su scorpioni e serpenti (sono tutti spiriti maligni di cui si parla nella Bibbia) che possiamo scacciare solo nel nome di Gesù.

> *"Ecco, io vi do il potere di calpestare i serpenti e gli scorpioni e tutta la potenza del nemico; e nulla vi potrà in alcun modo ferire".*
> *Luca 10:19*

Sorella Liz mi ha anche detto che dobbiamo ungere quotidianamente la nostra famiglia, la nostra casa e noi stessi con l'olio d'oliva benedetto dagli attacchi del nemico. Dobbiamo anche lasciare che la Parola di Dio permei la nostra casa.

Questa esperienza mi ha aiutato a vedere alcune situazioni che sono sicuramente controllate dai demoni di cui si parla nella Bibbia.

> *Noi infatti non lottiamo contro la carne e il sangue, ma contro i principati, contro le potenze, contro i dominatori delle tenebre di*
>
> *questo mondo, contro la malvagità spirituale nelle alte sfere".*
> *(Efesini 6:12)*

Posso parlare solo per me. Sono cresciuta credendo che i miracoli, il parlare in lingue, la guarigione dei malati e lo scacciare i demoni fossero solo per i tempi della Bibbia, quando Gesù e i suoi apostoli erano sulla terra. Non ho mai pensato molto alla possessione demoniaca ai giorni nostri. Ora lo so e lo capisco: siamo ancora ai tempi della Bibbia! La Sua Parola è sempre stata per il presente. Il "presente" era ieri, il "presente" è adesso e il "presente" sarà per domani!

Gesù Cristo, lo stesso ieri, oggi e in eterno. (Ebrei 13:8)

Satana è riuscito a ingannarci e ad allontanarci dal potere che Dio ha dato alla sua Chiesa. La Chiesa di Dio è costituita da coloro che si pentono, vengono battezzati nel nome di Gesù e ricevono il dono dello Spirito Santo, con la prova di parlare in lingue. Riceveranno quindi potenza dall'alto.

Ma voi riceverete potenza, dopo che lo Spirito Santo sarà sceso su di voi; e mi sarete testimoni a Gerusalemme, in tutta la Giudea, in Samaria e fino all'estremità della terra. (Atti 1:8)

*E il mio discorso e la mia predicazione non sono stati fatti con parole allettanti della sapienza **degli uomini**, ma con dimostrazioni dello Spirito e della potenza".*
(1 Corinzi 2:4)

Infatti il nostro vangelo non vi è giunto solo in parole, ma anche in potenza, nello Spirito Santo e in molte certezze; come sapete che tipo di uomini siamo stati in mezzo a voi per amor vostro. (1 Tessalonicesi 1:5)

La Parola di Dio è per noi ORA!

L'ho fatto "a Suo modo"

SEZIONE II

Non avrei mai pensato di inserire questa seconda parte nel mio libro. Tuttavia, mi sono presa il tempo di aggiungere questa sezione perché molte persone hanno richiesto questa informazione. Da quando ho iniziato a tenere studi biblici a persone di diverse nazionalità, ci siamo imbattuti in cambiamenti nelle Bibbie moderne. Ho iniziato a scavare in profondità nella storia e ho trovato alcune informazioni molto scioccanti. Avendo queste informazioni, credo che sia mia responsabilità far conoscere questa verità ai miei fratelli e sorelle e fermare il nemico in modo che non inganni più le persone.

L'ho fatto "a Suo modo"

A.

LE LINGUE USATE DA DIO

Nel corso dei secoli, la Bibbia ha assunto diverse modalità e, soprattutto, diverse lingue. Nel corso della storia vediamo quattro lingue principali in cui la Bibbia è stata tradotta: prima l'ebraico, poi il greco, seguito dal latino e infine dall'inglese. I paragrafi successivi illustrano brevemente queste diverse fasi.

Dal 2000 a.C. circa, l'epoca di Abramo, al 70 d.C. circa, l'epoca della distruzione del secondo tempio di Gerusalemme, Dio scelse di parlare al suo popolo attraverso le lingue semitiche, soprattutto l'ebraico. È attraverso questa lingua che al suo popolo eletto è stata mostrata la via da seguire e anche che avevano effettivamente bisogno di un Salvatore che li correggesse quando peccavano.

Con il progredire del mondo, sorse una superpotenza che comunicava principalmente attraverso la lingua greca. Il greco fu una lingua importante per tre secoli e fu una scelta logica di Dio. Fu attraverso il greco che Dio scelse di comunicare il Nuovo Testamento che, come dimostra la storia, si diffuse a macchia d'olio. Rendendosi conto dell'imminente minaccia che avrebbe rappresentato un testo scritto nella lingua delle masse, Satana si mise in testa di distruggere la credibilità della Bibbia. Questa "falsa" Bibbia fu scritta in greco ma ebbe origine ad Alessandria d'Egitto; l'Antico Testamento fu chiamato "Settenario" e il Nuovo Testamento "Testo Alessandrino". Le informazioni sono state distorte dalle idee dell'uomo e hanno cancellato molte parole di Dio. È anche evidente che oggi questi Apocrifi (che in greco significa "nascosti", non sono mai stati considerati come parola di Dio) si sono infiltrati nella nostra Bibbia moderna.

Nel 120 d.C. il latino era diventato una lingua comune e la Bibbia fu tradotta nuovamente nel 1500. Poiché il latino era una lingua molto diffusa all'epoca, la Bibbia era facilmente leggibile in tutta Europa. Il latino, all'epoca, era considerato una lingua "internazionale", e questo permise alla Bibbia di viaggiare attraverso i Paesi e di essere ulteriormente tradotta nei dialetti regionali. Questa prima versione fu chiamata Vulgata, che significa "Bibbia comune". Il diavolo rispose a questa minaccia creando un libro gemello a Roma. I Romani sostenevano che la loro Bibbia, che era piena di "libri buttati via" degli Apocrifi e di testi che dovevano assomigliare alla vera Bibbia, era in realtà la vera Bibbia. A questo punto abbiamo due Bibbie drammaticamente diverse l'una dall'altra; per proteggere la sua falsa Bibbia, il Diavolo dovette partire e distruggere i veri testi. I cattolici romani inviarono dei mercenari per annientare e martirizzare coloro che erano in possesso della vera Vulgata latina. I mercenari ebbero successo per la maggior parte, ma alla fine non riuscirono a sradicarla completamente e la parola di Dio fu preservata.

Tra il 600 e il 700 d.C. si sviluppò una nuova lingua mondiale, l'inglese. Dio iniziò a gettare le basi per dare il via a un massiccio movimento missionario. Per primo, William Tyndale, nel 1500, iniziò a tradurre i testi originali ebraici e greci nella nuova lingua. Molti, dopo di lui, tentarono di fare lo stesso, facendo del loro meglio per eguagliare i testi ebraici e greci precedenti. Tra queste persone c'era re Giacomo VI che, nel 1604, incaricò un consiglio di produrre la versione inglese più accurata dei testi. Nel 1611 era in circolazione una versione autorizzata, comunemente nota come Bibbia di Re Giacomo. I missionari iniziarono a tradurre da questa Bibbia in tutto il mondo.

Il continuo attacco di Satana alla Parola di Dio:

Ora ci troviamo di fronte a un altro attacco del diavolo. La Bibbia pubblicata nel 2011, sostenendo di essere la KJV del 1611, ha inserito gli Apocrifi, che non sono mai stati considerati Parola di Dio. L'Apocrifo è stato rimosso dalla KJV dagli studiosi autorizzati, sapendo che non era la Parola di Dio.

Satana non si arrende mai!

L'ho fatto "a Suo modo"

B.

COME HA CONSERVATO DIO LA SUA PAROLA?

Dio attribuisce la massima importanza alla Sua parola scritta, il che è più che chiaro.

Le parole del Signore sono parole pure, come argento provato in una fornace di terra, purificato sette volte. Tu le custodirai, o Signore, le preserverai da questa generazione per sempre. (Salmi 12:6-7)

La Parola di Dio è al di sopra di ogni nome:

*"Adorerò verso il tuo tempio santo e loderò il tuo nome per la tua amorevolezza e per la tua verità, **perché hai magnificato la tua parola al di sopra di ogni altro tuo nome**." (Salmi 138:2)*

Il Signore ci ha anche avvertito della Sua visione della Sua parola. Ha dato seri avvertimenti a coloro che avrebbero corrotto le Scritture. Dio ha messo in guardia contro le aggiunte alla Sua parola:

Ogni parola di Dio è pura*; egli è uno scudo per coloro che confidano in lui. Non aggiungere nulla alle sue parole, per evitare che egli ti rimproveri e tu sia trovato bugiardo. (Proverbio 30:5-6)*

Dio ha conservato le Sue parole per tutte le generazioni, senza alcun cedimento!

Molti uomini devoti cercavano eroicamente di trattenere la marea crescente dell'apostasia e dell'incredulità, in parte dovuta alla diluizione dell'autorità della Parola di Dio. Durante il Medioevo, la Chiesa Cattolica controllava il popolo facendo scrivere la Bibbia solo in latino. La gente comune non sapeva leggere né parlare il latino.

Entro il 400 d.C., la Bibbia era stata tradotta in 500 lingue dai manoscritti originali, che erano veri. Per controllare le persone, la Chiesa cattolica emanò una dura legge secondo cui la Bibbia poteva essere scritta e letta solo in lingua latina. Questa versione latina non era stata tradotta dai manoscritti originali.

John Wycliffe:

John Wycliffe era noto come pastore, studioso, professore di Oxford e teologo. Nel 1371 J.W. iniziò a scrivere a mano i manoscritti in inglese, con l'aiuto di molti scribi e seguaci fedeli. Il primo manoscritto della Bibbia in lingua inglese scritto a mano da Wycliffe fu tradotto dalla Vulgata latina. Questo avrebbe contribuito a porre fine ai falsi insegnamenti della Chiesa Cattolica romana. La stesura e la distribuzione di una sola copia della Bibbia richiese 10 mesi e un costo di quaranta sterline. La mano di Dio era su Wycliffe. La Chiesa Cattolica romana si scatenò con rabbia contro Wycliffe. I suoi numerosi e consistenti amici lo aiutarono a non essere danneggiato. Anche se la Chiesa cattolica fece di tutto per raccogliere e bruciare ogni copia, questo non fermò Wycliffe. Non si arrese mai perché sapeva che il suo lavoro non era vano. La Chiesa Cattolica non riuscì a ottenere tutte le copie. Ne rimasero centosettanta copie. A Dio la gloria!

La Chiesa Cattolica romana continuò a infuriarsi. 44 anni dopo la morte di John Wycliffe, il Papa ordinò che le sue ossa fossero dissotterrate, frantumate e gettate nel fiume. Circa 100 anni dopo la morte di J. Wycliffe, l'Europa iniziò a imparare il greco.

John Hus:

Uno dei seguaci di John Wycliffe, John Hus, continuò il lavoro iniziato da Wycliffe, opponendosi anch'egli ai falsi insegnamenti. La Chiesa Cattolica era determinata a impedire qualsiasi cambiamento diverso dal proprio, minacciando l'esecuzione per chiunque leggesse una Bibbia non in latino. L'idea di Wycliffe, secondo cui la Bibbia doveva essere tradotta nella propria lingua, sarebbe stata valida. John Hus fu bruciato sul rogo nel 1415 insieme al manoscritto di Wycliffe che fu usato per accendere il fuoco. Le sue ultime parole furono: "Tra 100 anni, Dio alleverà un uomo il cui appello alla riforma non potrà essere soppresso!". Nel 1517, la sua profezia si avverò, quando Martin Lutero pubblicò a Wittenberg le sue famose Tesi di Contesa sulla Chiesa Cattolica. Nello stesso anno, il libro di Fox sui martiri riporta che la Chiesa cattolica romana mise al rogo sette persone per il crimine di "insegnare ai loro figli a pregare la preghiera del Signore in inglese invece che in latino".

Johannes Guttenberg:

Il primo libro stampato con la macchina da stampa fu la Bibbia in lingua latina, inventata da Johannes Guttenberg nel 1440.

Questa invenzione permise di stampare un gran numero di libri in un periodo di tempo molto breve. Questo si sarebbe rivelato uno strumento fondamentale per far avanzare la Riforma protestante.

Dr. Thomas Linacre:

Il dottor Thomas Linacre, professore di Oxford, decise di imparare il greco nel 1490. Lesse e terminò la Bibbia nell'originale greco. Al termine dei suoi studi affermò: "O questo non è il Vangelo o noi non siamo cristiani".

Le versioni della Vulgata latina cattolica romana erano diventate così corrotte da nascondere la verità. La Chiesa Cattolica continuò a cercare

di imporre la sua severa legge di esigere che la gente leggesse la Bibbia solo in lingua latina.

John Colet:

Nel 1496, John Colet, un altro professore di Oxford, iniziò a tradurre la Bibbia dal greco all'inglese per i suoi studenti e poi per il pubblico nella Cattedrale di St.Paul a Londra. Nel giro di mesi scoppiò un risveglio e oltre 40.000 persone parteciparono al suo servizio. Incoraggiò le persone a combattere per Cristo e a non farsi coinvolgere in guerre religiose. Avendo molti amici nelle alte sfere, sfuggì all'esecuzione.

Erasmo, 1466-1536:

Desiderius Erasmus, un grande studioso, osservò le vicende di Colet e Linacre. Fu colpito dall'idea di riconvertire la Vulgata latina alla verità. La conversione fu realizzata con l'aiuto di J. Froben, che stampò e pubblicò il manoscritto nel 1516.

Erasmo voleva che tutti sapessero quanto la Vulgata latina fosse diventata corrotta. Li incoraggiò a concentrarsi sulla verità. Sottolineò il fatto che l'uso dei manoscritti originali, che erano in greco e in ebraico, avrebbe mantenuto una persona sulla strada giusta per continuare nella fedeltà e nella libertà.

Una delle citazioni più famose e divertenti del noto studioso e traduttore Erasmo era:

> *"Quando ho un po' di soldi, compro libri; e se ne rimangono, compro cibo e vestiti".*

La Chiesa Cattolica continuò ad attaccare chiunque fosse stato trovato a partecipare a qualsiasi traduzione della Bibbia diversa da quella latina.

William Tyndale (1494-1536):

William Tyndale nacque nel 1494 e morì all'età di 42 anni. Tyndale non fu solo il capitano dell'esercito dei riformatori, ma anche la loro guida spirituale. Era un uomo di grande integrità e rispetto. Tyndale frequentò l'Università di Oxford dove studiò e crebbe. Dopo aver conseguito il master all'età di 21 anni, partì per Londra.

Aveva il dono di parlare molte lingue: ebraico, greco, spagnolo, tedesco, latino, francese, italiano e inglese. Uno dei collaboratori di Tyndale disse che quando lo sentivano parlare una di queste lingue, pensavano che stesse parlando nella sua lingua madre. Usò queste lingue per benedire gli altri. Tradusse il Nuovo Testamento greco in inglese. Incredibilmente, fu il primo uomo a stampare la Bibbia in inglese. Senza dubbio, questo dono gli permise di sfuggire alle autorità durante i suoi anni di esilio dall'Inghilterra. Alla fine Tyndale fu catturato e arrestato per il reato di eresia e tradimento. Nell'ottobre del 1536, dopo un processo ingiusto e 500 giorni in una prigione dalle condizioni miserabili, Tyndale fu bruciato sul rogo. È noto che la Tyndale House Publishers è una casa editrice moderna che porta il nome di questo straordinario eroe.

Martin Lutero:

La Chiesa Cattolica romana aveva governato per troppo tempo e Martin Lutero non tollerava la corruzione all'interno della Chiesa. Era stufo dei falsi insegnamenti che venivano imposti al popolo. Il giorno di Halloween del 1517, non ebbe alcun ripensamento quando affisse le sue 95 Tesi di Contestazione nella chiesa di Wittenberg. Il consiglio della Dieta di Worms, formato dalla Chiesa, progettò di martirizzare Martin Lutero. La Chiesa Cattolica temeva l'eventuale perdita di potere e di reddito. Non sarebbe più stata in grado di vendere indulgenze per i peccati o la liberazione dei propri cari dal "purgatorio", che era una dottrina inventata dalla Chiesa Cattolica.

Martin Lutero aveva un vantaggio su Tyndale e nel settembre del 1522 pubblicò la sua prima traduzione del Nuovo Testamento greco-latino di Erasmo in tedesco. Tyndale voleva utilizzare lo stesso testo originale. Iniziò il processo e fu terrorizzato dalle autorità. Nel 1525 lasciò l'Inghilterra per recarsi in Germania, dove lavorò al fianco di Martin Lutero. Entro la fine dell'anno il Nuovo Testamento fu tradotto in lingua inglese. Nel 1526, il Nuovo Testamento di Tyndale divenne la prima edizione delle Scritture stampata in lingua inglese. Questo era un bene!

Se le persone potevano avere accesso alla lettura della Bibbia nella loro lingua, la Chiesa Cattolica non avrebbe più avuto una presa o un dominio su di loro. L'oscurità della paura che controllava il popolo non era più una minaccia. Il pubblico avrebbe potuto sfidare l'autorità ecclesiastica per qualsiasi menzogna rivelata.

La libertà era finalmente arrivata; la salvezza era libera per tutti attraverso la fede e non le opere. Sarà sempre la Parola di Dio ad essere vera, non quella dell'uomo. La Parola di Dio è vera e la Verità vi renderà liberi.

Re Giacomo VI:

Nel 1603, quando Giacomo VI divenne re, c'era un progetto in sospeso per una nuova traduzione della Bibbia. La ragione della nuova traduzione era che la Grande Bibbia, la Bibbia di Matteo, la Bibbia delVescovo, la Bibbia di Ginevra e la Bibbia di Coverdale, in uso, erano corrotte. Alla Conferenza di Hampton Court re Giacomo approvò la traduzione della Bibbia. Quarantasette studiosi della Bibbia, teologi e linguisti furono scelti con cura per questo grande lavoro di traduzione. I traduttori furono divisi in sei gruppi e lavorarono nelle università di Westminster, Cambridge e Oxford. I diversi libri della Bibbia furono assegnati a questi studiosi di ebraico, greco, latino e inglese. Per la traduzione si dovevano seguire alcune linee guida. La traduzione della Sacra Bibbia dalle lingue originali fu completata nel 1611 e si diffuse in tutto il mondo.

L'ho fatto "a Suo modo"

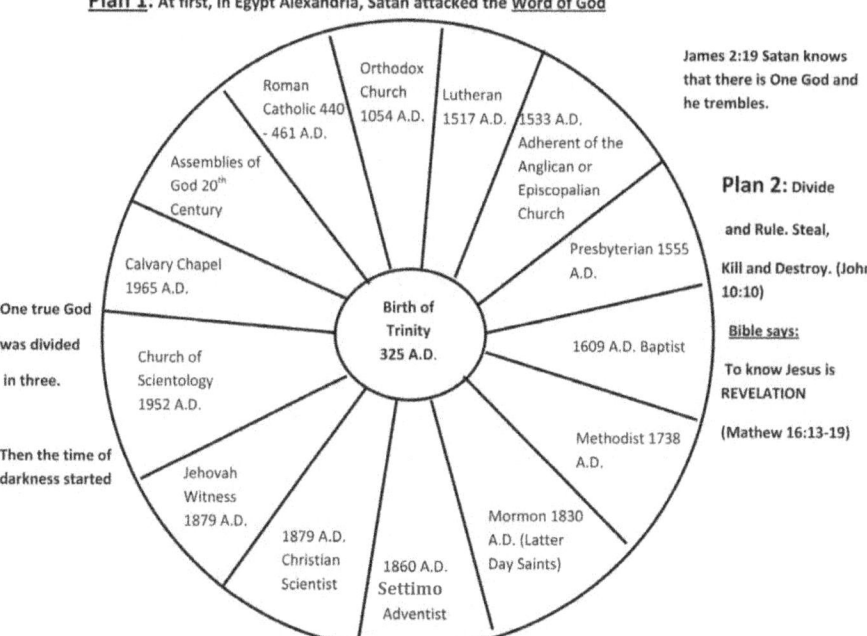

AS A RESULT WE HAVE MANY DENOMINATIONS.

L'ho fatto "a Suo modo"

C.

TRADUZIONI DELLA BIBBIA DEL NOSTRO TEMPO:

La verità sulle diverse versioni della Bibbia: la Parola di Dio è l'Autorità finale per la nostra vita.

Attualmente esistono molte traduzioni diverse della Bibbia oltre alla King James Version (KJV). I veri seguaci di Cristo vorrebbero sapere se tutte le versioni della Bibbia sono corrette o meno. Cerchiamo la verità in tutte queste versioni della Bibbia. Abbiamo la NIV, la NKJV, la Bibbia cattolica, la Bibbia latina, l'American Standard Version, la Revised Standard Version, l'English Standard Version, la New American Standard Version, l'International Standard Version, la Bibbia greca ed ebraica, la Bibbia della Nuova Traduzione Mondiale (Testimoni di Geova) ecc. Esistono anche molte altre Bibbie tradotte in tempi ed epoche diverse da molti studiosi diversi. Come facciamo a sapere che tutte queste versioni sono corrette o non sono state corrotte? Se sono state corrotte, come e quando è successo?

Iniziamo il nostro viaggio attraverso queste numerose varianti per trovare la verità:

Quello che dobbiamo sapere è che dobbiamo essere in grado di determinare quale sia la versione vera: La recente scoperta delle Scritture originali di Alessandria presenta una linea, linee o trattini sopra le parole e le scritture. Ciò significava omettere quelle particolari parole e versetti dalla loro traduzione. Sono state trovate queste linee sopra parole come: Santo, Cristo e Spirito, oltre a molte altre parole e versetti. Gli scribi che avevano il compito di modificare questi manoscritti non credevano nel Signore Gesù Cristo come Messia (Salvatore). Chiunque abbia fatto l'editing ha rimosso e cambiato molte parole e scritture. Questo manoscritto è stato recentemente scoperto ad Alessandria d'Egitto.

Questa è una meravigliosa prova che la Bibbia è stata cambiata e corrotta ad Alessandria dai loro corrotti leader religiosi e politici.

La versione di Re Giacomo della Bibbia dice:

Tutte le Scritture sono date per ispirazione di Dio e sono utili per la dottrina, per la riprovazione, per la correzione e per l'istruzione nella giustizia: (2 Tim 3:16 KJV)

Sapendo prima di tutto che nessuna profezia della Scrittura è di privata interpretazione. Infatti, la profezia non è avvenuta in passato per volontà dell'uomo, ma i santi uomini di Dio hanno parlato come erano mossi dallo Spirito Santo. (2 Pietro 1, 20-21)

Questa vera parola di Dio scritta dall'unico e solo Dio.

La Parola di Dio è eterna:

"In verità vi dico: finché non passino il cielo e la terra, non passerà un solo punto o una sola stilla dalla legge, finché non sia tutto compiuto". (Matteo 5:18)

Ed è più facile che passino il cielo e la terra, piuttosto che venga a mancare un solo frammento della legge. (Luca 16:17)

Non aggiungete o sottraete alla Parola di Dio:

La Parola di Dio non può essere sottratta, aggiunta o travisata:

Poiché io attesto a chiunque ascolti le parole della profezia di questo libro: Se qualcuno aggiungerà a queste cose, Dio gli aggiungerà le

L'ho fatto "a Suo modo"

piaghe che sono scritte in questo libro: E se qualcuno toglierà qualcosa dalle parole del libro di questa profezia, Dio toglierà la sua parte dal libro della vita, dalla città santa e dalle cose scritte in questo libro. (Apocalisse 22:18-19)

"Non aggiungerete nulla alla parola che vi comando e non la diminuirete, affinché possiate osservare i comandamenti del Signore vostro Dio che vi comando". (Deuteronomio 4:2)

La Parola di Dio è viva e più tagliente di una spada a due tagli:

Ogni parola di Dio è <u>pura</u>; egli è uno scudo per coloro che confidano in lui. (Proverbio 30:5)

Il Salmo 119 ci dice che la Parola di Dio ci aiuta a rimanere puri e a crescere nella fede. La Parola di Dio è l'unica guida per vivere una vita pura.

*La tua parola è una **<u>lampada</u>** per i miei piedi e una **<u>luce</u>** per il mio cammino.*
(Salmi 119:105)

*Essendo nati di nuovo, non da seme corruttibile, ma incorruttibile, per mezzo della **<u>parola di Dio</u>**, che vive e rimane in eterno. (1 Pietro 1:23)*

Tra le numerose versioni inglesi oggi disponibili, solo la King James Version (1611) si attiene senza alcun dubbio al superiore testo ebraico masoretico tradizionale. Questo metodo meticoloso è stato utilizzato dai masoreti per fare copie dell'Antico Testamento. Una prova attendibile della promessa di Dio di preservare la Sua Parola, che non è mai venuta meno.

Dio ha intenzione di preservare la sua Parola:

*Le parole dell'Eterno sono **parole pure**, come argento provato in una fornace di terra, purificato sette volte. Tu le custodisci, o Signore, le preservi **da questa generazione per sempre**. (Salmi 12:6, 7)*

L'ho fatto "a Suo modo"

La tecnologia odierna ha dimostrato l'accuratezza e la veridicità della Bibbia di re Giacomo.

Il Journal of Royal Statistical Society and Statistical Science è una nuova agenzia di ricerca:

Due matematici di Harvard e due di Yale, studiosi della lingua ebraica, hanno preso queste due tecniche scientifiche statistiche e sono rimasti stupiti dall'accuratezza della Bibbia KJV. Hanno condotto uno studio informativo al computer utilizzando la sequenza di lettere equidistanti. Hanno inserito un nome dai primi cinque libri (Torah) della Bibbia KJV e, dopo aver inserito quel nome, il test di sequenzialità equidistante delle lettere è stato in grado di inserire automaticamente la data di nascita e di morte di quella persona e la città in cui è nata e morta. Il risultato è stato il più accurato. Il test ha rilevato con facilità e precisione le persone vissute all'inizio del secolo. Si trattava di test semplici, ma i risultati erano molto accurati.

La stessa tecnica è fallita quando hanno inserito i nomi utilizzati nella NIV, nella New American Standard Version, nella The Living Bible e in altre lingue e traduzioni di queste versioni. Questo metodo dimostra l'inesattezza delle copie corrotte della Bibbia.

Hanno provato la stessa analisi matematica per il Pentateuco samaritano, così come per la Versione di Alessandria, e non ha funzionato.

Il Libro della Rivelazione ci dice che:

"E se qualcuno avrà tolto le parole del libro di questa profezia, Dio toglierà la sua parte dal libro della vita, dalla città santa e dalle cose scritte in questo libro". (Apocalisse 22:19)

Con questo studio, sono giunti alla conclusione che la Bibbia KJV è la Bibbia più veritiera che abbiamo oggi.

Alla base della Bibbia KJV c'è un testo greco basato sul Testo Masoretico e sul Textus Receptus (che significa semplicemente testi ricevuti da tutti). Oltre cinquemila manoscritti concordano al 99% con la Bibbia KJV.

La Bibbia KJV è di dominio pubblico e non ha bisogno di alcun permesso per essere utilizzata per la traduzione.

Le versioni moderne della Bibbia non utilizzano il Testo Masoretico ebraico. Hanno usato il Manoscritto di Leningrado, edito dalla Septuaginta, una versione greca corrotta dell'Antico Testamento. Entrambi questi falsi testi della Bibbia ebraica offrono nelle loro note a piè di pagina le modifiche suggerite. I falsi testi ebraici, BHK o BHS, sono utilizzati per l'Antico Testamento in tutte le versioni moderne per le traduzioni.

Il testo ebraico masoretico tradizionale alla base della KJV è esattamente identico al manoscritto originale. Oggi gli archeologi hanno trovato tutti i libri della Bibbia, il che dimostra che la Bibbia KJV è l'esatta traduzione del libro originale.

La Parola di Dio è cambiata:

La Bibbia dice che la Parola di Dio è la nostra spada ed è usata come unica arma di offesa contro il nemico; tuttavia, nelle traduzioni moderne, la Parola di Dio non può essere usata come offesa o spada contro il nemico. Ci sono stati così tanti cambiamenti nella Parola di Dio che quando vediamo una persona che usa le traduzioni moderne, è instabile, depressa, ansiosa e ha problemi emotivi.

Ecco perché la psicologia e la medicina sono entrate nella Chiesa; le nuove traduzioni ne sono responsabili.

Vediamo alcuni cambiamenti e le sottili ragioni che ne stanno alla base:

Vedremo i cambiamenti nelle seguenti versioni della Bibbia. Sto citando alcune versioni, ma ci sono molte altre versioni e traduzioni fatte a partire da questa Bibbia su cui potete fare le vostre ricerche. New Living Translation, English Standard Version, New American Standard Bible, International Standard Version, American Standard Version, Bibbia dei Testimoni di Geova, Bibbia NIV e altre traduzioni.

L'ho fatto "a Suo modo"

*KJV: Luca 4:18 Lo Spirito del Signore è su di me, perché mi ha unto per predicare il Vangelo ai poveri; mi ha mandato a **guarire il cuore spezzato**, a predicare la liberazione ai prigionieri e il recupero della vista ai ciechi, a rimettere in libertà i feriti.*

Questa Scrittura dice che Egli guarisce chi ha il cuore spezzato.

La NIV recita Luca 4:18: "Lo Spirito del Signore è su di me, perché mi ha consacrato con l'unzione per annunziare la buona novella ai poveri. Mi ha mandato a proclamare la libertà per i prigionieri e il recupero della vista per i ciechi, a liberare gli oppressi".

(Guarisci il cuore spezzato è omesso dalla NIV e anche da altre versioni. Le traduzioni moderne non possono guarire il cuore spezzato).

*KJV: Marco 3:15: E di avere **il potere di guarire le malattie** e di scacciare i demoni:*

NIV: Marco 3,15: E di avere l'autorità di scacciare i demoni.

("**E avere il potere di guarire le malattie**" è omesso dalla NIV e da altre traduzioni. Non avete il potere di guarire i malati).

*KJV: Atti 3:11 Quando lo **zoppo che era stato guarito** si avvicinò a Pietro e Giovanni, tutto il popolo corse verso di loro nel portico chiamato di Salomone, meravigliandosi molto.*

NIV: Atti 3,11: Mentre il mendicante si aggrappava a Pietro e Giovanni, tutto il popolo rimase stupito e corse da loro nel luogo chiamato Colonnato di Salomoni.

La Bibbia NIV ha rimosso: "**Uomo zoppo che fu guarito**", che è il versetto chiave.

Inoltre la NIV ha rimosso "Mercy Seat" cinquantatré volte. La Misericordia di Dio è stata omessa. La parola Sangue è stata omessa quarantuno volte.

L'ho fatto "a Suo modo"

Efesini 6:4 parla di curare la chiesa... La parola curare deriva dalla parola nutrire. Come tenere e prendersi cura di un bambino, Dio ci nutre e ci umilia, ma alcune versioni moderne dicono "disciplina" e "castigo".

*La KJV Daniele 3:25b dice: e la forma del quarto è simile al **Figlio di Dio**.*

*NIV Daniele 3,25b: ha cambiato le parole; e il quarto sembra un **figlio degli dei**.*

Figlio di Dio non è figlio di dèi... questo sosterrà il politeismo.

Cambiando "Il" in "Un" si sosterranno altre religioni. Esempio: Un vangelo, un figlio, un salvatore....Gesù non è l'unico salvatore?!?!?

La Bibbia dice:

Gesù gli disse: "Io sono la via, la verità e la vita; nessuno viene al Padre se non per mezzo di me". (KJV Giovanni 14:6)

*KJV: Matteo 25:31: Quando il Figlio dell'uomo verrà nella sua gloria, e tutti i **santi angeli** con lui, allora siederà sul trono della sua gloria.*

*NIV: Matteo 25,31: Quando il Figlio dell'uomo verrà nella sua gloria, e tutti gli **angeli** con lui, siederà sul suo trono nella gloria celeste.*

(La NIV ha eliminato la parola "Santo". Sappiamo che la Bibbia parla anche di Angeli malvagi ed empi).

Dio è Santo:

La NIV ha anche rimosso Fantasma Santo o Spirito Santo da alcuni punti. Questi sono solo alcuni esempi delle numerose modifiche apportate alla NIV, alla NKJV, alla Bibbia cattolica, alla Bibbia latina, alla American Standard Version, alla Revised Standard Version, alla Bibbia greca ed ebraica e anche ad altre versioni della Bibbia, che sono state tradotte dalla vecchia e corrotta scrittura alessandrina e dalla NIV.

Quanto segue dimostra che la Bibbia NIV è anticristo:

Molte parole come Gesù Cristo o Cristo, Messia, Signore, ecc. sono state rimosse dalla NIV e da altre traduzioni della Bibbia. La Bibbia dice chi è l'Anticristo.

Anticristo:

Chi è bugiardo se non chi nega che Gesù è il Cristo? È anticristo colui che nega il Padre e il Figlio. (KJV 1 Giovanni 2:22)

*La grazia di nostro Signore **Gesù Cristo** [sia] con tutti voi. Amen. (KJV: Apocalisse 22:21)*

*La grazia del Signore Gesù sia con il popolo di Dio. Amen. (NIV: Apocalisse 22:21 ha rimosso **Cristo**)*

KJV Giovanni 4:29: Venite a vedere un uomo che mi ha detto tutte le cose che ho fatto: non è costui il Cristo?

La NIV dice che Giovanni 4:29 "Venite a vedere un uomo che mi ha detto tutto quello che ho fatto. Potrebbe essere questo il Cristo?".

(La divinità di Cristo è messa in discussione) Togliendo le parole, si cambia il significato.

L'Anticristo nega il Padre e il Figlio...

*KJV: Giovanni 9:35 "Tu credi al **Figlio di Dio**".*

*NIV: Cambiato in "Credete nel **Figlio dell'uomo**".*

KJV Atti 8:37 "E Filippo disse: "Se credi con tutto il cuore, puoi". Ed egli rispose: "Credo che Gesù Cristo è il Figlio di Dio".

Atti 8:37; l'intero versetto è rimosso dalla NIV.

*KJV: Galati 4:7 per cui non sei più servo, ma figlio e, se figlio, erede di **Dio per mezzo di Cristo.***

NIV: Galati 4:7 per cui non sei più schiavo, ma figlio; e poiché sei figlio, Dio ti ha fatto anche erede.

NIV omesso erede di Dio per mezzo di Cristo.

*KJV: Efesini 3:9 e per far vedere a tutti [gli uomini] qual è la comunione del mistero, che fin dall'inizio del mondo è stato nascosto in Dio, il quale ha creato tutte le cose **per mezzo di Gesù Cristo**.*

NIV: Efesini 3:9 e per rendere evidente a tutti l'amministrazione di questo mistero, che da sempre è stato tenuto nascosto in Dio, che ha creato tutte le cose.

La NIV ha rimosso **"Da Gesù Cristo"**. Gesù è il Creatore di tutte le cose.

Gesù Cristo viene in carne e ossa:

*1 Giovanni 4:3 KJV... E ogni spirito che non confessa che **Gesù Cristo è venuto nella carne** non è da Dio.*

La NIV dice: Ma ogni spirito che non riconosce Gesù non viene da Dio.

("Gesù Cristo è venuto in carne e ossa" è stato rimosso)

Libro degli Atti 3:13, 26 La KJV dice che è un Figlio di Dio. La NKJV ha tolto Figlio di Dio e ha detto servo di Dio.

Le nuove versioni della Bibbia non vogliono che Gesù sia il "Figlio di Dio". Figlio di Dio significa Dio in carne e ossa.

*Giovanni 5:17-18 KJV Ma Gesù rispose loro: "Il **Padre mio** opera finora e io opero". Perciò i Giudei cercavano di più di ucciderlo, perché non solo aveva trasgredito il sabato, ma aveva anche detto che **Dio era suo Padre**, facendosi **uguale a Dio.***

La Bibbia KJV definisce Gesù o Gesù Cristo o Il Signore Gesù. Ma le nuove traduzioni moderne dicono invece "lui o egli".

L'ho fatto "a Suo modo"

*KJV: E cantano il canto di Mosè, servo di Dio, e il canto dell'Agnello, dicendo: "Grandi e meravigliose sono le tue opere, Signore Dio onnipotente; giuste e veritiere sono le tue vie, **Re dei santi**". (Apocalisse 15:3)*

*NIV: e cantarono il canto di Mosè, servo di Dio, e il canto dell'Agnello: "Grandi e meravigliose sono le tue opere, Signore Dio onnipotente. Giuste e vere sono le tue vie, **Re dei secoli**". (Apocalisse 15:3)*

(Egli è il Re dei santi, che sono nati di nuovo. Chi è stato battezzato nel nome di Gesù e ha ricevuto il Suo Spirito).

*KJV: E **Dio** asciugherà ogni lacrima dai loro occhi; (Apocalisse 21:4)*

NIV: Egli asciugherà ogni lacrima dai loro occhi. (Apocalisse 21:4)

"**Dio**" viene cambiato in "Egli". Chi è "Lui"? (Questo supporterà le altre religioni).

*KJV: Poi guardai, ed ecco un Agnello in piedi sul monte Sion, e con lui centoquaranta [e] quattromila, che avevano il **nome del Padre** suo scritto in fronte. (Apocalisse 14:1)*

*NIV: Poi guardai, e davanti a me c'era l'Agnello, in piedi sul monte Sion, e con lui 144.000 persone che avevano il **suo nome e il nome del Padre suo** scritto sulla fronte. (Apocalisse 14, 1)*

La NIV ha aggiunto "il suo nome" con il "nome del Padre suo", ora due nomi.

Giovanni 5,43b: Io vengo nel nome del Padre mio.

Il nome del Padre è quindi Gesù. Gesù in lingua ebraica significa Geova Salvatore.

*Zaccaria 14:9 Il Signore sarà il re su tutta la terra; in quel giorno ci sarà un solo Signore e il suo **nome sarà uno solo**.*

*Isaia 44:5 Uno dirà: "Io sono del Signore", un altro si chiamerà Giacobbe, un altro ancora sottoscriverà con la mano il nome del Signore e si **chiamerà** Israele.*

NIV: Isaia 44:5 Uno dirà: "Io appartengo al Signore"; un altro si chiamerà col nome di Giacobbe; un altro ancora scriverà sulla sua mano: "Del Signore" e prenderà il nome di Israele.

(NIV ha rimosso la parola **Cognome**)

Ora sentiamo che il libro del "Pastore di Hermas" sta per essere introdotto nella versione moderna della Bibbia. Il Libro di Hermas dice: "Prendete il nome, consegnatevi alla bestia, formate un unico governo mondiale e uccidete coloro che non ricevono il Nome". (Gesù non è il nome a cui si riferiscono qui).

Apocalisse 13:17: E nessuno poteva comprare o vendere, se non chi aveva il marchio, il nome della bestia o il numero del suo nome.

E non stupitevi se il Libro dell'Apocalisse scompare dalla Bibbia. Ora, nel Libro dell'Apocalisse sono registrati il passato, il presente e le cose future. Il Pastore di Hermas si trova nel Manoscritto Sinaitico, che è alla base della Bibbia NIV.

Simboli:

Qual è il significato del simbolo e chi lo usa:
Un **simbolo** è qualcosa come un segno particolare che rappresenta un'informazione, ad esempio un ottagono rosso può essere il simbolo di "STOP". Su una mappa, l'immagine di una tenda può rappresentare un campeggio.

Il libro delle profezie dice:

L'ho fatto "a Suo modo"

> *Ecco la saggezza. Chi ha intelligenza conti il numero della bestia, perché è il numero di un uomo, e il suo numero è eicentosessantacinque e sei. (Apocalisse 13:18)*

Questo simbolo o logo di un 666 intrecciato (antico simbolo della trinità) è usato dalle persone che credono nella dottrina trinitaria.

Dio non è una trinità o tre persone diverse. Un solo Dio, Geova, è venuto nella carne e ora il suo Spirito opera nella Chiesa. Dio è Uno, sarà sempre Uno.

> *Ma Atti 17:29 dice: Poiché dunque siamo progenie di Dio, non dobbiamo pensare che la Divinità sia simile all'oro, all'argento o alla pietra, scolpita dall'arte e dall'ingegno dell'uomo.*

(Creare un simbolo per rappresentare la Divinità è contro la Parola di Dio) I New Agers ammettono che tre sei intrecciati o "666" sono un marchio della Bestia.

La Bibbia ci avverte che Satana è una contrapposizione:

> *"E non c'è da meravigliarsi, perché Satana stesso si è trasformato in un angelo di luce. Non c'è dunque da meravigliarsi se anche i suoi ministri si trasformano in ministri della giustizia". (2 Corinzi 11:14-15)*

Satana è in definitiva una contrapposizione:

> *"Salirò al di sopra delle nuvole, sarò come l'Altissimo". (Isaia 14:14)*

Sarò come il Dio altissimo. È evidente che Satana ha cercato di togliere l'identità di Gesù Cristo cambiando la Parola di Dio. Ricordate che Satana è sottile e il suo attacco è alla "Parola di Dio".

Nuova versione di Re Giacomo:

Vediamo questa versione della Bibbia chiamata NKJV. La New King James Version **non** è una versione di Re Giacomo. La Bibbia King James Version è stata tradotta da 54 studiosi teologi ebrei, greci e latini nel 1611.

L'ho fatto "a Suo modo"

La Nuova Versione di Re Giacomo è stata pubblicata per la prima volta nel 1979. Studiando la Nuova KJV scopriremo che questa versione non solo è la più letale, ma è anche molto ingannevole per il corpo di Cristo.

Perché??????

L'editore NKJV dice:

... Che si tratta di una Bibbia di Re Giacomo non è vero. La KJV non ha alcun diritto di copia; è possibile tradurla in qualsiasi lingua senza chiedere il permesso. La NKJV ha un diritto di copia di proprietà della Thomas Nelson Publishers.
... Che si basa sul Textus Receptus, che è una verità solo parziale. Questo è un altro attacco sottile. Fate attenzione a questa Nuova KJV. Tra poco scoprirete perché.

La New King James Bible sostiene di essere la Bibbia di Re Giacomo, ma migliore. La "NKJV" ha omesso e alterato molti versetti.

Ventidue volte "Inferno" viene cambiato in "Ade" e "Sheol". Il movimento satanico New Age dice che "Ade" è uno stato intermedio di purificazione!

I greci credono che "Ade" e "Sheol" siano una dimora sotterranea dei morti.

Ci sono molte cancellazioni delle seguenti parole: pentimento, Dio, Signore, cielo e sangue. Le parole Geova, diavoli, dannazione e Nuovo Testamento sono state eliminate dalla NKJV.

Equivoci sulla salvezza:

KJV	NKJV
1a Corinzi 1:18	
"Sono salvati"	Essere salvati.
Ebrei 10:14	

"Sono santificati" II Corinzi 10:5	Vengono santificati.
"Abbattere l'immaginazione" Matteo 7:14	Abbattere gli argomenti.
"Via stretta" II Corinzi 2:15	Via difficile
"Sono salvati"	Essere salvati

"Sodomiti" è cambiato in "persone perverse". La NKJV è una versione travisata dall'anticristo.

Il più grande attacco di Satana è a Gesù come Dio.

NIV: Isaia 14:12 è un sottile attacco al Signore Gesù, conosciuto come **Stella del mattino.**

Come sei caduto dal cielo, o stella del mattino, figlio dell'aurora! Sei stato gettato sulla terra, tu che un tempo avevi abbattuto le nazioni!

(La NIV ha delle Note a piè di pagina per questa scrittura

2 Pietro 1:19 "E la parola dei profeti ci è stata resa più certa, e farete bene a prestarle attenzione, come a una luce che brilla in un luogo oscuro, finché non spunti il giorno e la stella del mattino sorga nei vostri cuori".

Aggiungendo **_Stella del mattino_** e dando un altro riferimento in Apocalisse 2:28, si inganna il lettore, dicendo che Gesù è la Stella del mattino, che è caduta).

Ma nella KJV Isaia 14 :12 si legge: "Come sei caduto dal cielo, o Lucifero, figlio del mattino! [Come sei stato ridotto a terra, che hai indebolito le nazioni!".

(La Bibbia NIV ha rimosso il nome di Lucifero e ha sostituito "figlio del mattino" con "**Stella del mattino**". Nel libro dell'Apocalisse Gesù viene chiamato "Stella del mattino".

Io Gesù ho mandato il mio angelo a testimoniarvi queste cose nelle chiese. Io sono la radice e la discendenza di Davide, e la stella luminosa e mattutina (KJV 22:16).

Così, la versione NIV di Isaia 14:12 fraintende il significato biblico affermando che Gesù è caduto dal cielo e ha fatto cadere le nazioni). La Bibbia KJV dice che Gesù è la Stella Luminosa e Mattutina.

*"Io Gesù ho mandato il mio angelo a testimoniarvi queste cose nelle Chiese. Io sono la radice e la discendenza di Davide, e la **<u>stella luminosa e mattutina</u>**". (Apocalisse 22:16 KJV)*

KJV:

Abbiamo anche una parola di profezia più sicura, alla quale farete bene a prestare attenzione, come a una luce che brilla in un luogo oscuro, finché non spunti il giorno e la stella del giorno sorga nei vostri cuori.

*E li governerà con una verga di ferro; come vasi di un vasaio saranno rotti fino a tremare; come io ho ricevuto dal Padre mio. E gli darò la **<u>stella del mattino</u>**. (KJV Ap. 2:27-28)*

Le traduzioni moderne accontentano tutte le religioni usando "egli" o "lui" al posto di Gesù, Cristo o Messia, ed eliminando molte parole e versetti su Gesù. Queste traduzioni dimostrano che il Signore Gesù non è il Creatore, il Salvatore o il Dio in carne e ossa; lo rendono solo un altro mito.

Questi uomini apostati produssero un manoscritto per una Bibbia più a loro piacimento. Attaccarono la divinità di Gesù Cristo e altre dottrine della Bibbia. La strada era spianata per una Bibbia New Age che avrebbe dato vita a una religione mondiale. L'unione di tutte le chiese e di tutte le religioni porterà alla "Religione Unica Mondiale".

Ora capite quale piano connivente e sottile abbia architettato Satana. Ha persino osato cambiare la Parola di Dio. Satana ha sviluppato un piano ingannevole per confondere le persone!

Ricordate cosa disse Satana:

"Salirò al di sopra delle nuvole, sarò come l'Altissimo".
(Isaia 14:14)

L'ho fatto "a Suo modo"

D.

BIBBIA KJV VS BIBBIA MODERNA: MODIFICHE CHE SONO STATE AGGIUNTE O TOLTE.

TRADUZIONE NIV:

Il testo greco di Westcott & Hort proviene dai manoscritti Sinaiticus e Vaticanus. La Chiesa primitiva li ritenne un sottile attacco alla Parola di Dio, omettendo e modificando la verità della Bibbia. Il Sinaiticus (Aleph) e il Vaticanus (Codex-B) sono stati entrambi rifiutati dalla Chiesa primitiva e adorati dai falsi insegnanti. La fonte della Bibbia NIV si basa sulle versioni corrotte di Westcott e Hort, che troverete nelle note a piè di pagina della NIV. Non abbiamo modo di sapere come e dove sia nato questo testo greco di Westcott & Hort, senza una ricerca approfondita. Quando vediamo riferimenti a Westcott e Hort, di solito li crediamo senza dubbio, semplicemente perché sono stampati in una Bibbia.

La Bibbia NIV è adorata perché si ritiene che sia più facile da capire, dato che l'inglese antico è stato modificato con parole moderne. In realtà, la Bibbia KJV ha un linguaggio più semplice che può essere compreso da persone di qualsiasi età. Il vocabolario della KJV è più semplice di quello della NIV. Solo cambiando parole come tu, te e tuo, la gente pensa che sia più facile da leggere. Come sapete, la Parola di Dio è spiegata solo dallo Spirito Santo, che è scritta da Dio. Lo Spirito di Dio è presente nella KJV e ci aiuta a cogliere la sua comprensione. Non sono necessari cambiamenti nella Parola di Dio, ma la vera Parola deve cambiare il nostro pensiero.

Molte chiese stanno accettando la versione NIV al posto della KJV. Apportare piccoli cambiamenti nel tempo condiziona il nostro pensiero e diventa un sottile lavaggio del cervello. I cambiamenti che la Bibbia NIV ha apportato alla sua versione stanno assottigliando il Vangelo. Questi cambiamenti sono per lo più contro la reggenza del Signore Gesù Cristo. Una volta ottenuto questo risultato, per molte religioni è più facile accettare la Bibbia NIV, in quanto essa sostiene le loro dottrine. Questo diventa a sua volta "interreligiosità", l'obiettivo dell'unica religione mondiale di cui si parla nell'Apocalisse.

La KJV si basava sulla famiglia di manoscritti bizantini, comunemente chiamati manoscritti del Textus Receptus. La NKJV (New King James Version) è la traduzione peggiore. Si discosta dalla KJV 1200 volte. La New King James Version non è assolutamente uguale alla King James Version. Anche la MKJV non è la KJV. La maggior parte delle traduzioni della Bibbia non sono un'altra versione, ma una distorsione, e sono deviate dalla verità.

I seguenti versetti non sono presenti nella **NIV** e in **altre traduzioni moderne**. Di seguito è riportato un elenco di "omissioni" nella NIV.

Isaia 14:12

*KJV: Isa.14,12: Come sei caduto dal cielo, **o Lucifero, figlio del mattino**! Come sei ridotto a terra, che hai indebolito le nazioni!*

*NIV Isa.14:12 Come sei caduto dal cielo, o **stella del mattino**, figlio dell'aurora! Sei stato gettato sulla terra, tu che un tempo hai fatto cadere le nazioni!*

(La Bibbia NIV ha tolto Lucifero e ha sostituito "figlio della stella del mattino" con "stella del mattino". Questo vi inganna a credere che "GESÙ", che è la "Stella del mattino", sia caduto dal cielo.

Io Gesù ho mandato il mio angelo a testimoniarvi queste cose nelle chiese. Io sono la radice e la discendenza di Davide, e il luminoso e il

L'ho fatto "a Suo modo"

<u>**stella del mattino**</u>. *(KJV Apocalisse 22, 16)*

(Gesù è la stella del mattino)

Isaia 14:12 (NIV) è una Scrittura molto confusa. La gente pensa che Gesù sia caduto dal cielo e sia stato abbattuto.

La NIV equipara Lucifero (Satana) a Gesù Cristo; questa è una bestemmia di altissimo livello. Questo è il motivo per cui alcune persone non credono in Gesù Cristo, poiché lo vedono uguale a Satana.

Daniele 3:25

KJV: Dan.3:25 Egli rispose e disse: "Ecco, io vedo quattro uomini sciolti, che camminano in mezzo al fuoco e non hanno alcun male; e la forma del quarto è simile al **Figlio di Dio**".

NIV: Dan. 3:25 Egli disse: "Guarda, vedo quattro uomini che camminano nel fuoco, non legati e non feriti, e il quarto sembra un ***figlio degli dei***".

(Cambiando Figlio di Dio in **Figlio degli dèi**, si accoglierà la credenza del politeismo e si sosterranno le altre religioni).

Matteo 5:22

KJV Mt.5:22 Ma io vi dico che chiunque si **adirerà con il proprio fratello senza motivo sarà esposto al** *pericolo del giudizio; e chiunque dirà al proprio fratello: "sciocco", sarà esposto al pericolo del consiglio; ma chiunque dirà: "Stupido", sarà esposto al pericolo del fuoco dell'inferno.*

NIV Mt 5,22 Ma io vi dico che chiunque si **adira** *con il proprio fratello sarà sottoposto al giudizio. Anche in questo caso, chi dice a suo fratello: "Raca",* **ne risponde al Sinedrio**. *Ma chi dice: "Stupido!", rischia il fuoco dell'inferno.*

L'ho fatto "a Suo modo"

(La Bibbia KJV dice: "**arrabbiato senza motivo**", la NIV dice "semplicemente arrabbiato". La verità della Parola è che possiamo **arrabbiarci** se c'è una causa, ma non lasceremo che il sole tramonti su di essa).

Matteo 5:44

*KJV Mt.5:44 Ma io vi dico: amate i vostri nemici, **benedite quelli che vi maledicono**, fate del bene a quelli che vi odiano e pregate **per quelli che vi maltrattano** e vi perseguitano;*

NIV Mt 5,44 Ma io vi dico: amate i vostri nemici e pregate per quelli che vi perseguitano,

(L'evidenziazione nella KJV è rimossa dalla Bibbia NIV)

Matteo 6:13

*KJV Mt 6:13 Non ci indurre in tentazione, ma liberaci dal male: **Perché tuo è il regno, la potenza e la gloria, per sempre. Amen**.*

*NIV Mt 6,13 Non ci indurre in tentazione, ma liberaci dalla tentazione **del malvagio**.*

(**Malvagio** non il malvagio. **Perché tuo è il regno, la potenza e la gloria, per sempre. Amen**: rimosso dalla NIV)

Matteo 6:33

*KJV Mt 6:33 Cercate prima il **regno di Dio** e la sua giustizia, e tutte queste cose vi saranno date.*

*NIV Mt 6,33 Ma cercate prima il suo regno e la **sua** giustizia, e tutte queste cose vi saranno date in aggiunta.*

(**il regno di Dio** è sostituito dal "suo" regno... la NIV ha sostituito Dio con il suo. Chi è il "suo"?)

Matteo 8:29

L'ho fatto "a Suo modo"

KJV Mt 8:29 Ed ecco che gridarono dicendo: "Che abbiamo a che fare con te, **Gesù**, Figlio di Dio? Sei venuto qui per tormentarci prima del tempo?" (Specifico)

NIV Mt 8,29 "Che cosa vuoi da noi, **Figlio di Dio**?", gridarono. "Sei venuto qui per torturarci prima dell'ora stabilita?".

(**Gesù** è uscito dalla Bibbia NIV e hanno mantenuto solo Figlio di Dio... Gesù è il Figlio di Dio. Figlio di Dio significa l'Onnipotente che cammina in carne e ossa).

Matteo 9:13b

KJV Mt.9:13b perché non sono venuto a chiamare i giusti, ma i peccatori a **ravvedersi**.

NIV Mt 9,13b Perché non sono venuto a chiamare i giusti, ma i peccatori.

(Il **pentimento** è fuori. Il pentimento è il primo passo; ci si allontana dal peccato e da uno stile di vita peccaminoso rendendosi conto e confessando di aver sbagliato).

Matteo 9:18

KJV: Mt 9:18 Mentre diceva loro queste cose, ecco che arrivò un certo sovrano e **lo adorò** dicendo: "Mia figlia è già morta; ma vieni e stendi la tua mano su di lei ed essa vivrà".

(Adorava Gesù)

NIV Mt 9,18 Mentre diceva questo, venne un sovrano, si **inginocchiò davanti a lui** e gli disse: "Mia figlia è appena morta. Ma vieni a imporle le mani e vivrà".

(L'adorazione viene **cambiata in inginocchiamento**. L'adorazione rende Gesù come Dio).

Matteo 13:51

KJV Mt 13:51 Gesù disse loro: "Avete compreso tutte queste cose? Essi gli rispondono: "**Sì, Signore**".

NIV Mt 13,51 "Avete compreso tutte queste cose?". Chiese Gesù.

(GESÙ È IL SIGNORE. La NIV ha tolto "**Sì, Signore**", omettendo la signoria di Gesù Cristo).

Matteo 16:20
KJV Mt 16,20 Poi incaricò i suoi discepoli di non dire a nessuno che egli era **Gesù** il Cristo.

(Il nome "GESÙ" è stato rimosso da diversi versetti della Bibbia NIV).

NIV Mt 16:20 Poi avvertì i suoi discepoli di non dire a nessuno che egli era il Cristo.

(Chi è "lui"? Perché non Gesù, il Cristo? "Cristo" significa Messia, il Salvatore di questo mondo: Giovanni 4:42).

Matteo 17:21
KJV: Mt 17,21: Ma questa specie non esce se non con la preghiera e il digiuno.

(La preghiera e il digiuno abbattono la presa del diavolo. Il digiuno uccide la nostra carne).

La NIV ha eliminato completamente la scrittura. È stata cancellata anche dalla "Bibbia" dei Testimoni di Geova. Attualmente il digiuno è cambiato in dieta di Daniele. Questa è un'altra menzogna. (Il digiuno è senza cibo e senza acqua. Mangiare non è digiunare e digiunare non è mangiare o bere).

Alcuni esempi di digiuno biblico nella Bibbia KJV

Ester 4:16 KJV:

L'ho fatto "a Suo modo"

*Andate, radunate tutti i Giudei che si trovano a Susa e **digiunate** per me, <u>senza mangiare né bere per tre</u> giorni, né di notte né di giorno: Anch'io e le mie fanciulle **digiuneremo**, e così andrò dal re, il che non è conforme alla legge; e se perdo, perisco.*

*Giona 3:5, 7 KJV Allora il popolo di Ninive credette a Dio, **<u>proclamò un digiuno</u>** e si vestì di sacco, dal più grande al più piccolo. E fece proclamare e pubblicare per tutta Ninive, con un decreto del re e dei suoi nobili, che diceva: "Né uomini né bestie, né greggi né mandrie, **<u>assaggino alcunché; non si nutrano e non bevano acqua</u>**:*

Matteo 18:11
KJV Mt 18,11: **<u>Perché il Figlio dell'uomo è venuto a salvare ciò che era perduto</u>**.

(Questo versetto è stato cancellato dalla NIV e da molte altre versioni della Bibbia. Gesù non deve essere l'unico Salvatore. Mason insegna che possiamo salvarci da soli e che non c'è bisogno di Gesù).

Matteo 19:9
KJV: Mt 19:9: E io vi dico che chiunque abbandoni la propria moglie, se non per fornicazione, e ne sposi un'altra, commette adulterio; **<u>e chi sposa colei che è stata allontanata, commette adulterio.</u>**

NIV: Mt 19,9 "Vi dico che chiunque divorzia dalla propria moglie, se non per infedeltà coniugale, e sposa un'altra donna, commette adulterio".

("chi sposa colei che è stata allontanata commette adulterio").

Matteo 19:16,17
*KJV Mt 19:16 Ed ecco che uno venne a dirgli: "**<u>Maestro buono</u>**, che cosa devo fare di buono per avere la vita eterna?"*

17 E gli disse: "Perché mi chiami buono? Non c'è nessuno buono se non uno solo, cioè Dio; ma se vuoi entrare nella vita, osserva i comandamenti."

L'ho fatto "a Suo modo"

NIV Mt 19:16 Ora un uomo si avvicinò a Gesù e gli chiese: "Maestro, che cosa devo fare di buono per avere la vita eterna?"

17 "Perché mi interroghi su ciò che è buono?". Gesù rispose. "C'è uno solo che è buono. Se vuoi entrare nella vita, osserva i comandamenti.

(Gesù disse: "Perché mi chiamate buono?". Solo Dio è buono e se Gesù è buono allora deve essere Dio. Il Maestro buono è cambiato in "Maestro" nella NIV e il significato si perde. Inoltre, alcune religioni sostengono la credenza dell'autosalvezza).

Matteo 20:16
KJV Mt 20:16: Così gli ultimi saranno i primi e i primi gli ultimi; **_perché molti sono i chiamati, ma pochi gli eletti_**.

(È importante la scelta. Se non si sceglie correttamente, si rischia di perdersi).

NIV E RSV
NIV Mt 20:16: "Gli ultimi saranno i primi e i primi saranno gli ultimi".

(non è importante scegliere)

Matteo 20:20
KJV Mt 20,20: Allora venne da lui la madre dei figli di Zebedeo con i suoi figli, **_adorandolo_** *e desiderando una certa cosa da lui.*

NIV Mt 20,20: Allora la madre dei figli di Zebedeo venne da Gesù con i suoi figli e, **_inginocchiatasi_**, *gli chiese un favore.*

(**Adorare o inginocchiarsi**...?: Tralasciando la regnanza di Gesù Cristo, gli ebrei adorano un solo Dio).

Matteo 20:22, 23
KJV Mt 20:22, 23: Ma Gesù rispose e disse: "Non sapete quello che chiedete. Siete voi in grado di bere il calice che io berrò e di essere **_battezzati con il battesimo con cui io sono battezzato_**?". *Gli dissero: "siamo in grado di farlo".*

L'ho fatto "a Suo modo"

*E disse loro: "Voi berrete del mio calice e sarete **battezzati con il battesimo con cui sono stato battezzato io**; ma il posto alla mia destra e alla mia sinistra non spetta a me, ma sarà dato a coloro per i quali è stato preparato dal Padre mio".*

(Potresti passare le sofferenze che ho passato io?).

NIV Mt 20:22, 23: "Non sapete quello che chiedete", disse loro Gesù. "Potete bere il calice che io sto per bere?". "Possiamo", risposero. Gesù disse loro: "Voi berrete davvero dal mio calice, ma non sta a me concedere di sedere alla mia destra o alla mia sinistra. Questi posti appartengono a coloro per i quali sono stati preparati dal Padre mio".

(Tutte le frasi evidenziate e sottolineate nella KJV sono state rimosse dalla NIV)

Matteo 21:44

*KJV Mt 21,44: Chiunque cadrà su questa pietra, sarà spezzato; ma chiunque cadrà, sarà ridotto in **polvere**.*

*NIV Mt 21,44: "Chi cadrà su questa pietra sarà **frantumato**, ma colui sul quale essa cadrà sarà schiacciato".*

(L'opzione "Ridotto in polvere" è stata rimossa)

Matteo 23:10

*KJV Mt 23:10: Non fatevi chiamare **maestri**, perché uno solo è il vostro **Maestro**, **Cristo**.*

NIV Mt 23:10: Né dovete essere chiamati "maestri", perché avete un solo Maestro, il Cristo.

(Bisogna abbassare Dio al livello dei mistici perché Gesù diventi un altro mistico. La verità è che Cristo soddisfa tutti).

Matteo 23:14

L'ho fatto "a Suo modo"

KJV: Mt 23:14: Guai a voi, scribi e farisei, ipocriti! Perché divorate le case delle vedove, e per pretesto fate lunghe preghiere; perciò riceverete una dannazione maggiore.

(La NIV, la New L T, la English Standard Version, la New American Standard Bible e le traduzioni del Nuovo Mondo hanno eliminato questo versetto). Controllate voi stessi nella vostra Bibbia.

Matteo 24:36
KJV: Mt 24:36: Ma quel giorno e quell'ora non li conosce nessuno, neppure gli angeli del cielo, ma solo il Padre mio.

*NIV: Mt 24:36: "Nessuno conosce quel giorno o quell'ora, neppure gli angeli del cielo, **né il Figlio**, ma solo il Padre".*

("né il figlio" è aggiunto nella Bibbia NIV. Giovanni 10,30 **Io e il Padre mio siamo una cosa sola**. Quindi Gesù conosce il tempo della sua venuta. Questo implica che Gesù non fa parte della Divinità. Ma in quei giorni, dopo la tribolazione, il sole si oscurerà e la luna non darà più la sua luce, Marco 13:24. Sarà difficile capire l'ora).

Matteo 25:13
*KJV: Mt 25:13 Vegliate dunque, perché non sapete né il giorno né l'ora **in cui il Figlio dell'uomo verrà**.*

NIV: Mt 25:13 "Perciò vegliate, perché non sapete né il giorno né l'ora".

("**Dove viene il Figlio dell'uomo**". Tralasciando chi sta tornando? Di quale guardia?).

Matteo 25:31
*KJV: Mt 25:31 Quando il Figlio dell'uomo verrà nella sua gloria, e tutti i **santi angeli** con lui, si siederà sul trono della sua gloria.*

*NIV: Mt 25:31 "Quando il Figlio dell'uomo verrà nella sua gloria, e tutti gli **angeli** con lui, siederà sul suo trono nella gloria celeste".*

L'ho fatto "a Suo modo"

(La KJV dice tutti gli angeli "santi". La NIV dice solo "gli angeli". Questo implica che gli angeli decaduti o empi vengono con Gesù. Non è così? C'è un'eresia in giro secondo la quale non importa cosa si fa di buono o di cattivo, si va comunque in cielo. Gli spiriti dei nostri cari defunti, che non hanno mai creduto in Gesù, dovrebbero tornare per dire ai loro cari che stanno bene in cielo e che non è necessario fare nulla per entrare in paradiso. Questa è una dottrina del diavolo).

Matteo 27:35
KJV MT 27:35: Poi lo crocifissero e si spartirono le sue vesti tirando a sorte, __affinché si adempisse ciò che era stato detto dal profeta: "Si spartirono le mie vesti tra di loro e sulla mia veste tirarono a sorte".__

NIV MT 27:35: Quando lo ebbero crocifisso, si spartirono le sue vesti tirando a sorte.
("affinché si adempisse ciò che era stato detto dal profeta, si spartirono tra loro le mie vesti e sulla mia veste tirarono a sorte"). Completamente tratto dalla Bibbia NIV.

Marco 1:14
KJV MARCO 1:14: Ora, dopo che Giovanni fu messo in prigione, Gesù venne in Galilea a __predicare il vangelo del regno di Dio.__

NIV MARCO 1:14: Dopo che Giovanni fu messo in prigione, Gesù andò in Galilea, __annunciando la buona novella di Dio.__

(Il Vangelo del Regno di Dio è omesso dalla NIV)

Marco 2:17
KJV Marco 2:17: Quando Gesù lo udì, disse loro: "Quelli che sono integri non hanno bisogno del medico, ma quelli che sono malati: Non sono venuto a chiamare i giusti, ma i peccatori a __ravvedersi__.

NIV Marco 2:17: Udito ciò, Gesù disse loro: "Non sono i sani che hanno bisogno del medico, ma i malati. Non sono venuto a chiamare i giusti, ma i peccatori".

(Finché si crede che tutto vada bene, si può fare qualsiasi cosa e va bene. Cambiando leggermente le Scritture il peccato è ben accetto).

Marco 5:6
*KJV Marco 5:6: Ma quando vide Gesù lontano, corse e **lo adorò**,*

(Riconosce che Gesù è il Signore Dio).

*NIV Marco 5:6: Quando vide Gesù da lontano, corse e **cadde in ginocchio davanti a lui.***

(Mostra rispetto come uomo, ma non lo riconosce come Signore Dio).

Marco 6:11
*KJV: Marco 6:11: "E chiunque non vi riceverà e non vi ascolterà, quando ve ne andrete, scuotete la polvere sotto i vostri piedi come testimonianza contro di loro. **In verità vi dico che nel giorno del giudizio sarà più tollerabile per Sodoma e Gomorra che per quella città**."*
NIV Marco 6:11 "E se qualcuno non vi accoglierà e non vi ascolterà, scuotete la polvere dai vostri piedi quando ve ne andrete, come testimonianza contro di loro".

(La NIV ha rimosso: "In verità vi dico che nel giorno del giudizio sarà più tollerabile per Sodoma e Gomorra che per quella città". Il giudizio è stato rimosso perché non ci credono e non importa quale scelta si faccia. Tutte le azioni e i comportamenti sbagliati saranno corretti nel purgatorio o nella reincarnazione).

Marco 7:16
KJV Marco 7:16: Se qualcuno ha orecchi per ascoltare, ascolti

(La NIV, la Bibbia dei Testimoni di Geova e le traduzioni moderne hanno rimosso questa scrittura. WOW!)

Marco 9:24
*Marco 9:24: E subito il padre del bambino si mise a gridare e a dire in lacrime: "**Signore**, io credo; aiuta la mia incredulità".*

L'ho fatto "a Suo modo"

NIV Marco 9:24: Subito il padre del ragazzo esclamò: "Io credo; aiutami a vincere la mia incredulità!".

(Il Signore non è presente nella NIV. La Signoria di Gesù Cristo è omessa).

Marco 9:29
*KJV Marco 9:29: E disse loro: "Questo tipo non può venire fuori da nulla, se non dalla preghiera e dal **digiuno**".*

NIV Marco 9:29: "Egli rispose: "Questo genere di cose può uscire solo con la preghiera".

(Il **digiuno** viene rimosso. Con il digiuno abbattiamo le forti prese di Satana. Cercare il volto di Dio attraverso il digiuno biblico e la preghiera porta l'unzione e la potenza speciali).

Marco 9:44
KJV Marco 9:44: Dove il loro verme non muore e il fuoco non si estingue.

(Le Scritture sono state rimosse dalla NIV, dalla transizione moderna e dalla Bibbia dei Testimoni di Geova. Essi non credono nella punizione all'inferno).

Marco 9:46
KJV: Marco 9:46: Dove il loro verme non muore e il fuoco non si estingue.

(Le Scritture sono state tolte dalla NIV, la traduzione moderna, e dalla Bibbia dei Testimoni di Geova. Anche in questo caso, non credono nel giudizio).

Marco 10:21
*KJV Marco 10:21: Allora Gesù, vedendolo, lo amò e gli disse: "Una cosa sola ti manca: va' per la tua strada, vendi quello che hai e dallo ai poveri, e avrai un tesoro in cielo; e vieni, **prendi la croce** e seguimi".*

(Il cristiano ha una croce da portare. C'è un cambiamento nella sua vita).

NIV Marco 10:21: Gesù lo guardò e lo amò. "Una cosa sola ti manca", gli disse. "Va', vendi tutto quello che hai e dallo ai poveri, e avrai un tesoro in cielo. Poi vieni, seguimi".

(La NIV ha tolto "prendere la croce", non c'è bisogno di soffrire per la verità. Vivete nel modo in cui volete vivere. La croce è molto importante per il cammino cristiano).

Marco 10:24

*KJV Marco 10:24: E i discepoli si stupirono delle sue parole. Ma Gesù risponde di nuovo e dice loro: "Figlioli, quanto è difficile per quelli **che confidano nelle ricchezze** entrare nel regno di Dio!"*

NIV Marco 10:24: I discepoli si stupirono delle sue parole. Ma Gesù disse di nuovo: "Figlioli, quanto è difficile entrare nel regno di Dio!"

("**che confidano nelle ricchezze**" viene rimosso; non c'è bisogno di queste parole nella Bibbia NIV, poiché vogliono l'elemosina. Anche questo fa pensare che sia difficile entrare nel Regno di Dio e dunque scoraggia).

Marco 11:10

*KJV Marco 11:10: Sia benedetto il regno del padre nostro Davide, **che viene nel nome del Signore**: osanna nel più alto dei cieli.*

*NIV Marco 11:10: "Benedetto **l'avvento del regno** del padre nostro Davide!". "Osanna nel più alto dei cieli!"*

(NIV: "che viene nel nome del Signore" è rimosso)

Marco 11:26

KJV: Marco 11:26 Ma se voi non perdonate, neppure il Padre vostro che è nei cieli perdonerà i vostri debiti.

(Questa Scrittura è completamente rimossa dalla NIV, dalla Bibbia dei Testimoni di Geova (chiamata traduzione del Nuovo Mondo) e da molte

L'ho fatto "a Suo modo"

altre traduzioni moderne. Il perdono è molto importante, se si vuole essere perdonati).

Marco 13 :14
*KJV Marco 13:14: Ma quando vedrete l'abominio della desolazione, **di cui ha parlato il profeta Daniele**, ergersi dove non dovrebbe, (chi legge capisca) allora quelli che sono in Giudea fuggano sui monti:*

NIV Marco 13:14: "Quando vedrete 'l'abominio che provoca la desolazione' in piedi dove non deve stare - che il lettore capisca - allora quelli che sono in Giudea fuggano sui monti".

(Le informazioni sul Libro di Daniele sono state rimosse dalla NIV. Studiamo il tempo della fine nel Libro di Daniele e nell'Apocalisse. BEATI COLORO CHE LEGGONO LE PAROLE DI QUESTO LIBRO. Beato chi legge e chi ascolta le parole di questa **profezia** e osserva le cose che vi sono scritte, perché il tempo è vicino. (Apocalisse 1:3) Togliendo il nome di Daniele, si crea confusione).

Marco 15:28
KJV: Marco 15:28: Si è adempiuta la Scrittura che dice: "È stato messo tra i trasgressori".

(Rimosso dalla NIV, dalla Bibbia dei Testimoni di Geova e dalle traduzioni moderne).

Luca 2:14
*KJV: Luca 2:14 Gloria a Dio nel più alto dei cieli e pace in terra, **benevolenza verso gli uomini.***

NIV Luca 2:14: "Gloria a Dio nel più alto dei cieli e pace in terra agli uomini sui quali si posa il suo favore".

(Cambiamento sottile: invece di "buona volontà verso gli uomini", la Bibbia NIV dice "pace" solo per certe persone che Dio favorisce. Anche questo è contrario al principiodi Dio).

Luca 2:33

*KJV Luca 2:33: E **Giuseppe** e sua madre*

NIV Luca 2:33: Il padre e la madre del bambino.

(**Giuseppe** viene rimosso)

Luca 4:4

*KJV Luca 4:4 Gesù gli rispose dicendo: "Sta scritto che l'uomo non vive di solo pane, **ma di ogni parola di Dio**".*

NIV Luca 4:4 Gesù rispose: "Sta scritto: L'uomo non vivrà di solo pane".

L'attacco di Satana è alla **PAROLA DI DIO.**

In Genesi 3: Satana attaccò la PAROLA DI DIO. Ha un attacco sottile "**Ma da ogni parola di Dio**" è stato rimosso dalla NIV.

La NIV e le traduzioni moderne della Bibbia non hanno a cuore la Parola di Dio. Cambiano la formulazione per adattarla alla loro dottrina, in base alla loro parzialità su ciò che pensano debba dire. La Parola di Dio è viva e porta convinzione a se stessi. Quando Dio ci condanna per il peccato, porta al pentimento. Se la Parola di Dio è stata alterata, non può portare una vera condanna; quindi, non si cercherà il pentimento. In questo modo la NIV indica che ogni religione va bene, cosa che sappiamo non essere vera.

Luca 4:8

*KJV Luca 4:8 Gesù rispose e gli disse: "**Vattene dietro di me, Satana**, perché sta scritto: "Adorerai il Signore tuo Dio e a lui solo dovrai servire"".*

(Gesù ha rimproverato Satana. Voi e io possiamo rimproverare Satana nel nome di Gesù).

NIV Luca 4:8 Gesù rispose: "Sta scritto: Adorate il Signore, vostro Dio, e servite lui solo".

("**Vattene dietro di me, Satana**" è tratto dalla NIV).

Luca 4:18

*KJV Luca 4:18: Lo Spirito del Signore è su di me, perché mi ha unto per predicare il Vangelo ai poveri; mi ha mandato a **guarire i cuori spezzati**, a predicare la liberazione ai prigionieri e il recupero della vista ai ciechi, a rimettere in libertà i feriti,*

NIV Luca 4:18 "Lo Spirito del Signore è su di me, perché mi ha unto per annunciare ai poveri la buona novella. Mi ha mandato a proclamare la libertà per i prigionieri e il recupero della vista per i ciechi, a liberare gli oppressi".

("**guarire i cuori spezzati**" è stato rimosso dalla NIV: Le persone che usano questa versione corrotta sono generalmente ansiose, emotivamente instabili e depresse. Cambiare la Parola di Dio toglie il potere della Parola. La verità vi renderà liberi, perciò hanno rimosso la verità dalla Bibbia moderna).

Luca 4:41

*KJV Luca 4:41: E da molti uscirono anche dei demoni che gridavano e dicevano: "**Tu sei il Cristo, il Figlio di Dio**". Ed egli, rimproverandoli, impedì loro di parlare, perché sapevano che egli era il Cristo.*

(Gli uomini confessano forse "Tu sei il Cristo, il Figlio di Dio"? No, a meno che non venga rivelato dal Suo Spirito).

*NIV Luca 4:41: Inoltre, da molte persone uscivano demoni che gridavano: "**Tu sei il Figlio di Dio!**". Ma egli li rimproverava e non permetteva loro di parlare, perché sapevano che egli era il Cristo.*

(Togliendo "**Cristo**", il demone non ha confessato Cristo come Figlio di Dio. Satana non vuole che le persone accettino Gesù come Geova Salvatore, quindi cambia la Parola di Dio con un'intenzione più profonda. Il demone sapeva che Gesù è Dio in carne e ossa).

Luca 8:48

*KJV Luca 8:48: Ed egli le disse: "Figlia, **consolati**; la tua fede ti ha reso integra; va' in pace".*

NIV Luca 8:48: Poi le disse: "Figlia, la tua fede ti ha guarita. Va' in pace".

("Siate di buon conforto" è omesso dalla NIV. Quindi il conforto è scomparso, non si può essere confortati leggendo la Bibbia NIV).

Luca 9:55

*KJV Luca 9:55: Ma egli si voltò, li rimproverò e disse: "**Non sapete di che spirito siete**".*

NIV Luca 9:55: Ma Gesù si voltò e li rimproverò.

(La NIV ha eliminato queste parole: "**Non sapete di che spirito siete**").

Luca 9:56

*KJV: Luca 9:56: Il **Figlio dell'uomo**, infatti, **non è venuto a distruggere la vita degli uomini, ma a salvarla**. E andarono in un altro villaggio.*

NIV Luca 9:56 e andarono in un altro villaggio.

(NIV RIMOSSO: Il **Figlio dell'uomo non è venuto per distruggere la vita degli uomini, ma per salvarla**. La ragione della venuta di Gesù viene distrutta rimuovendo questa parte della Scrittura).

Luca 11:2-4

*KJV Luca 11:2-4: E disse loro: "**Quando pregate, dite: Padre nostro che sei nei cieli**, sia santificato il tuo nome. Venga il tuo regno. **Sia fatta la tua volontà, come in cielo così in terra**. Dacci ogni giorno il nostro pane quotidiano. E rimetti a noi i nostri peccati, perché anche noi li rimettiamo a chiunque sia in debito con noi. E non ci indurre in tentazione, **ma liberaci dal male**.*

NIV Luca 11:2-4: Disse loro: "Quando pregate, dite: "Padre, sia santificato il tuo nome, venga il tuo regno. Dacci ogni giorno il nostro pane quotidiano. Perdona i nostri peccati, perché anche noi perdoniamo a chiunque pecchi contro di noi. E non ci indurre in tentazione".

(La NIV non è specifica: tutto ciò che è stato evidenziato dalla KJV è stato omesso dalla NIV e da altre versioni moderne della Bibbia).

Luca 17:36

KJV Luca 17:36 Due uomini saranno nel campo; l'uno sarà preso e l'altro lasciato.

(La NIV, la versione moderna e la Bibbia dei Testimoni di Geova hanno rimosso l'intera scrittura).

Luca 23:17

Luca 23:17: (Perché per forza di cose doveva rilasciare uno a loro durante la festa).

(La NIV, la Bibbia dei Testimoni di Geova e molte versioni moderne della Bibbia hanno eliminato completamente questa scrittura).

Luca 23:38

KJV Luca 23:38: E sopra di lui fu scritto **<u>in lettere greche, latine ed ebraiche</u>**: *QUESTO È IL RE DEI GIUDEI.*

NIV Luca 23:38: Sopra di lui c'era una scritta che recitava: QUESTO È IL RE DEI GIUDEI.

(La NIV e altre traduzioni moderne hanno rimosso: "**in lettere greche, latine ed ebraiche**", eliminando l'evidenza delle lingue parlate a quel tempo).

Luca 23:42

KJV Luca 23:42: E disse a Gesù: "**<u>Signore</u>**, *ricordati di me quando verrai nel tuo regno".*

(Il ladro ha capito che Gesù è il Signore)

L'ho fatto "a Suo modo"

NIV Luca 23:42: Poi disse: "Gesù, ricordati di me quando verrai nel tuo regno".

(Non volendo riconoscere la regnanza di Gesù).

Luca 24:42
KJV Luca 24:42: Gli diedero un pezzo di pesce arrostito e un **_favo di miele_**.

NIV Luca 24:42: Gli diedero un pezzo di pesce arrostito.

(Le Bibbie moderne danno la metà delle informazioni. "Nido d'ape" manca nella NIV e in altre versioni della Bibbia).

Giovanni 5:3
KJV Giovanni 5:3: In questi giaceva una grande moltitudine di gente impotente, di ciechi, di alt, di inariditi, che **_aspettavano il movimento delle acque._**

NIV Giovanni 5:3: Qui giaceva un gran numero di disabili, ciechi, zoppi e paralitici.

(È stata rimossa l'informazione che in quel luogo stava avvenendo un miracolo "in attesa del movimento dell'acqua").

Giovanni 5:4
KJV: Giovanni 5:4: Perché un angelo, a un certo momento, scese nella piscina e turbò l'acqua; chi per primo, dopo il turbamento dell'acqua, vi entrò, fu guarito da qualsiasi malattia avesse.

(La NIV e le traduzioni moderne, così come la Bibbia dei Testimoni di Geova, hanno eliminato completamente questa scrittura).

Giovanni 6:47
KJV: Giovanni 6:47: In verità, in verità vi dico che chi **_crede in me_** ha vita eterna.

NIV: Giovanni 6:47: In verità vi dico che chi crede ha vita eterna.

(**Crede in me** è stato cambiato in **Crede**. Credere in chi?).

Giovanni 8:9a
*Gv 8:9a: E quelli che lo udirono, **essendo condannati dalla propria coscienza**, se ne andarono.*

NIV Giovanni 8:9a: Quelli che avevano sentito cominciarono ad andarsene.

(La NIV ha tolto "**essendo condannati dalla propria coscienza**", perché non crede che ci sia una coscienza).

Giovanni 9:4a
*KJV Giovanni 9:4a: **Io** devo compiere le opere di colui che mi ha mandato.*

NIV Giovanni 9:4a: Dobbiamo compiere l'opera di colui che mi ha mandato.

(Gesù ha detto "**Io**", la NIV e alcune altre versioni hanno cambiato "**Io**" in "**Noi**").

Giovanni 10:30
*KJV: Giovanni 10:30: Io e il Padre **mio** siamo una cosa sola.*

NIV: Giovanni 10:30: "Io e il Padre siamo una cosa sola".

(Io e mio padre siamo **uno**, non due. "Padre mio" fa di Gesù il Figlio di Dio. Ciò significa Dio in carne e ossa. La NIV ha tolto "mio" e ha cambiato il significato completo della Scrittura).

Giovanni 16:16
*KJV: Giovanni 16:16: Ancora un po' e non mi vedrete; e ancora un po' e mi vedrete, **<u>perché vado al Padre</u>**.*

NIV: Giovanni 16:16: "Fra poco non mi vedrete più, ma dopo un poco mi vedrete".

(La NIV ha tolto "perché vado al Padre". Molte religioni credono che Gesù sia andato sull'Himalaya o in un altro luogo e non sia morto).

Atti 2:30

KJV: *Atti 2:30: Essendo dunque un profeta e sapendo che Dio gli aveva giurato con un giuramento che dal frutto dei suoi lombi, secondo la carne, **avrebbe resuscitato il Cristo per farlo sedere sul suo trono.***

NIV: *At 2:30: Ma egli era un profeta e sapeva che Dio gli aveva promesso con giuramento che avrebbe posto sul suo trono uno dei suoi discendenti.*

(La **NIV ha tolto "avrebbe resuscitato il Cristo per farlo sedere sul suo trono"**: la profezia sulla venuta di Gesù in carne e ossa viene cancellata).

Atti 3:11

KJV: *Atti 3:11: Quando lo **zoppo che era stato guarito** si avvicinò a Pietro e Giovanni, tutto il popolo corse verso di loro nel portico chiamato di Salomone, meravigliandosi molto.*

NIV: *Atti 3:11: Mentre il mendicante si aggrappava a Pietro e Giovanni, tutta la gente rimase stupita e corse da loro nel luogo chiamato Colonnato di Salomone.*

("**l'uomo zoppo che è stato guarito**" è la parte fondamentale di questa scrittura, la NIV l'ha rimossa).

Atti 4:24

KJV: *Atti 4:24: All'udire ciò, alzarono la voce a Dio di comune accordo e dissero: "Signore, **tu sei Dio**, che hai fatto il cielo, la terra, il mare e tutto ciò che è in essi":*

NIV: *Atti 4:24: All'udire ciò, alzarono insieme la voce in preghiera a Dio. "Signore sovrano", dissero, "tu hai fatto il cielo e la terra e il mare e tutto ciò che è in essi".*

(La NIV e le traduzioni moderne hanno rimosso "Tu sei Dio". Non si confessa l'unico vero Dio che ha fatto un miracolo).

Atti 8:37
KJV: Atti 8:37: Filippo disse: "Se credi con tutto il cuore, puoi". Ed egli rispose: "Credo che Gesù Cristo è il Figlio di Dio".

(Le Bibbie NIV e le versioni moderne hanno eliminato completamente la scrittura).

La parola "Maestro" della KJV è stata rimossa nelle versioni moderne della Bibbia e cambiata in "insegnante", collocando Gesù nella stessa classe di tutti gli altri insegnanti di diverse religioni. Il motivo di questo cambiamento è dovuto principalmente al movimento ecumenico, che afferma che non si può avere Gesù come unica via di salvezza, perché questo abbassa tutte le altre fedi che non credono che Gesù sia il nostro unico e vero Salvatore. Come ad esempio gli induisti e la maggior parte delle altre religioni orientali.

Atti 9:5
KJV Atti 9:5: Ed egli disse: "Chi sei tu, Signore? E il Signore rispose: "Io sono Gesù che tu perseguiti; **è difficile per te scalciare contro i pungoli**".

NIV: Atti 9:5: "Chi sei, Signore?" Gli chiese Saulo. "Io sono Gesù, che tu perseguiti", rispose.

(La NIV e le traduzioni moderne hanno rimosso il "**è difficile per te scalciare contro i pungoli**". Ciò significa che, rimuovendo tutte queste scritture, non prevarranno).

Atti 15:34
KJV: Atti 15:34: Tuttavia a Sila piacque rimanere ancora lì.

(La Bibbia NIV e altre traduzioni moderne della Bibbia hanno eliminato questa scrittura).

Atti 18:7

KJV Atti 18:7: *Poi partì ed entrò in casa di un certo uomo, di nome Giusto, che adorava Dio e **la cui casa era strettamente unita alla sinagoga**.*

NIV: Atti 18:7: *Allora Paolo lasciò la sinagoga e si recò nella casa di Tizio Giusto, un adoratore di Dio.*

("**la cui casa era strettamente unita alla sinagoga**" viene rimosso).

Atti 23:9b

***KJV**... Non combattiamo contro Dio*

(La NIV, la Bibbia moderna e la Bibbia dei Testimoni di Geova hanno rimosso il "**Non combattiamo contro Dio**" La ragione è evidente, ci sono persone che osano combattere contro Dio).

Atti 24 :7

KJV: Atti 24:7: *Ma il capo dei capitani Lisia ci assalì e con grande violenza ce lo strappò dalle mani,*

(Le Bibbie NIV e le versioni moderne hanno eliminato completamente questa scrittura).

Atti 28:29

KJV: ATTI 28:29: *Quando ebbe detto queste parole, i Giudei se ne andarono e discussero molto tra di loro.*

(La NIV e altre versioni della Bibbia hanno rimosso completamente la scrittura. C'era un conflitto. Il ragionamento verteva su chi fosse Gesù? Quindi è d'obbligo rimuovere questa scrittura).

Romani 1:16

KJV: Romani 1:16: *Non mi vergogno infatti del vangelo **di Cristo**, perché è potenza di Dio per la salvezza di chiunque crede, del Giudeo prima e del Greco poi.*

NIV: Romani 1:16: Non mi vergogno del Vangelo, perché è potenza di Dio per la salvezza di chiunque crede: prima per il Giudeo, poi per il Gentile.

(La NIV ha eliminato il Vangelo di "Cristo" e ha mantenuto solo "Vangelo". La maggior parte degli attacchi è rivolta a Gesù come Cristo. Il Vangelo è la morte, la sepoltura e la risurrezione di Gesù Cristo. Non c'è bisogno di questa scrittura).

Romani 8:1
*KJV: Romani 8:1: Non c'è dunque alcuna condanna per quelli che sono in Cristo Gesù, **che non camminano secondo la carne, ma secondo lo Spirito**.*

NIV: Romani 8:1: Perciò non c'è più alcuna condanna per quelli che sono in Cristo Gesù.

("**che non camminano secondo la carne, ma secondo lo Spirito**" è stato rimosso dalla NIV, così potete vivere come volete).

Romani 11:6
*KJV: Romani 11:6 Se è per grazia, non è più per opera, altrimenti la grazia non è più grazia. **Ma se si tratta di opere, allora non è più grazia, altrimenti l'opera non è più opera.***

NIV: Romani 11:6 E se per grazia, non è più per opere; se lo fosse, la grazia non sarebbe più tale.

("Ma se si tratta di opere, allora non è più grazia; altrimenti l'opera non è più opera"). Parte della scrittura è stata rimossa dalla NIV e da altre versioni.

Romani13:9b
*KJV: Romani13:9b: **Non testimonierai il falso***

(La NIV ha rimosso queste parole dalla Scrittura. La Bibbia dice: non aggiungere, non sottrarre).

L'ho fatto "a Suo modo"

Romani 16:24

KJV: Romani 16:24: La grazia del nostro Signore Gesù Cristo sia con tutti voi. Amen.

NIV: Romani 16:24: (La NIV e altre Bibbie moderne hanno rimosso completamente questa scrittura).

1 Corinzi 6:20

*KJV:1Corinzi 6:20: Poiché siete stati acquistati a caro prezzo, glorificate Dio nel vostro corpo **e nel vostro spirito, che sono di Dio**.*

NIV:1Corinzi 6:20: siete stati comprati a caro prezzo. Perciò onorate Dio con i vostri corpi.

(La Bibbia moderna e la NIV hanno eliminato "e nel vostro spirito, che sono di Dio": il nostro corpo e il nostro spirito appartengono al Signore).

1 Corinzi 7:5

*KJV:1 Corinzi 7:5: Non frodate l'uno all'altro, se non di comune accordo per un certo tempo, per dedicarvi al **digiuno e alla preghiera**; e tornate insieme, affinché Satana non vi tenti per la vostra incontinenza.*

*NIV:1 Corinzi 7:5: Non privatevi l'uno dell'altro se non di comune accordo e per un certo tempo, affinché possiate dedicarvi alla **preghiera**. Poi tornate insieme perché Satana non vi tenti a causa della vostra mancanza di autocontrollo.*

(La NIV e le versioni moderne della Bibbia hanno eliminato il termine "**digiuno**", poiché serve ad abbattere le forti prese di Satana. Il digiuno uccide anche la carne).

2 Corinzi 6:5

*KJV:2Corinzi 6:5: Nelle fatiche, nelle prigionie, nei tumulti, nelle fatiche, nelle veglie e nei **digiuni**;*

*NIV:2 Corinzi 6:5: nelle percosse, nelle carcerazioni e nelle sommosse; nel duro lavoro, nelle notti insonni e nella **fame**;*

L'ho fatto "a Suo modo"

(Il **digiuno non è fame**, cambia la Verità della Parola. Il diavolo non vuole che abbiate un rapporto più stretto, potente e profondo con Dio. Ricordate che la regina Ester e gli ebrei digiunarono e Dio restituì il piano di Satana al nemico).

2 Corinzi 11:27
*KJV: 2Corinzi 11:27: Nella fatica e nel dolore, nelle veglie frequenti, nella fame e nella sete, **nei digiuni frequenti**, nel freddo e nella nudità.*

NIV:2Corinzi 11:27: Ho faticato e mi sono affaticato e spesso sono rimasto senza dormire; ho conosciuto la fame e la sete e spesso sono rimasto senza cibo; ho avuto freddo e sono stato nudo.

(Anche in questo caso, il digiuno è escluso dalla NIV e dalle versioni moderne della Bibbia).

Efesini 3:9
*Efesini 3:9: E per far vedere a tutti gli uomini qual è la comunione del mistero, che fin dal principio del mondo è stato nascosto in Dio, il quale ha creato **tutte le cose per mezzo di Gesù Cristo**:*

NIV Efesini 3:9: e per rendere evidente a tutti l'amministrazione di questo mistero, che da sempre è stato tenuto nascosto in Dio, il quale ha creato tutte le cose.

(La NIV e altre versioni della Bibbia hanno eliminato "**tutte le cose per mezzo di Gesù Cristo**". Gesù è Dio ed è il Creatore di tutto).

Efesini 3:14
*KJV: Efesini 3:14: Per questo motivo io mi prostro al Padre **del nostro Signore Gesù Cristo**,*

NIV: Efesini 3:14: Per questo mi inginocchio davanti al Padre,

("**del nostro Signore Gesù Cristo**" è stato rimosso dalla NIV e da altre versioni. Questa è la prova che Gesù è il Figlio di Dio. Il "Figlio di Dio" è un Dio potente in carne che è venuto a versare il sangue per voi e per me. Ricordate che Satana crede che ci sia un solo Dio e trema. Giacomo 2:19)

Efesini 5:30
KJV: Efesini 5:30: Siamo infatti membra del suo corpo, della sua carne e delle **sue ossa**.

NIV: Efesini 5:30: siamo infatti membra del suo corpo.

("**Di carne e di ossa**". Una parte della Scrittura è stata eliminata dalla NIV e da molte altre versioni della Bibbia).

Colossesi 1:14
KJV: Colossesi 1:14: Nel quale abbiamo la redenzione **per mezzo del suo sangue**, il perdono dei peccati:

NIV: Colossesi 1:14: in cui abbiamo la redenzione, il perdono dei peccati.

("**per mezzo del suo sangue**", Gesù è chiamato l'Agnello di Dio che è venuto a togliere i peccati di questo mondo. La redenzione avviene **solo** attraverso il sangue. Senza spargimento di sangue non c'è remissione dei peccati Ebrei 9:22. Ecco perché battezziamo nel nome di Gesù, per applicare il suo sangue sui nostri peccati).

1 Timoteo 3:16b
KJV:1 Timoteo 3:16b: **Dio si è** manifestato in carne e ossa.
NIV:1 Timoteo 3:16b: è apparso in un corpo.
(Non siamo tutti apparsi in un corpo? La NIV e la maggior parte delle versioni moderne dicono che "egli" è apparso in un corpo. Beh, anch'io appaio in un corpo. "Lui" chi? Nel versetto precedente stanno di nuovo cambiando la formulazione per far credere che "Lui" sia un altro dio. Ma nella KJV possiamo vedere chiaramente: "E senza dubbio grande è il mistero della pietà": "**Dio** si è manifestato nella carne". C'è un solo Dio. Ecco perché Gesù ha detto che "se avete visto me avete visto il Padre". Il Padre è uno spirito, non si può vedere lo spirito. Ma lo spirito si è rivestito di carne e lo si può vedere).

> *Atti 20:28b dice: Per nutrire la **Chiesa di Dio**, che egli si è acquistata con il **proprio sangue**.*

Dio è uno spirito e per versare il sangue ha bisogno di un corpo in carne e ossa. **Un Dio** che ha indossato la carne.

Un semplice esempio: Ghiaccio, acqua e vapore, la stessa cosa ma sotto manifestazioni diverse.

> *KJV 1 Giovanni 5:7: "Poiché tre sono i registri nei cieli: il Padre, il Verbo e lo Spirito Santo; e questi **tre sono una cosa sola**".*

Dio, Gesù (Verbo diventato carne) e Spirito Santo sono uno, non tre. (1 Giovanni 5:7 è completamente rimosso dalla NIV e da altre traduzioni attuali).

2 Timoteo 3:16

> *KJV: 2 Timoteo 3:16: **Tutte le** Scritture sono date per ispirazione di Dio e sono utili per la dottrina, per la riprovazione, per la correzione e per l'istruzione nella giustizia:*

> *ASV: 2 Timoteo 3:16: **Ogni** scrittura ispirata da Dio è utile anche per l'insegnamento.*

(Qui decideranno chi è e chi non è. L'eresia sarà messa a morte).

1 Tessalonicesi 1:1

> *KJV: 1 Tessalonicesi 1:1: Paolo, Silvano e Timoteo, alla chiesa dei Tessalonicesi che è in Dio Padre e nel Signore Gesù Cristo: grazia a voi e pace **da Dio nostro Padre e dal Signore Gesù Cristo**.*

> *NIV:1 Tessalonicesi 1:1: Paolo, Sila e Timoteo, Alla chiesa dei Tessalonicesi in Dio Padre e nel Signore Gesù Cristo: Grazia e pace a voi.*

("da Dio nostro Padre e dal Signore Gesù Cristo" è stato eliminato dalle traduzioni moderne e dalla NIV).

Ebrei 7:21
KJV: Ebrei 7:21: (**Perché quei sacerdoti erano stati costituiti senza giuramento**; ma questo con giuramento da parte di colui che gli disse: "Il Signore ha giurato e non si pentirà: Tu sei sacerdote in eterno **secondo l'ordine di Melchisedec**"):

NIV: Ebrei 7:21: ma divenne sacerdote **con giuramento** quando Dio gli disse: "Il Signore ha giurato e non cambierà idea": " Sei sacerdote per sempre".

(La NIV ha eliminato "Poiché quei sacerdoti erano stati costituiti senza giuramento" e "secondo l'ordine di Melchisedec").

Giacomo 5:16
KJV: Giacomo 5:16: Confessate le vostre **colpe gli** uni agli altri e pregate gli uni per gli altri, affinché possiate essere guariti. La preghiera fervente ed efficace di un uomo giusto produce molto.

NIV: Giacomo 5:16: Confessate dunque i vostri **peccati** gli uni agli altri e pregate gli uni per gli altri, affinché possiate essere guariti. La preghiera di un uomo giusto è potente ed efficace.

(**Colpe vs. peccati**: I peccati si confessano a Dio, perché solo Lui può perdonare. Cambiare la parola "colpe" in "peccati" aiuta a sostenere la visione cattolica di confessare i "peccati" a un sacerdote).

1 Pietro 1:22
KJV: 1 Pietro 1:22: avendo purificato le vostre anime nell'obbedienza alla verità **per mezzo dello Spirito e nell'**amore sincero dei fratelli, guardate di amarvi a vicenda con **cuore puro e con fervore**:

NIV: 1 Pietro 1:22: Ora che vi siete purificati obbedendo alla verità, in modo da avere un amore sincero per i vostri fratelli, amatevi profondamente gli uni gli altri, di cuore.

("**per mezzo dello Spirito e nel**" e "**cuore puro e con fervore**" sono stati rimossi dalla NIV e da altre versioni moderne).

L'ho fatto "a Suo modo"

1 Pietro 4:14
KJV:1 Pietro 4:14: Se vi rimproverano per il nome di Cristo, siete felici, perché lo spirito di gloria e di Dio riposa su di voi: **<u>da parte loro si parla male di lui, ma da parte vostra lo si glorifica.</u>**

NIV:1 Pietro 4:14: Se venite insultati a causa del nome di Cristo, siete beati, perché lo spirito di gloria e di Dio riposa su di voi.

("**<u>Da parte loro si parla male di lui, ma da parte vostra lo si glorifica</u>**" è stato rimosso dalla NIV e da altre versioni moderne).

1 Giovanni 4:3a
KJV:1 Giovanni 4:3: E ogni spirito che non confessa che Gesù **<u>Cristo è venuto in carne e ossa</u>** non è da Dio.

NIV:1 Giovanni 4:3: Ma ogni spirito che non riconosce Gesù non è da Dio.

("**<u>Cristo è venuto in carne e ossa</u>**": eliminando queste parole, la NIV e altre versioni dimostrano di essere anticristi).

1 Giovanni 5:7-8
KJV: 1 Giovanni 5:7: **<u>Perché tre sono i registri nei cieli: il Padre, la Parola e lo Spirito Santo; e questi tre sono una cosa sola.</u>**

(Rimosso dalla NIV)

KJV: 1 Giovanni 5:8: E tre sono i testimoni sulla terra: lo Spirito, l'acqua e il sangue; e questi tre concordano in uno.

NIV: 1 Giovanni 5:7, 8: **<u>Perché tre sono le testimonianze</u>**: 8 lo Spirito, l'acqua e il sangue; e i tre sono in accordo

(Questo è uno dei più importanti versetti che testimoniano la divinità. Un solo Dio, non tre dèi. La **Trinità** non è biblica. La parola **Trinità** non è presente nella Bibbia. Ecco perché la NIV, le versioni moderne della Bibbia e i Testimoni di Geova l'hanno omessa da questo versetto. Non credono nella Divinità e non credono che in Gesù dimori corporalmente tutta la pienezza della Divinità. Non c'è alcuna radice o prova nella Bibbia per l'accettazione della **Trinità**. Perché la NIV la omette...? Sono stati scritti interi libri sulle prove manoscritte che supportano l'inclusione di questo versetto nella Bibbia. Credete nella Divinità? Se sì, allora questa eliminazione dovrebbe offendervi. La Trinità non è mai stata insegnata da Gesù e non è mai stata menzionata da Lui. Satana ha diviso un Dio per poter dividere le persone e governare).

1 Giovanni 5:13
*KJV:1Giovanni 5:13: Queste cose ho scritto a voi che credete nel nome del Figlio di Dio, affinché sappiate che avete vita eterna **e affinché crediate nel nome del Figlio di Dio**.*

NIV:1Giovanni 5:13: Scrivo queste cose a voi che credete nel nome del Figlio di Dio, perché sappiate che avete la vita eterna.

("**e affinché crediate nel nome del Figlio di Dio**". È stato rimosso dalla NIV e da altre traduzioni moderne).

Apocalisse 1:8
*KJV: Apocalisse 1:8: "Io sono l'Alfa e l'Omega, **il principio e la fine**, dice il Signore, che è, che era e che viene, l'Onnipotente...".*

NIV: Apocalisse 1:8: "Io sono l'Alfa e l'Omega", dice il Signore Dio, "colui che è, che era e che viene, l'Onnipotente".

(La NIV ha tolto "**il principio e la fine**").

Apocalisse 1:11
*KJV: Apocalisse 1:11: **"Io sono l'Alfa e l'Omega, il primo e l'ultimo; e quello che vedi, scrivilo in un libro e mandalo alle sette chiese che sono in Asia**: a Efeso, a Smirne e a a Pergamo, a Tiatira, a Sardi, a Filadelfia e a Laodicea*

NIV: Apocalisse 1:11: che dice: "Scrivi su un rotolo quello che vedi e mandalo alle sette chiese: a Efeso, Smirne, Pergamo, Tiatira, Sardi, Filadelfia e Laodicea".

L'ho fatto "a Suo modo"

(Alfa e Omega, inizio e fine, primo e ultimo; questi titoli sono dati a Geova Dio nell'Antico Testamento e nell'Apocalisse sono dati anche a Gesù. Ma la NIV e altre versioni moderne hanno rimosso questi titoli dall'Apocalisse per dimostrare che Gesù non è Geova Dio).

Apocalisse 5:14
KJV: Apocalisse 5:14: E le **<u>quattro bestie</u>** dissero: "Amen". E le **<u>quattro e venti</u>** anziani si prostrarono e adorarono Colui <u>che vive nei secoli dei secoli</u>.

NIV: Apocalisse 5:14: Le quattro creature viventi dissero: "Amen", e gli anziani si prostrarono e adorarono.

(La NIV e altre versioni forniscono solo metà delle informazioni. "**quattro bestie**", cambiato in quattro creature, "**quattro e venti**", "**che vive in eterno**" è rimosso).

Apocalisse 20:9b
KJV: Apocalisse 20:9b: Il fuoco scese **<u>da Dio</u>** dal cielo.

NIV: Apocalisse 20:9b: Il fuoco scese dal cielo

(La NIV e altre versioni hanno tolto "**da Dio**").

Apocalisse 21:24a
KJV: Apocalisse 21:24a: E le nazioni **<u>di coloro che sono salvati</u>** cammineranno alla sua luce.

NIV: Apocalisse 21:24a: Le nazioni cammineranno alla sua luce.

("**<u>di coloro che sono salvati</u>**" è stato rimosso dalla NIV e dalle versioni moderne della Bibbia. Non tutti vanno in cielo, ma solo quelli che sono salvati).

2 Samuele 21:19
KJV: 2 Samuele 21:19: Poi ci fu di nuovo una battaglia a Gob con i

L'ho fatto "a Suo modo"

*Filistei, dove Elhanan, figlio di Jaareoregim, un Betlemita, uccise il **<u>fratello di Golia</u>**, il Gittita, il cui bastone era come una trave* da *tessitore.*

*NIV:2 Samuele 21:19: In un'altra battaglia con i Filistei a Gob, Elhanan, figlio di Jaare-Oregim, il Betlemita, **uccise Golia**, il Gittita, che aveva una lancia con l'asta come un bastone da tessitore.*

(Qui è stato ucciso il fratello di Golia, non Golia. "Davide uccise Golia". La NIV travisa l'informazione).

Osea 11:12
*KJV: Osea 11:12: Efraim mi circonda di menzogne e la casa d'Israele di inganni; **<u>ma Giuda regna ancora con Dio ed è fedele con i santi.</u>***

*NIV: Osea 11:12: Efraim mi ha circondato di menzogne, la casa d'Israele di inganni. E Giuda è **<u>ribelle a</u>** Dio, persino **al** Santo fedele.*

(La parola "Geova" è menzionata quattro volte nella Bibbia KJV. La NIV le ha eliminate tutte. Con i sottili cambiamenti apportati nella Bibbia

NIV, la missione di Satana diventa chiara. Dalle Scritture qui sopra si può vedere che l'attacco è a Gesù. I titoli di Dio, Messia, Figlio di Dio e Creatore fanno di Gesù un Dio. Rimuovendo questi titoli, la confusione fa sì che si perda interesse e non ci si fidi della Parola di Dio. (I Corinzi 14:33 Perché Dio non è autore di confusione, ma di pace).

La Bibbia dei Testimoni di Geova(la Traduzione del Nuovo Mondo) presenta le stesse eliminazioni della NIV. L'unica differenza tra le cancellazioni della NIV e quelle della Traduzione del Nuovo Mondo è che la Bibbia dei Testimoni di Geova non include note a piè di pagina! Questi metodi vi stanno desensibilizzando ai sottili cambiamenti che vengono gradualmente e continuamente apportati alla Parola di Dio.

La generazione di oggi, indaffarata e pigra, ha influenzato molti cristiani professanti che hanno abbracciato le vie di uno spirito pigro. È un duro lavoro, prendersi il tempo per studiare e assicurarsi che le informazioni che ci vengono date siano vere. Siamo troppo presi con la vita di tutti i giorni, piena di eventi e cose poco importanti. Le nostre priorità su ciò

L'ho fatto "a Suo modo"

che è veramente importante per la vita eterna sono state ridotte e confuse. Accettiamo la maggior parte delle informazioni che ci vengono date, senza fare domande; sia che provengano dal governo, dalla medicina, dalla scienza, o dal contenuto del nostro cibo, e la lista potrebbe continuare.

Molte delle nostre versioni moderne della Bibbia sono state scritte da uomini che raccontano la loro interpretazione e la loro dottrina invece di riportare quello che dicono realmente i manoscritti. Per esempio, l'"inclusività di genere" non era nei manoscritti originali. È un concetto femminista moderno nato dalla ribellione. Vi incoraggio a procurarvi una Bibbia nella versione di Re Giacomo. Se leggete una Bibbia moderna, prendetevi il tempo di confrontare le Scritture; vogliate prendere la decisione giusta. Saremo chiamati a rispondere delle nostre decisioni. La differenza tra andare in Paradiso o all'Inferno è un motivo sufficiente per assicurarsi di scegliere la Sua Parola! Ricordate che la Nuova Versione Internazionale cancella molte parole come: Divinità, rigenerazione, remissione, immutabile, Geova, Calvario, seggio della misericordia, Spirito Santo, Consolatore, Messia, vivificato, onnipotente, infallibile, ecc. La maggior parte delle Bibbie moderne è in linea con la NIV, così come la Bibbia della Traduzione del Nuovo Mondo (la Bibbia dei Testimoni di Geova).

Questa è l'opera dell'Anticristo...(Le Scritture seguenti sono tratte da KJV)

> *Figlioli, è l'ultimo tempo; e come avete sentito dire che l'**anticristo** verrà, anche ora ci sono molti **anticristi**; per questo sappiamo che è l'ultimo tempo. (1 Giovanni 2:18)*

> *Chi è bugiardo se non chi nega che Gesù è il Cristo? È **anticristo** colui che nega il Padre e il Figlio. (1 Giovanni 2:22)*

> *E ogni spirito che non confessa che Gesù Cristo è venuto nella carne non è da Dio; e questo è lo spirito dell'**anticristo**, di cui avete sentito dire che dovrebbe venire; e già ora è nel mondo.*
> *(1 Giovanni 4:3)*

Perché nel mondo sono entrati molti ingannatori, che non confessano che Gesù Cristo è venuto nella carne. Questo è un ingannatore e un **_anticristo_**. *(2 Giovanni 1:7)*

Questo ci ricorda la "PARABOLA DEL SEME", che è la "PAROLA DI DIO" nella Bibbia

Un'altra parabola espose loro, dicendo: "Il regno dei cieli è simile a un uomo che ha seminato del buon seme nel suo campo: Ma mentre gli uomini dormivano, venne il suo nemico, seminò la zizzania in mezzo al grano e se ne andò per la sua strada. Ma quando la zizzania spuntò e diede i suoi frutti, apparve anche la discordia. Allora i servi del padrone di casa vennero a dirgli: "Signore, non hai seminato del buon seme nel tuo campo? Da dove viene la zizzania?" Egli rispose loro:

"Un nemico ha fatto questo". I servi gli dissero: "Vuoi che andiamo a raccoglierli"? Ma egli disse: "No, perché se raccogliete la zizzania, non sradicate con essa anche il grano. Lasciate che l'uno e l'altro crescano insieme fino alla mietitura; e al tempo della mietitura dirò ai mietitori: "Raccogliete prima la zizzania e legatela in fasci per bruciarla; ma raccogliete il grano nel mio granaio". Amen!
(Matteo 13:24-30)

AMEN!

www.ingramcontent.com/pod-product-compliance
Lightning Source LLC
Chambersburg PA
CBHW070642160426
43194CB00009B/1545